前田慶次

武家文人の謎と生涯

Truth In History 6

目次

編注：本文中の〽は単語の繰り返しを表す。

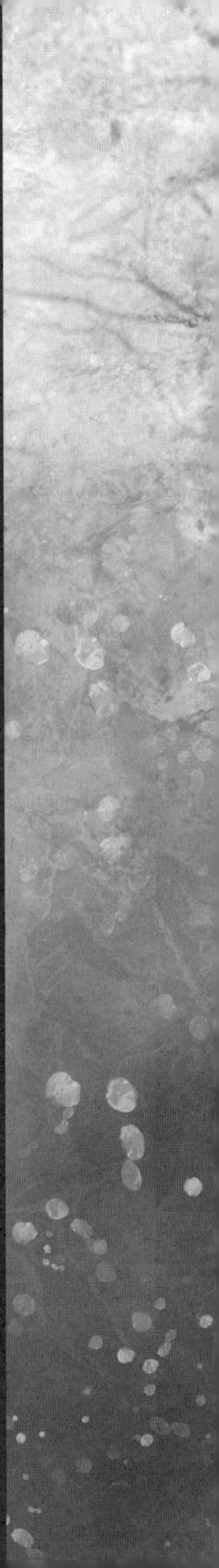

序章

前田慶次とその時代

梅の花酒かなひとつ壺のうちに
匂ふとみれば春の奇特に

前田慶次とはいかなる人物か

長大な煙管《きせる》、天を衝くような髷《まげ》、朱柄の鑓を掻い込み、六尺ゆたかな巨躯を名馬松風の背にゆらせている、不敵な面がまえの異装の武士。

前田慶次と聞いて、その名を知っている人が姿形を思い描くと、だいたいこんなイメージになろうか。

司馬遼太郎が「われわれには可視的な過去がある」と書いているが、わたしたちは多分に創られたイメージを通して、歴史をみている。

たとえば、人物にかぎれば、聖徳太子といえば旧一万円札に使用された肖像画を思い浮かべるように。

このように、前田慶次についても冒頭のようなイメージが定着している。聖徳太子や豊臣秀吉ほどの年季は入っていないので、定着しつつある、といったほうが適切かもしれない。

ちなみに江戸時代末期に描かれた、慶次はこんな感じである。

『本朝武芸百人一首』に描かれた前田慶次（清水芳玉女・画）

上田市立図書館蔵

このイメージはごく最近までひきずっており、坊主姿で描かれることが多かったようだ。

冒頭のようなイメージに一変したのは、隆慶一郎の小説『一夢庵風流記』が発表され、さらにそれを原作にした劇画『花の慶次』（原哲夫・画）が世に出てからである。

劇画の力には本当に驚くが、『南総里見八犬伝』の作者滝沢馬琴は「挿絵をみて本文の余韻を味わってほしい」と書いているように、江戸時代の庶民も絵草子や錦絵などによってイメージを増幅させてきたのである。

これから前田慶次という実在の人物について、史実やいささか荒唐無稽な逸話もまじえてみていこうと思うが、まず筆者が考えているイメージを提示しておこう。

前田慶次の実名は利太、利益、利貞などが伝わっており、穀蔵院ひょっと斎と号した。滝川一益の甥であるから、滝川一族なのであるが、実父はよくいわれている滝川儀大夫益氏ではない。

尾張荒子城主前田利久の養子となったために前田姓を用いている。加賀藩の基礎を築いた前田利家は年下の叔父にあたる。したがって、織田信長の命により荒子城を利家に譲って、養父前田利久ともども同城を退去した時には、三十代なかばといった年恰好だった。

前田家からのぞまれて養子になったにも関わらず、織田信長のひとことによって、慶次の存在は完全に宙に浮いてしまった。

利家のほうでも内心すまないという気持ちはあったのだろう。後に慶次が前田家を頼って来た際、六千石を与え、越中阿尾城を預けている。

ところが、慶次は連歌に傾倒し、風流三昧の生活を送っていた。慶次は似生《じせい》という号で、いくつかの連歌会に出席した記録が残っている。

こうした慶次の動向は、次第に主君利家の憎むところとなり、ついに慶次は前田家を出奔するのである。利家をだまして水風呂に入れ、名馬松風にまたがって出奔したというエピソードはこの時のものである。

以後、京都寺町に住んで奇行をほしいままにし、豊臣秀吉から「天下御免のかぶき者」の称号を得たといわれている。だが、そのような称号をもらったところで、武家社会で生きるには何の役にも立たなかった。

慶次を拾い上げたのは、会津に移って間もない上杉家だった。上杉景勝の家臣直江兼続と知り合い、慶長三年頃には上杉家の分限帳に「千石　前田慶次」として名を連ねている。禄は前田時代の六分の一に減っていた。

この年、慶次は六十のなかばをこえている。
そんなばかなと思う方もいるかもしれないが、隆慶一郎の小説『一夢庵風流記』でも、そういう設定になっているのだ。
たとえば、最後に利家と酒を酌みかわす場面では、荒子城退去の一件を「四十年近くの昔の話」としている。また、慶長五年、上杉攻めが取り沙汰される中、会津へ向かう途中でかつての旧知・山上道及から「お主こそいかに派手やかに装うと、齢は隠せんぞ」といわれている。
四十を初老というから、慶次はまぎれもない老将である。そして、老将である以前に、世間から顰蹙《ひんしゅく》を買うほどのいたずら好きで、ひねくれた老人なのである。ただし、“超”がつくインテリだ。
関ヶ原合戦で、上杉家は西軍につき、東軍の最上義光を攻めた。この時、慶次は六十八歳という高齢だったが、殿軍を担当して奮戦したということになっている。実は武功といえるのはこれぐらいのもので、『一夢庵風流記』に描かれているような、佐渡攻めにも朝鮮出兵にも従軍していた形跡はない。
豊富なエピソードとは裏腹に、史料上からうかがう慶次の生涯にはドラマチックな展開はあまりみられない。しかし、決して平凡とはいえない生涯だった。
その最期は、慶長十七年に七十歳あまりで米沢堂森村において死んだとされている。
だが､隆慶一郎が｢にわかに信ずることが出来ない｣と採用されなかった説がある。慶長十年、大和国刈布で七十三歳で死亡したというものである。後半で、二説を比較検討してみた。読後の判定をお願いする次第である。

かぶき者の時代

前田慶次についてまわる「かぶき者」というキーワードがある。
隆慶一郎が『一夢庵風流記』で「かぶき者」について筆をおこすところからはじめているので、これに倣おう。
「かぶき者」とはいったい何だろうか。
彼らは京・大坂・江戸などの都市に横行し、反体制的な行動にでた武士たちである。厳密には一部の町人たちも混じっており、その構成は「仲間・小者を中心に旗本・御家人無頼の徒」であったり「軍役によって強制徴発された在地領主や没落《ぼつらく》給人《きゅうじん》」など見解が分かれている。

長谷川照氏は、このような無頼の徒を狭義の「かぶき者」とみなし、当世風に傾倒していた芸能関係者や武将をも含んだ「かぶき」の風俗の担い手達すべてを広義の「かぶき者」と定義している（「安土桃山～江戸初期に於ける『かぶき者』とその系譜に連なる者達」）。

本来、語源となった「傾く（かぶく）」という言葉の意味は、異様な風俗や行動をあらわすものであった。

徳川美術館に所蔵されている『豊国祭礼《ほうこくさいれい》図《ず》屏風《びょうぶ》』にその「かぶき者」が描かれている。屏風の主役である半裸の若者が、押し止めようとする仲間たちを振り切り、喧嘩相手へ突進しようとしている。長大な太刀の派手な朱鞘には、金文字でこう記されている。

いき（生き）すぎたりや廿《にじゅう》三、八幡、ひけはとるまい

屏風に描かれたかぶき者の図

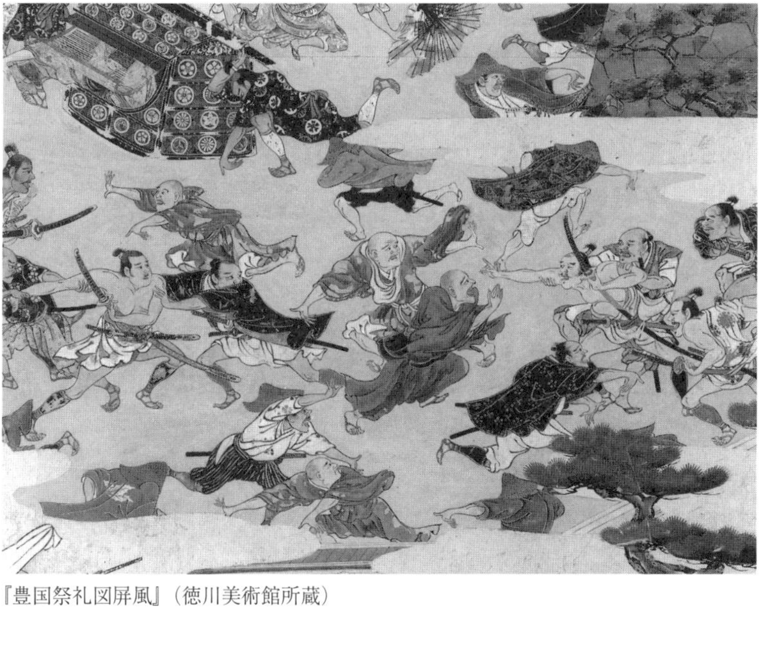

『豊国祭礼図屏風』（徳川美術館所蔵）

このような「かぶき者」が関わった闘争がたびたび記録にあらわれるようになるのは、慶長七年（1602）頃からである。まさに関ヶ原合戦の直後から、「かぶき者」の横行がはじまったのである。

慶長十二年十二月、京都伏見で忌まわしい事件がおきた。

徳川家の信任も厚い豪商後藤家と茶屋の女性たちが祇園や北野天満宮のあたりを散策していたところ、稲葉通重、津田元勝、天野雄光、阿部右京、矢部善七、沢半左衛門、岡田久六、大島雲八、野間猪之助、浮田才壽といった御家人たちが集団で狼藉に及んだのである。稲葉・津田らは奉公人たちを縛り上げ、女たちを拉致して酒場へ繰り出したという。「かぶき者」がひきおこした代表的な事件のひとつといえるだろう。

「かぶき者」は町衆や諸藩に嫌われた存在であった。藩主は自分の家臣が傾いたいでたちをしたりするのを嫌った。

前田利長も領中の「かぶき者」を厳しく取り締まるよう、たびたび法度を出している。

慶長十六年七月十七日に出されたものは、十九か条にのぼる。その中で、

「家中の面々、又若党・下人已下《いか》かぶきもの抱え置き候事、最前より申し出づるといえども、なおもって堅く停止《ちょうじ》せしめおわんぬ」

という一条がある。

家中の面々はもとより、若党や下人にいたるまで「かぶき者」を抱え置くことは前々から通達していることだが、以後も堅く禁じるという内容である。

しかし、「かぶき者」に対してもっとも警戒の目を向けていたのは、幕府であった。このことは「かぶき者」を構成するのが、旗本・御家人という、いわば身内であったことが主な理由であったろう。関ヶ原以後、増加した浪人問題も含めて、「かぶき者」対策は、対応を誤れば、幕府の基盤をも揺るがしかねない重要課題だった。

これに対し、「かぶき者」同士は互いに共感しあい、徒党を組むようになった。これを取り締まる幕府役人が斬り殺されるという事件もおきている。

慶長十七年六月二十八日、大鳥逸兵衛という「かぶき者」の首領が捕らえられ、三百人もの仲間ともども処刑された。『当代記』によれば、大将分は大鳥のほかに、大風嵐の介、大橋すりの介、風吹はちり右衛門

（散右衛門か）、天狗郷右衛門などという名であったという。大鳥逸兵衛は、刀に「廿五迄いき過ぎたりや一兵衛」と刻ませていたという（『慶長見聞集』）。先の『豊国祭礼図屏風』にもみられるように、「生き過ぎたりや」というフレーズは「かぶき者」に好まれ、時代を活写しようとする側にとっては、一種の記号として認識されていたのである。

その背景には、戦国時代の終焉による未曾有《みぞう》の就職難があった。しかも、幕府や大名側が求める人材も変容し、武功の士に対する需要は急速に低下していった。「生き過ぎたりや」のフレーズには、このような社会状況への慨嘆が込められている。

こうした戦国乱世にやや遅れてきた者たちは、しかし、いまだ冷めきらない戦国の余風というものには染まっており、もはや磐石のものとなりつつある体制への反発を強めたのである。

この「かぶき者」の系譜は、やがてかぶき踊りに端を発する歌舞伎などの芸術に生きる者たちと、旗本奴・町奴などに代表される泰平の世のあぶれ者へと分化していった。

「かぶき」は古くは「衝」という字をあてることもあった。「衝」は、つきあたる、ぶつかる、道をつきぬけるという意味があり、刹那的あるいは反体制的な行動とも通じるものがある。後には「歌舞伎」という語も生れたように、多様な意味合いを持ちながら「かぶき」という語感だけは引き継がれていったのであろう。それだけ、「かぶき者」は一時代を画した存在であったといえるのではないだろうか。

慶次に仮託された願望

ところで、「かぶき者」についての論考の中に、前田慶次を主体的に扱ったものは、管見のかぎりではないようである。

もともと史料に乏しい個々の「かぶき者」を研究対象とすることは、難しいのであろう。

記録に残る「かぶき者」の行状をみても、町人への暴行、「かぶき者」同士の抗争と、凶悪なケースが目立つ。慶次の逸話に共通しているユーモラスな面は感じられず、殺伐としたものである。

そのような卑小なイメージが強い「かぶき者」の中の一人に、前田慶次を位置づけるのを筆者はためらってしまうのである。つきつめれば、前田慶次を従来の「かぶき者」研究の上で同列に扱っていいのかという疑問もわいてくる。

関ヶ原合戦終了直後から現れはじめた「かぶき者」たちに対して、すでに晩年にさしかかろうとしていた前田慶次は、どのように位置づけたらよいのであろうか。

鎌田道隆氏は「関ヶ原戦い後から大坂落城にいたる時期が『かぶき』の精神がもっとも謳歌された時代」(「かぶき者とその時代」)であるとしているが、慶次が活躍する時期とはややずれているのである。たしかに、戦国時代後期から安土・桃山時代にかけての南蛮趣味は、時代の風潮とも相俟《ま》って「かぶき」的な風俗の代表的な地位を獲得した。

しかしながら、現在の「かぶき者」研究は、時期的には慶長五年の関ヶ原合戦の「戦後」が扱う対象となっており、南蛮文化とも融合した前時代のかぶき趣味と江戸時代になって現れる「かぶき者」とを連結させた論考は少ない。

幕府や諸大名家では「かぶき者」の取り締りを強化するようになるが、それらは関ヶ原合戦直後から江戸時代中期にいたるまでみられる動きである。

長谷川照氏は前掲の論考で「かぶき者」の性質が変貌していることにふれ、時代が下ると戦争の実体験がないことに加え、「かぶき者」にれっきとした町人が混じるようになったことを指摘し、「これらの『かぶき者』は慶長の頃に現れた『かぶき者』とは別物に近いとみて良いであろう」と結論づけている。

筆者は長谷川氏の考えに賛成するが、それでもなお、前田慶次を「慶長の頃に現れた『かぶき者』」と同一項で括ることについては、躊躇《ちゅうちょ》してしまう。もとより前田慶次のみを実際以上にスケール感のある人物にしようというつもりはない。しかし、江戸時代なかばや後期に編纂・成立した逸話のみで慶次を語ろうとすれば、必然的に江戸時代の人々が仕立て上げたイメージが勝ってしまい、江戸時代の旗本奴を彷彿《ほうふつ》とさせる慶次像になってしまうのではないだろうか。

たとえば、『南総里見八犬伝』や『三国志演義』の挿絵に登場する女性たちが、まるで大奥の女性や花魁《おいらん》のように描かれているケース、といえばわかっていただけるだろうか。

同じように、長煙管や絹布の衣装、半なでつけと呼ばれる髪形などは、江戸時代の「かぶき者」のキーワードであり、実際、逸話に登場する慶次の描写にもしばしばみられる。

現在でもそうだが、若者の中には多くの場合、カリスマ性を有するヒーローが棲んでいる。言動や格好や生き方について、カリスマの対象を模倣しようとする。

戦国時代は身近にそういう存在がいた。

しかし、江戸時代もなかば頃になると、合戦経験者もいなくなった。武士たちは、昔の軍記や、名将の逸話や武功を書き記したものを通じて、「武士の生き様」を学ぶようになる。

前田慶次という人物が、その実像がほとんどわからないのに対して、逸話や武勇伝が多く残っているのは、カリスマとしてこれを崇める人々がいたせいではないか。

慶長年間、とりわけ関ヶ原の戦い後にあらわれた「かぶき者」の代表的な集団としては、茨組と皮袴組というのがある。茨組とは「自分たちにさわるとケガをするぞ」という威嚇の意味が込められている。また、皮袴組という名称には「茨のトゲも通さない（茨組よりも強い）」という対抗意識が働いている。

茨と皮袴というキーワード。これだけでもピンとくる方もいるだろう。

此鹿毛と申は
あかひちよつかい皮袴
茨かゝれ鉄甲
鶏のとつさか立烏帽子
前田慶次か馬にて候

『武《ぶ》辺《へん》咄《ばなし》聞《きき》書《がき》』

夏の夕、京都三条河原で類まれなる名馬を水で冷やしている光景が人々の噂にのぼった。

道往く人の中には身分のある武士もおり、誰もが一目でこの馬をみて感じ入った。中には馬を洗っている馬丁に、

「この馬の主は誰か」
と問いかける者もあった。馬丁はその都度、上記の文句を幸若舞の節で唱えたという。

この幸若舞の一節に、茨と皮袴がうたいこまれているのである。慶次は、江戸時代初期にあらわれた「かぶき者」たちの先駆者なのだろうか。もちろん、慶次の幸若舞にちなんで江戸時代初期の「かぶき者」たちが彼らの集団の名称に選んだ証拠はない。

逆に、実際の茨組・皮袴組をもとにして、慶次の逸話および幸若舞が創作された可能性も否定できない。前田慶次のキャラクターには、彼の存世中から語り伝えられた部分と、彼に仮託して「江戸時代初期のかぶき者」的な要素を移植された部分が融合しているのである。

甦ったヒーロー前田慶次

時代によって歴史上の人物は再発掘されたり、埋もれてしまったりするものだ。戦前は誰でも知っていた人名が、現代では忘れ去られてしまっている例はたくさんある。反対に、ある「契機」によって埋もれていた人物が脚光を浴びたりもする。

ブームというにはほど遠いかもしれないが、知名度が向上した前田慶次にもそれがあてはまるのではないか。

火付け役となったのは隆慶一郎の小説『一夢庵風流記』と、それを原作とした原哲夫の劇画『花の慶次』であろう。海音寺潮五郎、大仏次郎、村上元三など先行する作品もあったが、やはり、隆慶一郎の功績が大きい。とりわけ、前田慶次（隆作品では前田慶次郎と表記している）の人物造形がみごとである。

隆慶一郎がつくりだした慶次のキャラクターは、一言でいえば、いさぎよい日本男児である。『論語』に「巧言令色少矣仁《こうげんれいしょくすくなしじん》（言葉巧みで、外面をとりつくろっている者には、仁の心は欠けているものである）」とあるが、慶次もなかなか言葉巧みで、時には人を欺く行為をしている。ただし、それは自らの保身や、上に媚びへつらうためではなく、世間を驚かそうという悪戯心、あるいは反骨の気風からくるものである。

これに加えて行動力を合わせもち、いいわけがましいこともせず、自らの言動に責任を持ち、周囲にそれを転嫁することをしない。おとこを「漢」と表記するようなノリである。

たとえば、隆作品の次の一節などはその顕著な例であろう。

「わしはしくじれば死ぬ。お手前のように生きて文句をつけたりはしない」

物語後半、上杉のために和平交渉に赴く慶次。バサラ者に何ができると思っている上杉の家老千坂景親に対していい放つ慶次のセリフである。「無法天に通ず」という作中でも指おりの名セリフに続くシーンであるが、それは小説のほうで堪能していただきたい。作者が「前田慶次郎」にこめた気持ちがもっとも凝縮されている部分であるとともに、「かぶき者」の精神をうまくいいあらわしたセリフであると思う。

女性のファンも多いようだが、筆者の周囲では「おとこ惚れ」したという声を多く耳にする。

司馬遼太郎の小説は「作品」に惚れこむが、隆慶一郎の小説は「登場人物たち」の一挙手一投足に惚れこむのである。

『一夢庵風流記』をはじめ、隆慶一郎の戦国時代を題材にした作品には、「いくさ人」というキーワードがついてまわる。登場人物は男であれ女であれ、「いくさ人」か「非・いくさ人」に色分けされている。

前者は政治的には敗者であることが多く、そのかわりにある種の精神の高貴さといったようなものを身にまとっている。後者は政治的勝者ではあるけれども、俗物っぽく、卑小に描かれることが多い。

したがって、たとえ武士であっても、必ずしも「いくさ人」であるとは限らない。逆に、戦場には出ない女性であっても、「いくさ人」と交感できるか否かで、「いくさ人」の側に場所を占めることが可能なのである。『一夢庵風流記』から一例をあげれば、利家の妻まつ（芳春院）などはその部類に入るだろう。残念ながら、史実では親交があった形跡すらうかがえないが、作中では非常に慶次と親密な女性である。

作品はそれを読む者に対しても選択を迫り、そのことがより慶次への共感を呼ぶ原因にもなっているのではないだろうか。

司馬作品の一面のみを模倣し、事実の羅列で小説の快楽を満喫できない作品が多くなってくる中、隆慶一郎の視点は登場人物の目線にまでおりていき、エンターテインメントとしての歴史小説・時代小説が本来持っていた「胸のすく面白さ」をひさびさに甦らせた。

史料を縦横に駆使し、神のような冷徹な眼差しで俯瞰《ふかん》・叙述する司馬遼太郎の作品群と対照的な位置にある。それでいて、かつて隆慶一郎が映画『城盗り』の脚本を書き、その原作小説『城をとる話』を司馬遼太郎が書いた、という接点も有する。その接点に、前田慶次を彷彿とさせる車藤左というキャラクターがいたことも興味深い。

網野史学（網野善彦氏の業績は、中世のイメージを一変させた、というよりも具体的で豊かなイメージを我々に提示してくれた。おそらく史観・史学に個人の名を冠することができる最後の巨星であったかと思われる。）の影響というのも見逃せない。隆慶一郎はその作品に「道々の者」という非常民たちを登場させることによって、活力にあふれる中世社会を描き出してみせた。

後で言及する『前田慶次道中日記』においても、江戸時代の身分的な枠組みとして使われる「士農工商」のいずれにもあてはめることが困難な人々が頻出する。朝鮮人の従者がいたということも日記中にみえ、隆作品とも共通する部分がある。『一夢庵風流記』の中で『前田慶次道中日記』はラストで少し紹介されるにとどまっているが、おそらく作品世界へ移し変えられた記述も少なくあるまい。

ただし、『一夢庵風流記』は小説という形態やストーリー上、前田慶次の描き方が武辺に偏ったきらいがあり、総じて慶次の文芸をはじめとする教養面への書き込みが弱い。

この傾向は同作品を原作とした劇画『花の慶次』において、より顕著になっている。

ことわっておくが、両作品の価値に対する欠点という意味でいっているのではない。教養面などを描けば、作品の焦点がぼやけ、読む人にとっては退屈きわまりないものになり、かえって作品の価値を損なうものになってしまっただろう。

歴史上の人物としての前田慶次

一方で、歴史を楽しむ人々には「事実を知りたい」という欲求も少なからずある。

中には、本当の慶次を知りたいと、晩年の彼が隠棲《いんせい》したとされる山形県米沢市を訪れる方も多くなったと聞く。米沢では、もはや前田慶次は上杉鷹山、上杉謙信、直江兼続などと並ぶ、観光の「顔」なのである。

しかし、前田慶次の生涯を史実で跡づけることは非常に困難である。

一般に知られた偉人と違って大部の評伝などは皆無であり、慶次を紹介した媒体で一番多いものは雑誌記事ということになろう。それとても、比較的知られている逸話を中心に、原稿用紙にして十枚程度の略伝の域を出ていない。

その中で、最近、市立米沢図書館から刊行された『前田慶次道中日記』の資料編「前田慶次について」の項が比較的まとまっていて、わかりやすい。章末にはエピソードも十四編添えられており、虚実あわせた慶次の生涯を知ることができる。

吉川英治は、宮本武蔵の生涯を確実な記録に従って叙述しようとすれば、たかだか漢文にして四十行程度であるというようなことを書いている。

前田慶次も武蔵同様、あるいはそれ以上に厳しい感がある。

はじめに書いたように、前田慶次の知名度をひろく知らしめた功績は、隆慶一郎の小説やそれをもとにした劇画の魅力に帰せられるだろう。しかし、大河ドラマに脇役として登場した際は「劇画の主人公」と紹介していた媒体もあるぐらいだ。小説や劇画に接していない人々にとっては、当初、新たに創作された人物と受け取った方も多いのではないだろうか。武蔵には抜群の知名度があるが、前田慶次という歴史上の人物は、まだまだ一般に知られているとはいえないのである。

しかし、慶次本人に関する記述が少なくても、同時代のかぶき者や交友関係、そして、小説等が扱いきれない文化面（主として慶次の文芸活動）からのアプローチがまだまだ可能ではないかと考えた。少ないといわれている慶次の資料だが、案外掻き集めてみればそこそこの分量に達するのではないか。

あちこちに散らばっている前田慶次の記述を掻き集め、ともかくもその生涯を再構成してみること、その過程で抱いた疑問についても今後の検討課題として書き出しておくこと、この二点が本稿の目的である。

なお、前田慶次（正式には慶次郎とすべきであるが）は、その実名が諸説あり、そのうちのどれがもっとも妥当なのか判断がつかない。本書では、史料からの引用など特別な場合を除き、前田慶次と表記することにしたい。

第一章 慶次の出自

誰ひとり浮世の旅をのがるべき
上れば下る逢坂の関

前田慶次は慶長十年（1605）に七十三歳で没したという説に従えば、逆算して天文二年（1533）の生まれということになる。ただし、慶次がどこで生まれ、どのような青年期を過ごしたか、それをうかがわせるような史料は伝わっていない。

京都では、とうに室町幕府の権威が失墜し、管領細川晴元と三好長慶が抗争を続けていた。将軍足利義晴は京都を捨てて近江坂本へ逃れる有様だった。

対外的には種子島に鉄砲が伝わり、フランシスコ・ザヴィエルが薩摩に上陸してキリスト教の布教がはじまった。

地方では毛利元就、北条氏康、武田晴信（信玄）、長尾景虎（上杉謙信）といった有力な戦国大名の台頭がみられた。まさしく、戦国時代の新たな転換期にあたっていたといえるだろう。

尾張の織田信長もまた、新興勢力として戦国の世に躍り出ようとしていた。

弘治三年（1557）八月、信長は、弟信行を推す林秀貞・柴田勝家らを稲生の戦いで破った。信長は林・柴田を助命したが、二度にわたって謀反をおこした弟信行は城へおびき寄せて討ち果たしてしまった。

慶次が養子に入ることになる荒子城の前田氏は林秀貞の与力であった。この一連の事件で、前田氏は荒子城に拠《よ》って清洲·熱田を分断して、信長に敵対したと考えられる。

慶次は、いわば信長からもっとも警戒されている家のひとつへ養子に入ったのである。

関連年表1

		前田慶次関連事蹟	その他の歴史的事件
天文二年	1533	前田慶次生まれる?	
天文三年	1534	織田信長生まれる	
天文六年	1537	木下藤吉郎（豊臣秀吉）生まれる	
		前田利家生まれる	
天文十年	1541		武田晴信、父信虎を駿河へ追放
天文十二年	1543		種子島にポルトガル船漂着（鉄砲伝来）
天文十七年	1548		長尾景虎（上杉謙信）が家督を相続
天文十八年	1549	信長、家督相続?	ザヴィエル、薩摩に上陸
弘治元年	1555	上杉景勝生まれる	
弘治二年	1556		斎藤道三、子の義龍と争い、敗死
永禄二年	1559	利家、信長の勘気を蒙る	
永禄三年	1560	直江兼続生まれる	桶狭間の戦い
永禄四年	1561	利家、織田家に帰参	武田信玄と上杉謙信、信濃川中島で戦う
永禄八年	1565		足利義輝、殺害される
永禄十年	1567		信長、美濃を攻略する

生年の謎

存在そのものが謎といってよい前田慶次の生涯のうちで、あえて最大の謎はと問われれば、第一に彼の出自および系譜、第二には没した時と場所ということになるであろう。

ほぼ身分が確定された江戸期の武士とは異なり、戦国時代の武士は、ごく一部を除けば、その履歴は甚だ怪しげなものだった。したがって、慶次だけに特有な事情というわけではないが、やはり生没年は、その人物の生涯を概観する上で、基本的な枠組みである。

慶次の没年は慶長十年（1605）と慶長十七年の二説がある。いずれも享年を七十歳代としているので、逆算すると享禄末年か天文年間のはじめ頃（1530～1540年頃）の生れ、ということになろう。

慶長十年に七十三歳で亡くなったとする『加賀藩史料』の説によるならば、生年は天文二年（1533）で、織田信長より一歳上、前田利家は年下の叔父（ただし、後に述べるように血はつながっていない）ということになる。さらに、加賀を出奔したといわれる天正十八年（1590）には五十歳を越え、最上攻めに従軍した時には六十もなかばを過ぎていた勘定になる。

これに対して米沢側の資料では、没年を慶長十七年とし、享年は七十余歳ということになっている。

中村忠雄氏による「前田慶次道中日記解説」や『米沢史談』など郷土史研究書はだいたい天文十年頃、尾張国海東郡荒子で誕生したとする説を採っているようである。天文十年とする根拠は明らかではないが、おそらくは慶長十七年に七十余歳で亡くなったとする説から逆算したものであろう。

したがって、慶次の生没年は、

天文二年（1533）～慶長十年（1605）

天文十年（1541）頃～慶長十七年（1612）

の二説ということになる。

いずれにしても、天文六年誕生が有力とされている叔父利家とくらべて、三歳年上か、あるいは四歳年下の範囲がだいたい慶次の年恰好ということになろう。

では、どちらの説が妥当なのかといえば、享年を七十三歳とはっきり書いている『加賀藩史料』のほうが有利であるように思われる。その根拠となる野崎知通の遺記は、承応元年（1652）という、江戸時代初期に書かれたものである。

それに対して、慶長十七年とする米沢藩側の史料は多くが十九世紀初頭以降のもので、しかも「七十余歳」という曖昧な記述から、そのまま天文十年という生年を導き出してしまっている点で、やや説得力を欠くと考えられる。この点は、第七章「慶次の最期と残された一族たち」で再びふれることにする。

慶次の通称および実名

通称は初めは宗兵衛とされ、軍記ものでも前田宗兵衛で登場することがある。いつ頃から慶次郎を使い出したのかは不明である。『前田慶次道中日記』には「啓二郎」とあるし、天正十三年（1585）八月の前田利家の書状にも「慶二」とある。

編纂物には単に慶次と書かれることが多く、このためこれを実名と勘違いして「よしつぐ」と読んでいる例もみかける。

実名は利益、利太、利大、利貞、利卓などが知られている。武将によっては生涯のうちに何度も改名しているので、この全てが本当に使用されたとしても驚くにはあたらない。ただし、それは文書などで使用を裏付けられる場合に限られる。

慶次の場合はそうした文書が乏しいこと、さらに実名の読みがまちまちで、定まっていないという問題が待ち構えている。

利太や利大について「とします」「としおき」「としたか」という読みが最も一般的であるが、国枝清軒が編纂したとされる『東国太平記』では「利大」をトシオキとルビをふっている。また、同書と関係が深いと考えられる『關原《せきがはら》軍記大成』ではルビを重視したのか、「利興」となってしまっている。

大と太はしばしば通用するので、「利大」と「利太」は同じと考えてよいだろう。

あるいは、利益、利太、利大はみな「とします」であったものが、「利太」「利大」という表記から「としおき」「としたか」という読まれ方が派生したのではないだろうか。

次に「利貞」だが、こちらは米沢に残る遺品や、米沢で編纂された史料にみられる。特に慶次の手跡になる「亀岡文殊《かめおかもんじゅ》奉納詩歌百首」中の和歌五首の署名が「利貞」と判読できることは特筆できよう。このため、米沢関係の資料には前田利貞と表記されることが多い。現在、堂森善光寺に建つ供養塔の碑文にも「利貞」と刻まれている。

反対に「利卓」は加賀藩側の史料『前田慶次殿伝』だけにみられる。この『前田慶次殿伝』は慶次の従者であった野崎八左衛門知通の遺書という体裁をとっている。江戸時代に写本が「松雲公採集《しょううんこうさいしゅう》遺《い》編類纂《へんるいさん》」に収録され、明治三年になって森田平次によって筆写されたものが、「秘及叢書」に収められた。さらに、昭和に入って編纂された『加賀藩史料』の前田慶次卒伝条に後半部分のみ転載されている。

「利卓」は「としたか」と読ませている。一般には利貞や利卓以上にポピュラーといえる実名のひとつである「利太」という名を「としたか」とよませる場合と音が通じる。

「としたか」という読みから「卓」の字をあてた可能性もあるが、『前田慶次殿伝』以外に所見がない。

『前田慶次殿伝』の内容は慶次の最晩年にあたるため、ちょうど「利貞」を使用していた時期に重なる。野崎八左衛門の原本は伝わっていないようなので、森田平次が書写するにあたってどの文献を参照したのかは不明である。参照元も「利卓」と記されていたのか、あるいは「利貞」となっていたのを誤写したのか、なお疑問が残る。

このほか「利治」「利次」については、読みは問題はないように思われるが、資料に頻出する割合としては低いほうである。利治については『前田氏系譜』に、

「利治。或利益。又利太。自称宗兵衛。後慶次」

とある。ただ、慶次の養父利久の父が利春であるので、これを意識して音のみ通じる利治を当初用いた（つまり、前田宗家であることを意識した）可能性もあることを付記しておく。

一般の武将の場合、改名の経緯がわかれば、大勢力への臣従や動向についてある程度見当がつくのだが、慶次の場合は発給・受給ともにほと

んど文書が残っていないため、いくつも伝わっている諱《いみな》の使用時期が明確になっていない。そのため、大まかな生涯は追えても、節目々々を規定することができないのである。

それぞれの署名がある書状が残っていれば一番確実なのだが、それは望めない。そこで、諱を一通り整理してみたい。

まず、前出の諱は、いずれも「利」の一字ではじまっているため、前田家に養子として入ってから使用したものと考えてよかろう。ちなみに前田家の通字「利」は、同家が利仁流藤原氏（斎藤氏）の流れを汲むことを示す上で用いられたものと考えられる。前田家は菅原氏とする説が一般的であるが、実は菅原氏、藤原氏、平氏の諸説にはいずれも確証はない。秀吉に臣従して豊臣姓を用い、江戸期に入って松平姓を下賜されるとこれを用いたように、菅原・藤原・平の諸姓も機に応じて使用してきたのではないだろうか。そのことは、前田氏自体が確たる由緒を持たない村落領主に過ぎなかったことを示している。

さて、「利益」については、一見、滝川一益の偏諱を思わせるが、明らかに地位が上である滝川氏の通字「益」が前田氏の通字「利」の下にくるのは不自然である。つまり、本来ならば滝川益重のように、「益」の字を上に戴くべきだと考えるのである。

そこで、益の字を避け、太の字を用いて「とします」とよませていたものが、年を経て、「としたか」と誤って伝わったと考えられないだろうか。

一方、米沢藩側に残る記録では、ほぼ一貫して「利貞」である。「利貞」の名は加賀藩関係の史料などには一切みえない。これは、慶次が加賀を出奔した後に改名したものと考えられる。

諸資料にみる慶次の表記

慶次の表記	史料名
慶二	前田利家書状
慶次郎	富山藩士由緒書、桑華字苑、三壺記
利卓、龍碎軒不便斎一夢庵主	前田慶次殿伝
慶次	雑記、重輯雑談、可観小説、米沢地名選、常山紀談

慶次郎、利太、利益、宗兵衛	本藩歴譜
利治、利益、利太、宗兵衛、慶次	前田氏系譜
啓二郎	前田慶次道中日記
利貞	亀岡文殊奉納詩歌短冊、前田慶次・安田能元連歌、稿本清覧録、上杉家御年譜、伝「慶次所用木彫瓢箪」銘、鶴城叢談
慶次、利貞	堂森善光寺供養塔碑文
慶次、慶次郎、穀蔵院ひょっと斎	武辺咄聞書
慶次、慶次郎、利大(トシオキ)、穀蔵院ひょっと斎	東国太平記
慶次郎、利興	關原軍記大成
慶治、慶次、利太	庄内藩并諸家系図

穀蔵院ひょっと斎

慶次は加賀を出奔した後、後半生は剃髪していたらしい。また、上杉氏に仕官するべく会津へやって来た時には、穀蔵院ひょっと斎という人を食った号を用いている。

史料によっては「ひっと斎」「ひょっとこ斎」とも記されている。「ひょっとこ斎」だとすれば、飄《ひょう》げた顔をした「ひょっとこ」を持ち出して人を嘲る意図をもってこの号を考えたのかもしれない。『東国太平記』がいう「不断の行跡」、および『常山紀談』がいうところの「滑稽《こっけい》にして世を玩《もてあそ》び、人を軽んじける」姿である。

が、成立が比較的古いと考えられる『武辺咄聞書《ぶへんばなしききがき》』にしたがって「ひょっと斎」としておきたい。

漢字表記のほうは「忽之斎」「忽々斎」「瓢戸斎」など一定していないが、字面をみれば、「ひょっとこ」より、思いがけず突然な様を示す意味合いの方が近いことは明白である。

穀蔵院のほうはどうであろう。穀蔵といえば、米を食べるので人に嫌われる害虫「穀象」を連想させる。慶次は「自分は人に嫌われるごくつぶしである」と自身を揶揄しているのだろうか。

平安時代には、飢饉などに備えて食糧を貯蔵しておく倉庫と、各地にそれに付随する領地が設定されていた。倉庫の名は穀倉院《こくそういん》という。二条朱雀通にあったと伝えられ、当初は京都が飢饉に見舞われた際には、蔵をひらき、貯蔵していた穀物を廉価で販売する機能を有していた。平安時代後期に入ると、次第に宮廷行事の費用充当が主目的になったようである。

もし、慶次の号が穀倉院から採られたのだとすれば、二条朱雀通か、もしくは各地に設定されていた穀倉院領などの故地に一時居住していたのであろうか。

あるいは、虚空蔵菩薩とも通じるものがあるのではないか。虚空蔵菩薩は山岳修験と深い関係がある。また、慶次の周辺には修験道との関連をにおわせる記事が散見できる。『前田慶次道中日記』には熊野の山下に二、三ヶ月滞在していたと自ら記しているし、最上合戦の折には首に修験道で用いられる、いらたかの数珠をかけていたという軍記の描写がある。

龍碎軒不便斎一夢庵主

龍碎軒不便斎という号は、富山藩士野崎八左衛門知通の遺記に登場する。野崎によれば、慶次が亡くなったのは大和国で、その墓碑には「龍碎軒不便斎一夢庵主」と刻まれているという。

隆慶一郎の小説『一夢庵風流記』のタイトルのもとになった号であるが、まさか家来筋の野崎らが主人にこのような法名をつけることはするまい。それが許されたとすれば、慶次が死の間際に自分で自分につけた法名であった可能性がある。

野崎知通は遺記の中で、慶次は人には決して口外しない「一つの望み」があったと記している。その望み（おそらくは滝川宗家か、前田宗家の家督にからむ問題であったと想像する）が達せられなくなったために、昇竜の夢が砕け散ったという意味で「龍碎軒」とつけたのではないだろうか。

上杉家にいた頃、慶次は「大ふへん者」と大書した旗を背負っていたことがある。「武門の上杉家にあって新参のそのほうが大武辺者とは思い上がっている」と咎めた人々に対し、慶次は「これは大不便者とよむのだ」といい返した。

その最期に、自分の墓碑に「不便斎」と刻ませたのは、死ねば武辺を誇示しても何の意味もないことを知っていたからかもしれない。

野崎知通の遺記とはいっても、やや物語じみた内容であり、断片的に有益な情報を伝えてはいるだろうが、すべてを鵜呑みにすることは危険である。野崎が記す「龍碎軒不便斎一夢庵主」の墓碑は現在のところみつかっていないようである。

野崎知通の遺記については後述するとして、次に慶次自身の出自をみていきたいと思う。

慶次と滝川一益・益重との関係

前田慶次はその素性さえも明らかではない。滝川一族の縁者であり、前田利久が養父であることは諸書ともにほぼ一致している。

滝川氏は『寛政重修諸家譜』では紀氏となっているが、伴氏の流れを汲む大原氏の一族と考えられる。『勢州軍記』では、「元来近江国甲賀郡大原住人也」と記されているし、一益自身も年未詳五月二十六日付で大原御奉行中様に宛てた文書に「大原瀧川一益」と署名している（「大原勝井文書」）。

この大原氏は甲賀の櫟《いちい》野《の》城《じょう》に拠った櫟野大原氏である。櫟野城は『寛政重修諸家譜』で滝川一勝の居城とされる「一宇《いちう》野《の》城《じょう》」にあたると考えられる。一益の父一勝にはじまる「一」の名乗りは、この時、一宇野城（櫟野城）に移ったことが関係しているのかもしれない。

後に一族はさらに居城を滝川城へ移した。滝川城は櫟野寺から櫟野川を隔てた山腹に築かれた平山城である。滝川一益が一時居城していたとか、あるいは生誕の城であると伝えられている。

滝川一益が尾張の織田氏に仕える際、叔父にあたる滝川恒利の縁を頼ったと考えられる。恒利は定勝ともいい、一益の父一勝の弟にあたる。池田政秀の婿となり、池田氏を継いだ。この池田氏は通常、摂津池田と想定されているが、近江、美濃と記すものもある。織田氏との関係を考えれば、近江か美濃、あるいはすでに尾張に土着していた一族とみたほうが妥当であろう。

恒利は天文七年（1538）に没しているが、未亡人は織田信秀の子（信長）の乳母となっていたのである。この女性、池田氏（養徳院）は信秀の側室として女児をもうけている。また、前夫恒利との間に男児があり、長じて池田恒興となり、乳兄弟ということで信任された。(略系図Ｉ参照)

略系図Ｉ

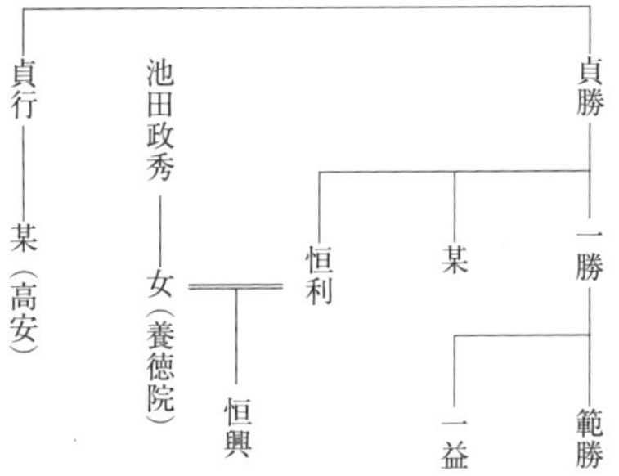

むろん、こうした血縁のおかげもあっただろうが、砲術の才をはじめとする一益の異能ぶりが信長の目にとまらなければ、その後の累進もなかったであろう。

慶次の出自を明らかにする上で、まず滝川一益との関係を再点検する作業を避けて通ることはできない。

慶次の実父については説が分かれている。

①滝川一益の息子説

まずは滝川一益が父であるというものだ。滝川一益については、織田信長の地方司令官の一人ともいえる地位にまで昇りつめた人物である。

> 一益事若年の時より鉄炮を鍛錬、河内国に於て一類高安の某を討補、其より處々に於て相働の旨、信長公聞給、美濃追罰の節初て幕下に属す
>
> 『滝川一益事書』

滝川一益は若い頃より鉄炮の技を鍛錬していた。河内国において一族の高安某を討ち果たし、以後、諸国を放浪して戦場働きなどをしていた。この評判を織田信長が聞きつけ、美濃攻めの折にはじめて家臣の一人に加えた

大永五年（1525）生まれとされる一益を実父とした場合、慶次の生年が天文二年（1533）、同十年のどちらであっても無理があるように思われる。

ただし、一益の養子分となって、つりあいをとった上で前田家に入ったという可能性はある。

一益の子は一忠、一時、それに革嶋氏、津田小平次秀政に嫁いだ女性（養女）がある。一時は没年齢から逆算すると永禄十一年（1568）の生誕ということになる。天正十年（1582）、厩橋城内で催行された能興行において、当時、久助といった彼が父一益に同席して太鼓を担当している。

②滝川一益の弟説

晩年の慶次に仕えた野崎知通の遺記『前田慶次殿伝』は、慶次が滝川一益の弟であると記している。

一益の弟であれば、慶次の父は滝川一勝ということになる。

ところが、『寛政重修諸家譜』は一益の兄弟としては兄の範勝を載せるのみである。また、慶次が一益の弟であるとしたら、彼らの母が前田利久の妻になるというのは、年齢的にみても不自然である。

③滝川一益の甥説

滝川一益の甥であるとする説は、もっともポピュラーなものであろう。一益の兄弟姉妹の中で比定できそうな人物が『寛政重修諸家譜』に記載されていないのが難点であるが、『村井重頼覚書』は次のように記している。

> 御舎弟五郎兵衛殿御息女御養子と成され、滝川左近殿おい慶次殿を入むこに成され、御跡をつがせられ候はんよし、

> （前田利久が）弟五郎兵衛安勝の娘を養女とし、これに滝川一益の甥慶次を配し、婿養子とされて前田家の跡目を継がせようとした

滝川一益との続柄において、やや後世の史料ながら『村井重頼覚書』にある通り、甥とみるのが妥当かと思われる。

そこで浮上してくるのが滝川益重との関係である。

④滝川益重の息子説

滝川益重は、一益の甥あるいは従兄弟といわれ、儀大夫の通称で知られる。益氏という名も伝わっているが、細川家の家譜『綿考輯録《めんこうしゅうろく》』において「滝川一益か甥滝川儀大夫益重」および「作治（佐治）新介益氏」と表記され、また『山内家史料』においても「瀧川一益ノ部将佐治新助」の部分に「益氏」と註がある。したがって、益氏とは滝川一益の家臣佐治新介の実名を混同した可能性もある。ここでは、史料中の表記を別として、滝川儀大夫益重ということで話をすすめたい。

山鹿素行が『武家事記』の中で、慶次について、

「元滝川儀太夫子なり。その母懐胎して前田の兄蔵人に再嫁し、慶次を生む」

と記している。

現在では滝川益重を慶次の実父とする説が一番ひろく流布しているであろう。『米沢史談』など米沢の郷土史関係の資料はこの説を採っているし、何といっても慶次を「全国区」にした隆慶一郎の小説『一夢庵風流記』も益氏（益重）の次男としているため、確実な文献はないにも関わらず、この考えが一番ひろまっているように思われる。

加賀藩側の史料である『本藩歴譜』には、『真偽一統志』を引用して、次のような説を紹介している。

益氏討死の後懐婦妾利久の室と成、故出生の息自然に利久の養子と成とあり

滝川益氏（益重）が討死した後、身ごもっていた妻が前田利久と再婚した。そのため、間もなく誕生した男子は自然に利久の養子となった

益氏が佐治新介であるにせよ、滝川益重であるにせよ、両人とも天正年間まで生きているので、『真偽一統志』の記述は誤りである。

しかしながら、この滝川益重なる人物も、一益の甥であるとか従兄弟であるといった説があり、具体的にどのような系譜的つながりがあるの

か、はっきりしないのが実情である。

筆者が「滝川益重父親説」に対して感じる疑問は、慶次の諱のひとつとされる「利益」の問題である。

滝川儀大夫益重の名は、滝川一族の出世頭である一益から偏諱を受けたものと考えられる。一益という名の下の「益」の字を上にいただいている点で、両名の力関係がわかるだろう。これは問題ない。だが、慶次の場合は「利益」と益の一字が下にきてしまっている。しかも、前田家の通字ともいえる利の一字を上に冠している。

天正十一年の賤ヶ岳合戦前までは、滝川家のほうが前田家より明らかに格が上である。慶次が利益の諱を使用したとすれば、それは慶次自身が前田家に仕え、滝川一益が没落した後のことであろう。

いや、慶次も父益重同様、滝川一益より偏諱を受けた。益重が自分の息子に主君から拝領した「益」の一字を勝手につけたのではないという意見もあるだろう。だが、それならば滝川一益は「益」を上に冠した名を与えそうなものではないか。詳細は次章でみていくことにするが、慶次は滝川一益に従っていたと考えられる期間、その存在感を示したことはほとんどないのである。一城を任されることもなく、滝川一益の重臣としても「指折り」とは到底いえない存在であった。

では、「前田慶次利益」の場合は、「利」の字が上にある理由をいかに説明されうるのであろうか。

慶次が前田家の養子となった時、前田家の通字である「利」と滝川一益の一字とを合わせた。利家が家督を継承する以前、前田家は織田家の家老林氏の与力であり、新興の滝川氏としても遠慮があったのではないか。

つまり、慶次の場合は、滝川益重のような一益から偏諱をうけたケースと単純に比較できない事情が介在している、と考えるべきである。

具体的にいえば、滝川氏側が織田家の中枢に位置する林氏への接近を試みた。信長が織田家の家督を継いで以降、やや落ち目であった林氏も滝川氏との関係を強化したいと考え、与力の前田家との養子縁組をすすめた。林氏が介在していれば、前田、滝川という序列も納得できなくはない。

もうひとつには、慶次が滝川益重の養子ではなく、一益の養子という名目で、前田家に入ったのではないか、という点がある。しかし、筆者は現在のところ、「利太」を「とします」とよみ、それが同じ音ということで「利益」として伝わったと考えているので、滝川一益・益重からの偏諱も含めた一字名拝領の問題は採らない。

⑤滝川益重の甥説

『加賀藩史料』に収録されている『本藩歴譜』では、

（前田利久の）内室瀧川氏、儀太夫益氏妹也。或は益氏女と云、益氏尾州嶺城主

と記している。嶺城は尾張国ではなく、伊勢国にある。したがって尾州嶺城主というのは、勢州嶺城主の誤りである。

これによれば、前田利久の妻は滝川儀大夫益氏の妹、あるいは娘であるという。

前項で書いたように、儀大夫益氏は益重のことを指しているものと解して話をすすめる。

慶次の母は滝川益重の妹であったとする。

前田家に再嫁してきたいきさつとしては、夫を合戦で失い、寡婦となったためであるとか、離縁されたためであるとか諸説があるが、果たして再婚であったかどうかも疑ってみる必要性があろう。

⑥滝川益重の弟説

これは、新井白石の『藩翰譜《はんかんふ》』が採る説である。この場合は同時に一益の甥であるとする③説も受容することができる。しかし、益重と慶次が兄弟であるという傍証はほかにない。両者ともに一益の甥であるということから、新井白石が兄弟であると解してしまった可能性が高い。

⑦滝川益重の従兄弟説

先に紹介した『村井重頼覚書』では、

滝川儀太夫とは慶次殿いとこにて御座候。儀太夫も滝川左近殿おいにて御座候

と系譜の問題に言及している。同書では慶次を「滝川左近殿おい」（③滝川一益の甥説を参照）としているから、次のような関係（略系図Ⅱ）が仮説として導き出される。

略系図Ⅱ

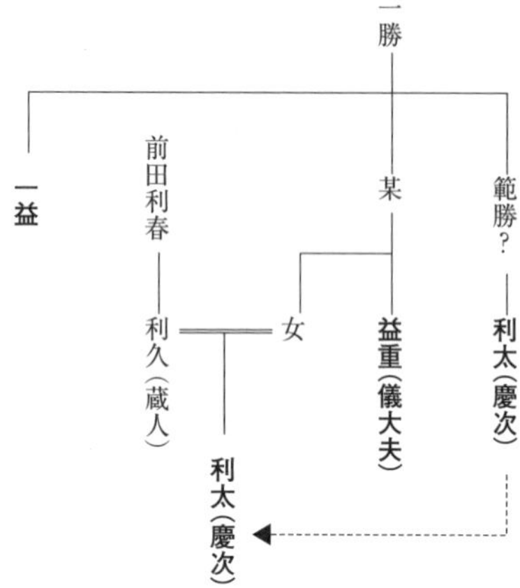

慶次、益重のそれぞれの父（あるいは母）と滝川一益との長幼の順は不明である。

右の系譜に従うとすれば、慶次は一益の甥であり、益重の従兄弟である。同時に、前田利久（室は滝川益重の妹）の養子となったために、益重にとっても甥ということになる。

したがって⑦説を採れば、③滝川一益の甥、および養子縁組によって、⑤滝川益重の甥という説も受容できる。

そうであるならば、慶次の実父は滝川一益でも益重でもない。

慶次の生年を『加賀藩史料』の没年から逆算した天文二年（1533）とすれば、慶次の父は一益よりも年長の兄弟であったと考えたほうが妥当である。かりに滝川一益の兄の子であるとすれば、慶次の実父は『寛政重修諸家譜』にみられる範勝という人物ということになろう。

『寛政重修諸家譜』では、一益の兄弟は範勝しか記載されていない。益重の父も不明である。あるいは益重は一益の姉の子で、もともと別姓であったのを、一益に従って滝川姓と「益」の偏諱を与えられたとみることもできよう。

また、慶次の母（実際には義母）は、再婚ではなくはじめから前田利久に嫁いできたと考えられる。前田利久との間に男子が授からなかったため、一族の慶次を養子に迎えたのであろう。

滝川氏は前田氏のみならず、池田氏とも縁戚関係を結んでいる。池田氏は織田信長の乳母養徳院の実家である。養徳院の夫は滝川家から養子に入った恒利である。その子池田恒興は信長の乳兄弟として信任された。

さらに、慶次の養子縁組に際しては、前田氏が与力をつとめる林氏の意向がある程度はたらいたとみるべきだろう。

暫定的ではあるが、これらの事蹟を反映した系図を次に掲げてみる。

略系図Ⅲ

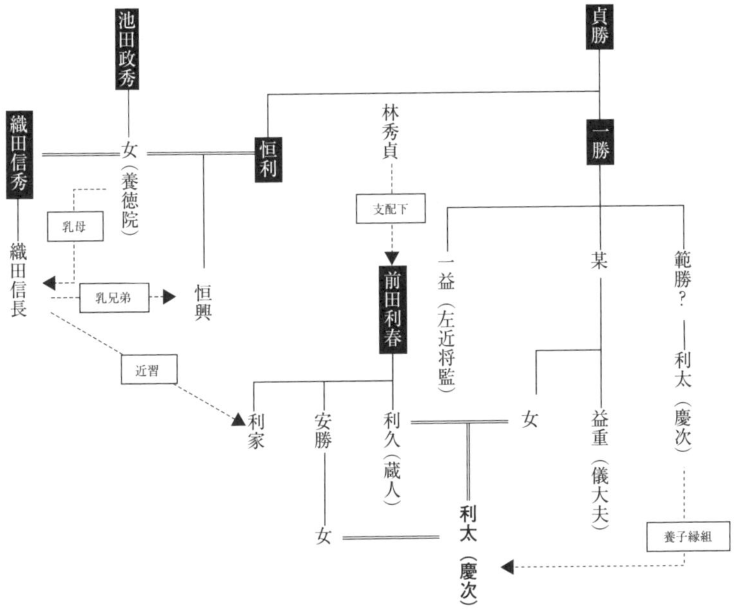

※白ヌキの人名は、永禄十二年（前田利家の家督継承）当時、亡くなっていた人物、あるいは亡くなっている可能性が高い人物。

第二章 前田家時代

問はば人に岩瀬の波のぬれぬれて
渡る宿つげよ夢の浮橋

尾張を平定し、隣国美濃をも併呑《へいどん》した織田信長は、越前朝倉氏に身を寄せていた足利義昭を岐阜へ迎えた。永禄十一年（1568）九月、足利義昭を奉じて上洛を開始した信長の大軍は、近江六角氏、畿内の三好氏を圧倒した。入京を果たした義昭は室町幕府十五代将軍に就任した。

早くから信長に仕えていた前田利家はたびたび戦功をあげ、赤母《ほろ》衣衆の筆頭に選ばれていた。

一方、利家の兄・利久は武道に暗く、嗣子にもめぐまれずにいた。そこで、妻の一族である慶次を婿養子に迎えることにした。この時、慶次はすでに三十代なかばになっていた。

ところが、信長は「前田の家督をほかの家の者に継がせるわけにはいかない」と干渉し、自分の近習として仕えている利家に家督を譲るように命じた。

慶次は養父利久ともども荒子城を退去した。

信長との関係が悪化した将軍足利義昭は、各地の大名に信長追討を命じた。信長はこの包囲網に苦しめられたが、天正元年（1573）、西上中の武田信玄が病没すると、すかさず朝倉、浅井などの諸勢力を滅ぼして窮地を脱した。

前田家当主となった利家は、信長に従って各地を転戦し、越前府中城主、ついで能登一国を与えられ国持ち大名となった。それにひきかえ、慶次は相変わらず林秀貞、続いて織田信忠の与力をつとめていた。

武田氏を滅ぼして、天下布武の完成も間近いと思われた天正十年六月、信長父子は家臣明智光秀の謀反に遭い自刃。西国から反転した羽柴秀吉が光秀を討って、信長後継者の有力候補に躍り出た。利家は柴田勝家、慶次は滝川一益にそれぞれ従っていたが、やがて秀吉が勝利をおさめた。利家は秀吉と懇意であったため、前田家を保つことができた。慶次は滝川一益没落後、金沢へやって来て、六千石で利家に仕えることになった。

関連年表2

		前田慶次関連事蹟	その他の歴史的事件
永禄十一年	1568	信長、足利義昭を奉じて上洛	
永禄十二年	1569	信長、利家の前田の家督相続を指示	
		利久・慶次ら荒子城を退去	
元亀元年	1570	姉川の戦い	
元亀三年	1572		三方ヶ原の戦い
天正元年	1573	信長、上京焼き討ち	武田信玄病没
		信長、朝倉、浅井氏を滅ぼす	
天正三年	1575	長篠の戦い	
天正四年	1576	信長、安土城に移る	
		慶次の娘婿・戸田弥五左衛門生まれる	
天正八年	1580	利家、能登を拝領	
天正九年	1581	慶次、熱田神社に太刀を奉納	
天正十年	1582	慶次、「源氏竟宴之会」に出席	天正遣欧使節、長崎を出発
		本能寺で信長自刃	武田氏滅亡
		慶次、滝川一益とともに関東から伊勢へ帰国?	
天正十一年	1583	賤ヶ岳の戦い	
		滝川一益、同益重が羽柴秀吉に降伏	
		慶次、前田家を頼り、加賀へ赴く?	
天正十二年	1584	慶次、利家に従い、末森城を救援する	小牧長久手の戦い
天正十三年	1585	慶次、越中阿尾城主となる	秀吉、関白に就任
		慶次、神保氏張と戦い、これを退ける	
天正十四年	1586	上杉景勝主従が上洛	
		滝川一益、越前大野で死去	

養父前田蔵人利久

慶次を養子に迎えた前田蔵人利久は利家の長兄である。

利久の生年は不明だが、天文六年生まれの利家との年齢差、および間に一名ないし二名の兄弟があったことなどを考えに入れて、大永・享禄年間（1521～1531）ぐらいに誕生したのではないかと推定する。

永禄三年（1560）、父の死により家督と二千三百貫の所領を相続した。

ところが、『村井重頼覚書』には「武者道少御無沙汰に御座候」とあり、利久は武道に関しては不案内の烙印をおされている。これが理由で、養子をとることになったと『村井重頼覚書』は記している。

滝川氏との婚姻は村落領主同士の提携という意味合いがあっただろう。

前田利久に嫁いだ女性は滝川氏の出身だったことは確かであろうが、慶次の生母ではない。永禄十二年になって嗣子がなかった利久夫妻が滝川一族から養子として迎えたものである。また、『村井重頼覚書』によれば、滝川儀大夫（益重）と慶次は従兄弟と記してある。したがって、利久の妻が、滝川儀大夫から離縁されたとか、慶次を連れ子として嫁いだとか、慶次を懐胎したまま前田家に再嫁したなどという話はまったく信用できない。

おそらくは、利久が養嗣子として慶次を迎えたという事実を捻じ曲げ、利家の前田家相続を正統化するために創作された話であろう。

利久は妻滝川氏との間に男子がなかった。娘はあったが、熱田の住人加藤隼人の妻となっており、永禄八年十二月五日に没している。

> 蔵人様之御息女様、於熱田加藤隼人方江御嫁娶被遊候、右隼人より七代目加藤嘉右衛門与申、則熱田に在之候岡田豊前守之御末子之由申候。右蔵人様御息女様之御位牌、熱田禅宗龍珠寺に御座候。
>
> 『壬子集録』

蔵人様（前田利久）の御息女は熱田の加藤隼人方へ輿入れした。この隼人より七代後の加藤嘉右衛門という人物が熱田に住まいしている。加藤嘉右衛門は実は岡田豊前守の末の子供ということだ。蔵人様の御息女の御位牌は熱田の龍珠寺という禅寺にある。

熱田加藤氏は、東（図書助系）と西（隼人佐系）に分かれていた。このうち、前田氏の女を妻としたのは、熱田西加藤家の隼人佐延隆である。

加藤家の系図では加藤隼人の妻は前田利久の女ではなく、前田利家の姉（法名善趣院殿叔林慶仲大姉）となっている。年代的には、加藤家の系図のほうが正しいようにも思われる。

しかし、加藤氏の妻となった女性が利家の姉であるという記録は前田側の史料にはみられない。『利家記』などには、前田縫殿助利春の子として、蔵人（利久）、五郎兵衛（安勝）、利家、十右衛門(三右衛門利玄か)、高畠石見妻、右近（秀継）、今一人早世（佐脇良之か）の七人しか記されておらず、加藤氏に嫁いだ女性の記録はない。

いずれにしても、姉あるいは娘夫婦のあいだに誕生した子供を養子に迎えようという考えが利久にはあったのかもしれない。しかし、永禄八年にその女性（加藤氏）が亡くなったため、かわりに弟五郎兵衛安勝の娘を養女とし、これに妻の実家である滝川一族の慶次が入婿という形で迎えられた（『高徳公略譜』）。

慶次は先の滝川氏の連れ子説や、懐胎再婚説がひろまっているため、一般に尾張国海東郡で誕生し、幼少期より荒子で育ったと考えられがちである。しかし、前述の系図を踏まえて検討すると、慶次が前田家へやって来たのは、嗣子にめぐまれない利久夫妻が弟五郎兵衛安勝の娘を養女とし、これに婿養子をとろうと決めた時であろう。

時期的には、永禄九年から永禄十二年の間ということになる。

筆者は、永禄十一年の織田信長上洛時を可能性のひとつとして検討されるべきだと考えている。この時、近江南半分を領していた六角氏は信長軍によって倒された。甲賀武士団の中には、六角、織田の間で去就が分かれた者があっただろう。信長は甲賀武士団への梃《てこ》入れとして、甲賀出身の滝川一益を起用した。一益は、甲賀武士たちに宛てた書状では、故郷大原の地名を自分の名に冠して署名する気の遣いようである。この折、近江から移住した甲賀武士たちが多くいたとみられ、その中に慶次も含まれていたのではないだろうか。当然、前田家との養子縁組には、滝川一益の斡旋があっただろう。

永禄十一年か翌十二年に荒子へやって来た時には、慶次は壮年に達していたことになる。利久とは、父子というよりも兄弟ほどの年齢差しかなかったのではないか。

荒子城を退去する

織田信長は一族譜代の結びつきが強かった戦国の世にあって、他国者であることにはこだわらず、能力次第で重用したという評価がある。

しかし、信長は前田家の養子縁組を許可しなかった。前田家の家督相続については、信長にとって見過ごせない問題があった。信長は、他国者の滝川氏の勢力が尾張生え抜きの土豪集団である前田家をも傘下におさめることに難色を示したのではないだろうか。村落領主同士の繋がりが密接になることも、これらを支配下におさめようとする信長の意には添わないものだったであろう。

前田家には、利久の下にまだ安勝、利家、佐脇良之、秀継という弟たちがいた。特に近習として信頼していた利家が前田家を継ぐことになれば、信長にとっても好ましいことであった。利家は十四歳の時、五十貫（一説に七十貫）で信長に召抱えられ、以後、武功を重ねて百五十貫まで加増されていた。元服の際には、織田一族(信長の伯父）の津田信家が烏帽子親をつとめたといわれている。信長は、

「前田の当主の座を滝川のような他家の者に渡すことは無用である。又左衛門（前田利家）は幼少より自分の近習として仕えており、戦場において手柄も度々たてている。したがって、又左衛門に前田の家督を渡すがよかろう」

といった（『村井重頼覚書』）。

永禄十二年（1569）十月、信長の厳命で家督は利家に譲られることになった。

信長が慶次の前田家家督を忌避したもうひとつの理由として、前田氏が林秀貞の与力であったことが考えられる。林秀貞は信長よりも弟の信勝（信行）を当主に据えたいと考えていた。

先に林秀貞・柴田勝家らが信長と戦った稲生の合戦では、利家は信長方として参戦し、宮井勘兵衛を討ち取っている。一方、利家の父利昌と兄利久の去就はわかっていない。林秀貞の与力であったことから、これに与したのではあるまいか。『信長公記』には、荒子城が清洲・熱田を

分断し、信長に敵対したという記事がみえる。
　そうした過去があったから、信長は寵臣利家を前田家当主に据えることで、織田家中の反信長派に楔を打ち込んだのではないだろうか。
　一方､利家は伊勢攻めから戻ると荒子城へ入り､荒子･高畠･本江･万丁･中・日比津・岩塚の七か村など二千四百五十貫を継承することになった。
　前田家臣奥村助右衛門家福は、利久の直書がなければ城を明け渡すわけにはいかないと籠城の姿勢を示した。おそらく、利久は岐阜の信長のもとへ呼ばれて不在だったのであろう。結局は奥村は城を明け渡しているので、利久が説得したものと思われる。その後、奥村家福は在郷に蟄居した。柴田勝家がその人物を惜しみ、利家に再び召抱えるように薦めたと『三壺記』は記している。
　一方、利久は剃髪して荒子を退去した。この時、利久の妻は荒子城内の調度品などに呪いをかけたと伝えられている。
　利家と利久の関係は悪化した。織田家中では、利家の家督をよろこび、利久については「皆々そしり口にて御咄《はなし》」される有様だった。さすがに利家も、自分の面前で実の兄を悪しざまにいうのはやめてほしい、といった（『利家記』）。
　主命とはいえ、実の兄を追うことになってしまった利家の苦しい心のうちがうかがえる記事である。

尾張における動向

　荒子城を退去した後の慶次の消息はよくわかっていないが、次に示す『米澤人國記』の記述が大方の意見になっている。
「永禄十年（1567）から天正十年（1582）まで、慶次郎は京都の一隅にあって堂上貴顕の公家や文人とも交わっていたという説がある。そこで慶次郎は和漢古今の書と親しみ、分けても源氏物語、伊勢物語の秘伝を授けられたという。連歌は当時第一人者紹巴《じょうは》に学び、茶道は千利休の七哲の一人である伊勢松坂城主古田織部正重然に皆伝を受けたともいわれている。武術については弓馬はもちろんのこと、十八般に通じていた」
　慶次が永禄十年から天正十年の間に滞京していたとする説が何に拠《よ》るものかわからない。多くの公卿・文人と交わっていたならば、いずれかの日記・古記録の類にその名が出ていてもよさそうなものである。おそらくは、後世の人が慶次の生涯のうちで十五年あまりの空白期間があるのに目をつけ、その教養の研鑽《けんさん》時期を仮設してみたものではあるまいか。

『米澤人國記』が説く身分の高い公家や文人との交わりについては否定しない。その傍証と考えられる記録も後述する。

ただし、慶次は前田利家が荒子城へ入った後も、そのまま尾張に留まっていたとする考えを採りたいと思う。

ひとつには、熱田神宮に慶次が太刀を奉納したとする「物証」があるからだ。天正九年六月に荒子の住人前田慶二郎が「末□」と銘のある太刀を奉納した記録があり、現在、熱田神宮が所蔵する「伝前田慶二郎奉納太刀　銘末□（一字不明）」といわれる太刀がこれではないかと考えられている。

次に、『壬子集録』には「両人（利久と利家）共信長公に仕」とあり、『乙酉集録』に採録されている「尾州荒子御屋敷構之図」の東南に「前田慶次郎殿屋敷」が存在していることである（木原奈緒美氏のご教示による）。

なお、武田茂敬氏は慶次の屋敷があった場所として、現在の名古屋市中川区的場町と推定されている（『前田利家の出自　荒子城物語』）。

荒子城東南の慶次屋敷

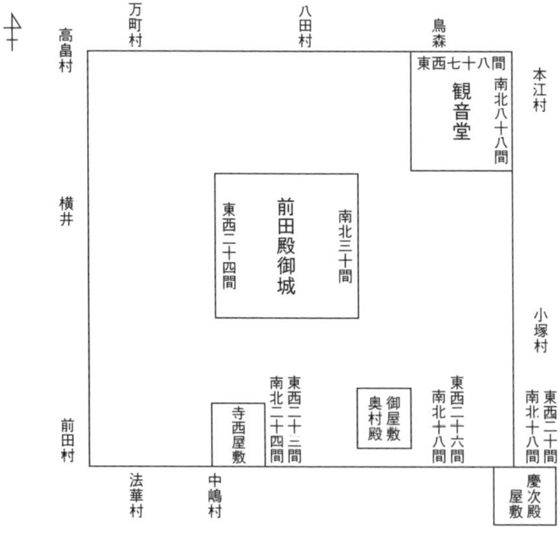

また、江戸時代の加賀藩の動向を記録した『政鄰記《せいりんき》』にも「利久の養子惣兵衛（後に慶次という）へは、信長公より別に扶持を与えられた」とあり、荒子城を明け渡した利久・慶次がまったく浪々の身に堕ちたわけではなかった。『本藩歴譜』は利久が古渡城に移ったという別説を掲げており、一時荒子城を離れた時期もあったのだろう。

しかしながら、天正年間になると、慶次の動向はまったくうかがえなくなる。林秀貞が織田信忠に属すようになってから、慶次も与力という立場上､林秀貞と行動をともにしたと考えるのが妥当であるように思う。この時期の林秀貞が出陣した記録は、次の二件である。

天正二年七月、信長の伊勢長島攻めに際し、九鬼右馬允・滝川左近らの安宅船に、嶋田所助・林佐渡守の両名が囲船（船体上部を防御のため鉄板や堅木で覆った軍船）を拵えて従軍している。

> 嶋田所助･林佐渡守両人も囲舟を拵へ、其外浦々の舟をよせ、蟹江･あらこ・熱田・大高・木多・寺本・大野・とこなべ・野間・内海・桑名・白子・平尾・高松・阿濃の津・楠・ほそくみ、国司お茶筅公、捶水・鳥屋野尾・大東・小作・田丸・坂奈井、是等を武者大将として召列れられ、大船に取乗り候て参陣なり。
>
> 『信長公記』

> 嶋田所之助、林佐渡守両人も囲船を準備して、そのほかの浦々の船を寄せ集め、蟹江・荒子・熱田・大高・木田・寺本・大野・常滑・野間・内海・桑名・白子・平尾・高松・安濃津・楠・細頸の諸勢に、北畠信雄は、捶水・鳥屋野尾・大東・小作・田丸・坂奈井ら侍大将を率いて、大船に座乗して長島攻めに参陣した。

この林佐渡守秀貞の配下に「あらこ」つまり「荒子」の前田氏がいたことになる。しかし、前田利家は信長本隊の先陣にあって、明らかに林とは別行動をとっている。水軍を構成していた「あらこ」衆の中に、あるいは慶次の姿があったかもしれない。

この後、林佐渡守は織田上野守・嶋田所之助とともに加路戸島方面の攻撃に参加している。

もうひとつが、天正六年六月、播磨進攻中の羽柴秀吉の応援として出陣した時である。この援軍は、織田信忠、織田信孝、織田信雄といった信長の子供たちのほか、滝川一益、明智光秀、丹羽長秀、林秀貞ら、大規模なものであった。林秀貞は信忠・信孝に従って播磨国神吉城を攻めた。続いて、信忠の命で要所の警護にあたっている。

慶次が出陣したとすれば、天正二年の伊勢長島城攻め、天正六年の播磨神吉城攻めあたりが可能性が高いと考えられる。

前田利家と奥村助右衛門

永禄十二年（1569）に前田家の家督を相続した利家は、信長に従って転戦を続ける。

利家も『利家夜話』によれば、「利家様は若い頃はかぶき者としてなかなか粗忽《そこつ》なお人柄であり、喧嘩も好んでなされた」という様子を伝えており、家中の若い者がかぶいたりする様子をかわいがってもいたようである。冒頭に紹介した家中がかぶき者を抱え置くことを厳禁した息子利長とは対照的である。父子の時代は、それほど世情も大きく違っていたということであろう。

利家は自ら鑓をふるって戦う「いくさ人」であった。一見、慶次とは気心も通じやすいのではと思える。しかし、前田家の家督問題に端を発し、やがて利家との主従の立場が完全に逆転するに至って、当然、屈折した感情が慶次の胸中にわだかまっていたことであろう。

それは、形が違えこそすれ利家のほうも同様で、荒子城主であった時期は利久・慶次らに対してそれなりに気遣いをみせていたことであろう。朋輩が利久を悪しざまにいうのを制したというエピソードもある。

だが、自らの働きによって越前府中、能登、加賀の大名へと、荒子時代とはくらべようもないほど出世した過程で、利家は完全に割りきることができたのではないだろうか。だからこそ、現実を直視せず、なおも自分に従わない慶次を次第に疎ましく思うようになったのではないか。

天正三年（1575）、利家は佐々成政、不破光治とともに取り立てられ、越前府中に入り、「府中三人衆」に列した。府中時代の家臣について列記した「利家《としいえ》卿《きょう》越前《えちぜん》府《ふ》中《ちゅう》ニ《に》而《て》御奉公《ごほうこう》之《の》衆《しゅう》」には、まだ慶次の名はない。

一方、利家の兄利久に仕え、荒子城明け渡しを一度は拒んだ奥村助右衛門家福が百石という禄高で連なっている。
『一夢庵風流記』では、奥村助右衛門は慶次にとって「前田家中でたった一人の友であり、庇護者」という設定になっている。信長の裁定によって荒子城と前田家の家督が利家に与えられた日に、慶次と助右衛門は同じように荒子城を退去したのであるが、その後の利家との関わり方によって、二人の進む道は大きく隔てられていくことになるのである。
後に利家が利長に宛てた遺言状には、
「奥村助右衛門は一時期、自分と仲たがいし、牢人させていた。その後、信長様に従って越前朝倉義景を攻めた折、助右衛門も敵の首を取る功があったので、その折に再び召抱えた」
と記されている。織田勢が朝倉氏を滅ぼした折に、奥村家福は帰参を許されたのである。利家が越前府中城に入る二年前の天正元年のことであった。

利家の能登支配

天正九年（1581）八月、信長は前田利家を能登二十一万石に封じた。同年十二月には、いったん召し上げられた越前府中が信長の婿となった嫡男利勝（のち利長）に与えられた。
利家は能登畠山氏の七尾城を居城とはせず、府中小丸山に築城した。政治・経済面の利点を重視した利家にとっては、標高三百メートルの中世山城である七尾城は運用しづらいものという思いがあったのであろう。
小丸山城は標高三十メートルほどの、山というよりは小高い丘に築かれた城であったが、七尾湾を一望できる立地に恵まれていた。縄張りは片山内膳延高である。工事は能登国中の農民を集め、国中惣夫が普請にあたった。なお、前田家においては城域を所口と称したが、これは七尾町民から反発がおこり、なかなか定着しなかった。結局、明治五年には再び七尾という名称に戻っている。絢爛《けんらん》たる加賀百万石の文化をもってしても、前田氏よりはるか昔から住まう人々の心底には、なお譲れぬ矜持《きょうじ》があったと見受けられる。
結局、小丸山城は完成しないまま、利家は金沢に移ることになる。

利家が府中、ついで能登に配置された時期、尾張の前田の領地はどうなっていたのだろうか。
天正九年に比定される十月二日付の信長朱印状によれば、越前国内で与えた領地を返上し、妻子を連れて能登に移るよう命じている。したがって、尾張国荒子領も同じように取り上げられた可能性が高い。
また、織田家の家老で、前田家が与力をつとめていた林秀貞が前年八月に失脚している。二十数年前に信長の弟信行を担いで謀反を企てた一件が理由として持ち出されたというのは有名な話だが、いずれにしても方便に過ぎない。天正七年の段階で、林秀貞は織田信忠の副状を給するなど、織田家の家老としての地位は保っていた。しかし、信長による家臣団の刷新は、林がそのまま家老の地位にあることを許さなかった。
林の追放は前田家にとっても影響がまったくなかったとはいえまい。おそらく、尾張国内でも領国支配の再編が進んでいたのであろう。
尾張の領地を失った前田利久は、利家を頼って能登へ移住したものと考えられる。

> 能州を賜ふ時御越、利久君へ七千石進めらる處、利益へ五千石御渡と見えたり
>
> 『高徳公譜略』

> (利家公が) 能登を拝領した時に兄である利久が頼ってきたので、これへ七千石を与えたところ、利久はそのうちの五千石を養子の利益（慶次）へ渡した。

ただし、利久の身分は隠居のままであったらしく、金沢城留守居という任のほかは、弟安勝のような内政面での活躍はみられない。

慶次の義父・五郎兵衛安勝

利家の兄弟のうちで、もっともこれに献身したのが五郎兵衛安勝であった。利家が越前府中に配された時、弟右近秀継、青山吉次とともに千石を知行し、府中衆の筆頭となった。後に利家が加賀を領すると、安勝は

能登において一万三千七百石を知行し、七尾城代となった。利家にとっては、留守居を安心して任せられる存在であったのだろう。

天正十年三月二十四日、柴田勝家・佐々成政らとともに越中で上杉勢と対峙していた利家は、留守を守る安勝に対して、船の調達に応じない郷村には厳罰をもってのぞむよう指示している。先に穏健な安勝は、捕らえた百姓の処刑を思いとどまるように伝えたが、利家は「仏であろうとも処刑せよ」と厳命している。

安勝も必要以上に自己主張して、弟と衝突することは避けたのであろう。利家はおのれの命令の忠実な実行者を得て、後顧の憂いを気にすることなく、戦場働きに専念できたのである。安勝は単に裏方にとどまらず、越中国人衆から利家へのとりなしを依頼されるなど、前田家中でも格別の存在だったことがわかる。

天正十三年、秀吉の北陸出陣要請にともない、利家から宿所造営を指示された。天正十八年の小田原陣では兵糧輸送を担当するなど、常に後方で弟利家を助けた。安勝の行政については、もっと評価されてもいいだろう。

文禄三年（1594）五月二十三日、死去し、七尾の長齢寺に葬られた。法名は天翁道清居士。

慶次はこの安勝の次女を妻にしたといわれている。ところが、慶次とこの義父を結ぶものはまったくといっていいほどない。

慶次、利家を頼る

さて、問題は、養父利久に慶次が同行する形で能登へ赴いたのかどうか、である。

天正九年六月に前田慶次が熱田神宮に太刀を奉納したため、この時点までは尾張に在国していたのであろう。利久のみが能登へ赴いたのは、前田家よりも滝川家と行動を共にする慶次に対して、居場所をなくしたのが原因かもしれない。また、前田家からも利久のみは身内という意識があり、荒子に残っていた利久の身上を、能登へ引き取ることについて、働きかけがあったとも推測できる。したがって『高徳公譜略』の文面は一見、利久の七千石知行と慶次への五千石譲渡が同時であったようにもとれる。しかし、それならばわざわざ利久に七千石を渡し、そのうちの大半を慶次が分知されたという書き方はするまい。天正八、九年頃に利久が弟利家のもとに身を寄せ、七千石の知行を与えられた。後に慶次も前田家へやって来た時に、利久は隠居し、その知行七千石のうちの五千石が慶次に与えられたのであろう。

天正八年時点では、慶次は尾張に残っていた。そして、これまで通り林秀貞の与力として関係を維持していたものの、林が信長によって追放され、慶次たち尾張衆は、美濃・尾張を領する織田信忠に属すことになったと考えられる。

慶次の号「似生」

天正十年（1582）二月、慶次は在京していたとする微証がある。慶次は、甲斐の武田攻めが始まろうとしている時、上方にあってある連歌会に出席していた。(以下は、木原奈緒美氏のご教示によるところが大きい)

『鷹筑波』に次のような一節がある。

> 玄旨法印の妙成句共は犬うつわらんべ迄知たる事なれば中中爰にしるさすこれら皆前句を云はてぬにはや付給たる句也（中略）
> 中にも諸人おどろくばかり早あそばされしは伏見にて前田慶次良似《じ》生《せい》と云人再々篇の比までしをくれ給て抑是は何と云べきと前句にとりあはず申されければ（以下略）

逸話の内容については、次章で述べる。ここで問題にしたいのは、文中に「前田慶次良（良は郎に相当する）」の名があることだ。しかも「似生」という文字がくっついている。

この「前田慶次良似生と云人」の「似生」とは慶次が用いた雅号ではないか。

そうであるならば、「似生」が参加した連歌会の記録が残っているのではないか。『連歌総目録』という江戸中期頃までの連歌会の記録を集めた本がある。これには、参加者と発句、句数など基本的なデータが網羅されている。

はたして、『連歌総目録』の中に、

天正十年二月十八日、玖、勝熊、玄旨、友感、安津、由己、可継、永種、似生、長澄、清英、少弐

という記事があった。

この時の連歌を収録した『源氏《げんじ》竟宴《きょうえん》之《の》記《き》』には「似生　前田景次郎」という註があることから、似生＝前田慶次であることは疑いない。

慶次が使用した「似生」という号に込められた意味合いであるが、慶次は中国漢王朝の時代に生きた奇人東方生《とうほうせい》に自らをなぞらえていたという。あるいは「似生」とは、東方生に似ているという意味ではないか、と考える。

「似生」こと慶次が出席した連歌会については、次のような記録がある。

似生（慶次）が参加した連歌会

年代	日付	参加者
天正十年（1582）	二月十八日	玖、勝熊、玄旨、友感、安津、由己、可継、永種、似生、長澄、清英、少弐
天正十六年（1588）	閏五月十日	紹巴、似生、昌叱、心前、楚仙、英怙、覚全、宗己、長俊、紹与、宗務、玄仍、一千代
天正十七年（1589）	二月二十六日	紹巴、長澄、玄旨、昌叱、禅高、安津、由己、似生、新慶、玄仍、能札、一千世
年未詳		紹巴、正允、昌叱、友益、紹与、英怙、似生、玄仍、長澄、真元、玄陽、小梅

従来の「かぶき者」のイメージで慶次をみれば、この面々の中では異彩を放っている。だが、「かぶき」とは本来、芸能と密接な関係にある。この連歌会の記録こそ、慶次の隠れた一面、というよりは、後世創られたかもしれない逸話とは違った、もっとも確実な事蹟といえるのだ。

天正十年「源氏竟宴之記」

天正十年二月十八日、前田慶次は連歌会に列席していた。

その連歌会の目的は「光源氏物語竟宴之会」だった。「竟宴」とは書物の講義、編纂が終わったあとで開く宴会のことであり、『源氏物語』の講釈が一通り終了した、その打ち上げの連歌会ということである。『連歌総目録』の筆頭にある「玖」とは前関白九条稙通《たねみち》のことである。この頃は出家して行空と号していた。外祖父である三条西実隆から『源氏物語』の秘伝をうけ、天正三年に『源氏物語孟津抄』を著している。当代きっての『源氏物語』の専門家であった。

連歌の場合はまず賓客に発句をお願いし、主人役が脇句を付ける。

この「源氏竟宴之会」の場合は発句を九条稙通が、勝熊（後の松永貞徳）が脇句を詠んでいる。

花になを道分そへんゆくゑかな　玖
春はかすみにひかれぬるそで　勝熊
鷹とばふすそ野ゝきゞす鳴捨て　法印玄旨

したがって、会の主旨は勝熊が九条稙通から『源氏物語』の講義を受け、それが修了した祝い、ということになろう。慶次をはじめとする同席の面々は、同じ道の先輩という立場で参加しているものである。おそらく、慶次もこれと前後して、九条稙通から源氏の講義を受けたのではあるまいか。

以下、同席した面々をみていこう。

玄旨はいわずと知れた細川幽斎（藤孝）である。諸芸に通じ、武家における古典の第一人者である。幽斎も九条稙通から『源氏物語』の秘伝を相伝された。

友感は織田信長の家臣で堺代官に任じられた松井友閑。

安津《あんじん》は備前の戦国大名宇喜多直家の弟忠家である。兄の没後はその子八郎（秀家）を後見し、宇喜多家の保全、および八郎の家督相続について、信長の許可を得るため上洛中であった。

由己《ゆうこ》は、大村由己である。摂津中島天満宮の社人となったため、天満森法印と呼ばれた。仏学・漢詩・和歌・連歌を学び「外典第一の人」と称された。秀吉の知遇を得て伝記作者として『惟任謀反記』『柴田退治記』等を著した。

可継は妙蓮寺上人。

永種はこの「光源氏物語竟宴之会」の主役勝熊の父で、連歌師の松永永種である。

長澄は、溝江長澄といい、信長に滅ぼされた朝倉氏旧臣の子である。

「源氏竟宴之記」の開催場所

この「光源氏物語竟宴之会」については、この時の主役であった松永貞徳の『戴恩記』にも記されている。場所は上京妙蓮寺とされている(『戴恩記』『源氏竟宴之記』)。

だが、これには問題がある。妙蓮寺が上京にあったのは、天正十四年以降のことなのだ。聚楽第造営のため豊臣秀吉の命で上京に移転させられたのである。同寺は天正十年当時は和泉国堺にあった。

筆者は「光源氏物語竟宴之会」の開催場所は和泉国堺ではなかったかと考える。

それは、友感こと堺代官である松井友閑がまじっているほか、長らく摂津に身を寄せていた九条稙通、大坂天満森の法印こと大村由己といった摂津・河内・和泉と関係性の深い参加者が多いからだ。宇喜多忠家(安津)にしても、堺に身を置いているのは、京都と国許の双方の連絡に至便という理由も考えられる。

おそらく、松永貞徳は『戴恩記』を著した際、妙蓮寺について、かつての所在地ではなく、現在地を記してしまったのではないか。妙蓮寺ならば上京というのが一般的な認識だったせいもあろう。かりに年代が天正十年より少し後になったところで、内容については、貞徳在世中にまとめられたものであり、信頼がおける。慶次が参加していたことは確かであろう。彼の動向を知る貴重な記録といえる。

慶次は武田攻めの動員がかかっている時期に堺へ現れたということになるが、それは織田家の命令よりも緊密なつながりというものをこの連歌会の参加者に対して感じていたからであろうか。

一座の中で慶次は序列的には低いほうである。主役の師弟である九条稙通、勝熊を別にして、玄旨、友感、安津、由己、妙蓮寺可継上人、ここまでがいわゆる来賓と考えてよいであろう。

そして、主催者の永種となる。似生すなわち前田慶次はようやく永種の次に位置しており、後には朝倉家の遺臣溝江長澄、清英、少弐の三名がいるばかりである。おそらく、来賓か主催者側に従う形で参加する形をとったのではないだろうか。たとえば、似生の慶次以下、長澄、清英、少弐の四名は永種の弟子であった可能性もある。

さしずめ、慶次は、師の息子の祝いの席に駆けつけた、ということになろうか。

武田攻め

信長と不和になった将軍足利義昭の呼びかけに応じて、信長包囲網の一角を形成した武田氏も、信玄亡き後、三河長篠で織田・徳川連合軍に一敗地にまみれ、かつての威勢は衰えつつあった。

天正九年（1581）十月十三日、滝川一益が奥平信光に対し、信州境目の陣城普請について指示する。この時、武田方でも三河攻勢を企図していたが、そのための備えでもあっただろう。しかし、武田勝頼は天正十年正月六日、「当春の働、然るべからず」という卜筮の結果によって、海津城将春日信達に作戦の中止を伝えている。

いずれにしても、武田・織田両勢力の緊張は高まっており、織田方でもこの頃から武田領への進攻準備は着々と進められていたのであろう。

天正十年二月、木曽義昌の内応を得た織田勢は信濃へ乱入する。武田勝頼は木曽を討つために諏訪まで進撃してきたが、駿河の穴山梅雪の裏切りが発覚し、急遽、甲斐へ退却した。その間に軍勢は散り散りとなり、甲府を引き払う事態に陥った。

滝川一益の軍勢は山中へ逃げた勝頼一行を追った。先陣は滝川儀大夫（益重）、篠岡平右衛門である。前出の『源氏竟宴之記』の記事を信じるとすれば、慶次が滝川一益の軍に加わり、武田攻めに従軍した可能性は低い。

三月五日に「信長公､隣国の御人数を召列れられ御動座」（『信長公記』）とあり、慶次はこの信長本隊に加わり、安土から美濃、信濃に入り、そのまま上州を拝領された叔父滝川一益のもとにとどまったのではないだろうか。

なお、信長本隊は信濃に入った後、飯田に逗留し、高遠、諏訪へと陣を移している。後に慶次は『前田慶次道中日記』の中で諏訪逗留中、「古しへの朋友」の来訪を受け、酒を酌み交わしたと記している。武田攻めの折、諏訪に入った信長のもとへ参陣した近隣の国人であったろうか。

三月十一日に東郡田野というところで包囲された勝頼はじめ一族は切腹して果てた。勝頼父子の首級はさっそく信長のもとに届けられ、十四日、信州浪合において実検に供された。その後、飯田で曝《さら》された後、武田典厩の首級ともども京都へ送られた。

三月十九日、滝川一益は上州箕輪へ移動し、下旬には厩橋に入っている。

三月二十三日、信長は滝川一益を召し寄せ、上野国と信州のうち佐久・小県二郡を与えた。信長は、年老いた一益を遠国に遣わすことは痛ましいがと慰めつつ、「関東八州の警護」を命じた。さらに秘蔵の葡鹿毛の馬を与え、

「この馬は吉例が多い。これに乗って上野へ入国せよ。今に日本の将軍と呼ばれようぞ」

といった（『信長公記』『滝川一益事書』）。

ところが、この措置は老いた一益には必ずしも本意ではなかったようである。

四月四日に一益は、「三国一太郎五郎殿」と宛名書きした書状に、

「見知らぬ地獄へやって来てしまいました。宇治も遠くなって茶の湯を楽しむことも難しくなりました。今度武田を討ち果たし、おそらく信長様から恩賞の望みがあるか、というお尋ねがあるだろうと思っていました。その時には、小茄子を拝領したい旨を申し上げるつもりでおりました。ところが、そのようなことはなく、遠国に差し置かれ、茶の湯の冥加も尽きてしまいました」

と記している。

茶道具における名物の価値が一国にも匹敵したことをうかがわせる例として、しばしば取り上げられる文書である。

一益が懇望した「小茄子」とは、村田珠光が所持したといわれる茶入のことである。形状から茄子茶入、そのうち小型のものを小茄子と称した。「珠光小茄子」は珠光所持の道具として、『山上宗二記』『松尾名物集』などにも記載されている名物であった。

ついでながら、この「珠光小茄子」は、およそ二ヶ月後、本能寺の変に遭って灰燼《かいじん》に帰することになる。
四月になると近国の大小名が出仕してきた。主なところでは、倉賀野淡路守、内藤大和守、小幡上野介、由良信濃守、安中左近大夫、深谷上杉左兵衛、成田下野守、上田安独斎、高山遠江守、長尾新五郎などである。
五月上旬には厩橋城内で上野国人衆を招いて能興行が催された。玉蔓を滝川一益が舞い、小鼓は一益の嫡子於長、大鼓は岡田新八郎（太郎右衛門）が担当した。一益の次男於八も舞台を見物したという（『石川忠総留書』）。
しかし、慶次がこの座に連なった形跡はない。滝川家臣団の中でも五指はおろか十指にも入らぬ有様で、血縁からすれば同格の滝川益重が沼田城を預けられているのとは比較にならない。
この扱われようは本能寺の変後も変わらず、伊勢において滝川一益が羽柴秀吉に抵抗した際も、益重が峯城の守将となっているのにひきかえ、慶次の動向はまったく記録に残っていないのである。

信長死す

天正十年（1582）六月二日未明、本能寺の変がおこった。中国への出陣に先立ち、洛中へ入った織田信長は、宿所である本能寺において、家臣明智光秀による急襲を受けて自害に追い込まれたのである。
甲州征伐を達成してから三ヶ月あまりのことであった。
折りしも、前田利家の嫡男利長は妻永姫（信長の娘）を伴ない、安土へ伺候する途中であった。本能寺の変を知った利長は、永姫を前田家の本貫地である荒子へ逃がそうとしたらしい。
上州厩橋城に飛報が伝わったのは、六月七日のことであった。
滝川一益は新たに味方につけた上野・信濃の国人衆に上方の変事をありのままに伝えようとした。これに、一益の甥滝川儀大夫益重、津田次右衛門、篠岡平右衛門らが反対した。
「このような重大事はよそにもれぬようにし、人質を引き連れて信長公のお召しにより上洛するとふれまわるのがよろしい」
滝川益重ら老臣は、信長の死を秘し、国人衆の人質をとったまま上方

へ馳せ向かうことを進言したのである。しかし、一益は、
「上方の変事はいずれ諸大名にも伝わるだろう。国人衆が別の筋から情報を知らされたならば、人質を提出しているわれらに対し、気持ちが離れてしまうだろう」
と、家臣たちの意見を退けた。一益の考えた通り、信長横死の知らせは、じきに小田原の北条氏も察知するところとなった。

六月十一日、北条氏政は「当方へ疑いを抱くには及ばないので、安心して上洛されるがよかろう」と滝川一益に書状を寄越した。一益のほうでは北条方の謀略を警戒して黙殺したらしい。

同日、厩橋城下の長昌寺において能十二番の興行があった。総構えを大竹で二重にこしらえるという厳しい警戒態勢に、一益は厩橋に伺候した大小名を討ち果たす計略を秘めているのではないかという風説が流れた（『石川忠総留書』）。

ただし、一益が上野国人衆に隔意なく接し、本能寺の変を秘匿しなかったという記述はそのまま受け取るわけにはいかないであろう。一益側が隠蔽工作に奔走する間にも、風聞がひろまって、隠しようがなくなったというのが本当のところではないだろうか。

六月十六日、北条氏直が軍勢を率いて、上州倉賀野へ出兵してきた。十八日、滝川勢は和田に陣取った。十九日未明、金窪・本庄の原において戦端が開かれた。

この合戦で、先陣の倉賀野淡路らをはじめとする上野衆が北条氏邦勢三千と衝突したところを、篠岡平右衛門、津田次右衛門、滝川儀大夫、堀田武助、冨田喜太郎、牧野伝蔵、日置五左衛門、谷崎忠右衛門、栗田金右衛門、太田五右衛門、岩田市右衛門・平蔵兄弟、魚住与八郎、小姓衆の小塚七、岩田虎十らが横鑓を入れて、敵方を追い崩した。

これが「朝合戦」と呼ばれるものである。

ところが、滝川勢が相手を小勢と侮って、神流川を渡ったところを松田・大道寺らの伏兵が襲った。数にまさる北条方が勢いを盛り返し、「倉賀野を追い越し、惣社と箕輪の間まで追い切り」滝川勢を破った。この戦闘の結果、篠岡平右衛門、津田次右衛門をはじめ、千五百余騎が討たれたという。

慶次は上州あるいは信州いずれかの城の守りを固めていたために、合

戦には参加していなかったようである。滝川儀大夫益重（益重自身は神流川の合戦に従軍）が沼田城代となっていたから、慶次も沼田にいたのかもしれない。このほか留守居には、厩橋に滝川彦次郎、松井田に津田小平次・稲田九蔵がいた。

慶次、真田勢と対峙す

敗残の滝川一益は、上野の国人衆に人質を返すことを約束し、急ぎ上洛すべく六月二十日に厩橋城を出立した。おそらく、明智光秀が討たれたという知らせが届いたためではないだろうか。

上洛軍の陣容は、手勢一千と留守居の松井田勢千五百ばかりであった。碓氷峠で一益は約束通り国人から取った人質を返した。

信濃に入ると、真田勢に遭遇している。佐久・小県郡は滝川一益が信長から預けられた地であった。滝川勢が上方へ去ることになり、真田氏が小県郡をおさえようとするのは当然の動きであった。

> 碓井峠近辺の山々、真田安房守六紋銭の紋付たる旗を立て、人数を備えたり。
> 又一益使者を遣わし、「御志は過分に候。けだし一揆等に道をさえぎられ候事思いもよらず候。若し左様の節は滝川けちらかし通り候べし。迚の御懇意に候はば、人数をひかれ候へ、心易く通り申すべし」と有りしかば、真田利に復して人数を引きけり
>
> 『滝川一益事書』

> 碓氷峠の近辺の山々に、真田安房守は六文銭の旗印を立て、兵を集めていた。
> 滝川一益は使者をつかわして、
> 「警護のお気持ちはありがたい。一揆などに道をさえぎられるなど考えも及ばなかったが、もしそのような事態になれば、わが滝川勢にて蹴散らして通りましょう。せっかくのご親切ではありますが、どうぞ人数を引いてくだされ」
> と伝えたところ、真田は納得して人数を引いた。

真田昌幸もいったんは滝川一益に対して人質（昌幸の弟）を提出し、厩橋城に出仕していたが、本能寺の変と神流川における滝川勢の大敗が伝わるや、かねてからの北条氏の誘降に従って、軍勢を出したらしい。武田勢が瓦解した頃から、真田昌幸は北条氏とも音信をかわしていた（『群馬県史』三一〇五）。したがって、昌幸が武田勝頼に対して上州岩櫃城へ移って防戦するべきと主張した一件はあやしいものになってくる。

『滝川一益事書』では、昌幸の母の口を借りて、人質を返してくれた滝川一益の恩を仇で返すとは「扨々《さてさて》人非人ノ心底カナ」と非難している。

真田勢と遭遇した時、滝川一益が遣わした使者は『滋野世記《しげのせいき》』では滝川儀大夫となっているが、『加沢記《かざわき》』の記述は違っている。

真田昌幸は嫡男信幸に五百余騎を添えて木曽路へ向かわせた。上野から信濃路へ入る七八千の兵を発見し、真田勢は小高い山へ引き揚げ、様子をうかがう。

やがて、真田信幸が軍勢を率いている人体をみきわめる。

> 「子細はなし。此多勢にて抜つれて来るは別人に非ず、前田けいじにてあらん。心易し」
> と仰せられければ、程なく先陣に討て旗の紋を見給ふより早く、
> 「珍しきなり真田殿か。早々御帰り候へ。信長は御生涯、上方は暗に成る」と仰せられけると也。
>
> 『加沢記』

> 「この軍勢を率いているのは余人にあらず。前田慶次であろう。彼ならば懇意なので心配はいらない」
> と、真田信幸がいった。ほどなく、先陣から旗印の紋を確認するまでもなく、人影が進み出た。
> 「珍しや。真田殿ではないか。早々に軍をまとめて引き取りたまえ。信長公は亡くなられ、上方は真っ暗闇だ」と、慶次がいった。

この記述を信じるとすれば、『滝川一益事書』に記された「使者」とは慶次のことであったとも考えられる。また、真田信幸と慶次とは面識

があったことになる。しかし、厩橋城に出仕したのは父の昌幸のほうであって、信幸の動向は確認できない。信幸の言葉は『加沢記』を著した沼田藩士加沢平次左衛門の創作かもしれない。「心易し」と信幸にいわせているのは、真田家の出兵があたかも敗残の滝川勢のために道中警護をしたかのようなニュアンスが感じられるのである。

この『加沢記』という史料については、記録性が高いと研究者の間で評価されていても、実際に編纂されたのは本能寺の変から百年を経た天和年間のことである。松代・沼田両真田家への遠慮や脚色があっても不思議ではない。

だが、この時、真田勢が上方へ撤退する滝川勢の先手に前田慶次を見出したのは事実だったのではないか。慶次は沼田城代となった滝川益重に従っていたために、その後、沼田を領した真田家中に知る者が多かったのではないだろうか。その口調も、加沢が書きとめたそのままではなかっただろうが、豪放磊落《らいらく》な人柄を彷彿《ほうふつ》とさせる。

上方に引き退くにあたっては、さまざまな障害が立ちはだかることは一益も心得ていたであろう。前田慶次は先の神流川合戦には参加していなかった。そこで、物心両面において「無傷」の慶次が先導役となったものであろう。

当然、中仙道を扼する真田氏が道を塞ぐことは想定していたことだろう。慶次は悠揚迫らぬ応対ぶりで真田勢との緊張関係を解き、合戦を回避することに成功したのである。

だが、本国伊勢をめざす滝川勢の行く手にはなおも一揆がはびこり、一益の子がさらわれかける危機にも直面したらしい。

滝川一益、秀吉に降る

滝川一益は、清洲会議に出席したものの関東から敗残の身で戻ったために、宿老としての発言権を失ったと説く本が多い。しかし、六月二十日に上州厩橋を発した滝川勢が、二十七日に開催された会議には間に合わなかったと考えられる。

伊勢へ帰った一益は、秀吉と対立した織田信孝・柴田勝家らに与した。

天正十一年（1583）二月、滝川一益は長島城に拠り、伊勢亀山・峯の両城を攻略し、織田・柴田に呼応した。

滝川儀大夫益重は峯城へ籠り、羽柴秀吉の軍勢を防いでいる。羽柴勢三万余は二月十二日に同城を包囲し、城下を焼き払った。

城方の戦意は高く、寄せ手の織田信包は攻めあぐんだ。城内からは次のような狂歌が送りつけられたという。

上野のぬけ砥ハ鑓にあひもせず
醍醐の寺の剃刀をとげ

上野は織田信包の官名である。信包は一時、醍醐寺に入っていたことがあった。この間まで坊主だった男には鑓などは不似合いだから、坊主の頭を剃る剃刀の刃でも研いでいるがよかろう、と信包の苦境を嘲笑ったものであろう。

合戦時には、言葉戦いというものがあったが、軍記によくみられる狂歌の応酬はその反映であるかもしれない。

寄せ手は城方に対して、次のように応じた。

春雨に峰々迄も崩れをち
つれて流るる滝川の水

峯城もやがて春雨とともに落城し、それと同時に城主の滝川もわがほうに降ることであろう、と城方を挑発した。

峯城は頑強に抵抗し、四月に入ってようやく開城した。城将滝川益重は長島城へ退去した。これより先、佐治新介益氏が守る亀山城も陥落していた。

前田利家は、はじめ柴田勝家に与していたが、賤ヶ岳合戦前に金森長近・不破勝光らと秀吉に和平を働きかけていた。山崎宝寺城で秀吉と会見した三名は、相手にすっかり籠絡されていたようだ。

利家は、賤ヶ岳に出陣したものの、先鋒佐久間盛政の敗走に接するや、素早く退陣した。やがて、越前府中に勝ち誇った秀吉が現れると、これに従って柴田勝家を北ノ庄に滅ぼしている。金森・不破も一戦もせずに降服し、改易を免れた。

おそらく、前田・金森・不破の三将は秀吉に通じていたのであろう。それはあからさまな内応とはいえなかったが、結果的に前田家は、加賀国河北・石川二郡を加増され、さらに前田利長には松任を与えられるという恩典に浴した。

滝川一益は堅固な長島城に拠って、なおも羽柴勢を翻弄したが、大局を動かすまでには至らなかった。柴田勝家が滅んだ後、七月になって一益は開城降伏を決意した。

しかし、慶次の動向は不明である。荒子に戻ったのであろうか。

清洲会議の結果、尾張が織田信雄に与えられ、滝川一益は尾張国中の基盤も失い、いずれにしても慶次は前田家を頼ることになるのである。

ふたたび前田家へ

滝川一益は柴田勝家、織田信孝が秀吉に討たれた後も、なお伊勢長島で抵抗を続けていたが、七月になって降伏した。その後、秀吉から近江南郡で三千石の捨扶持を与えられた。

一益は翌天正十二年に小牧長久手の合戦に羽柴秀吉方として参戦した。織田信雄・徳川家康方の尾張蟹江城を奪取したが、逆襲され作戦は失敗した。滝川勢は馬じるしも奪われる大敗を喫した。これが織田家の元宿老滝川一益の最後の戦場働きとなった。越前大野に蟄居し、天正十四年、没した。享年六十二歳であったという。

峯城を守っていた慶次の従兄弟滝川益重も降伏して、秀吉に召抱えられた。

益重は叔父一益の影響もあってか、茶の湯も好きだったようである。秀吉に降伏してから間もない天正十二年正月二十二日、益重は津田宗及の茶会に出席している。同席したのは津田四郎左衛門盛月と松下加兵衛之綱であった。以後、益重・津田盛月・松下之綱の三名は同年三月六日、十二月八日にも同席している記録がある（『天王寺屋茶会記』）。

この時期、ちょうど秀吉と徳川家康との間で小牧・長久手の合戦が進行していたが、やがて秀吉が懐柔策のひとつとして、妹旭姫を家康に輿入れさせることになる。天正十四年五月の旭姫輿入れに益重がつき従い、さらに家康上洛のめどが立った結果、同年九月二十六日に津田盛月が秀吉の使者として三河へ赴いている。また、松下之綱は今川家旧臣で、つい先頃まで徳川家康に仕えていた人物である。

これらを考え合わせると、数回におよぶ宗及の茶会は、秀吉の徳川対策との関連性が浮かび上がってくるように思われる。

益重は秀吉の九州攻めにも従軍したようだが、その後の消息は不明である。

天正十一年六月、前田利家は金沢城に入った。以後、能登小丸山城にかわってここが前田家の本拠地となり、後の加賀藩の祖型が誕生したのである。能登には慶次の義父前田安勝および長連竜が配置された。

慶次が加賀へやって来たのは、前田家の処遇が決定し、利家の金沢入城時すなわち天正十一年六月以降、翌天正十二年の春頃までの間と考えられる。長島開城降伏が七月であるから、滝川一益の降伏によって、慶次は加賀へ赴いたのであろう。

末森城攻防戦

賤ヶ岳合戦以後、北陸の情勢は秀吉方となった前田利家と、これと対抗する越中の佐々成政が対峙していた。

利家と佐々成政はともに柴田勝家のもとで北陸経略の一翼を担っていたが、賤ヶ岳合戦で勝家が敗亡した後は、秀吉に接近していた利家と、あくまで秀吉に対抗する成政との間で次第に対立が生じるようになった。

天正十二年（1584）に入ると、秀吉と織田信雄との間は緊張関係から明確な敵対関係になった。同年八月二十六日、信雄を後援する佐々成政が加賀朝日山砦を急襲した。

劣勢の兵力ながら、前田勢はよく防戦につとめて、佐々方を国境に釘付けにしていた。こうした状況を打破すべく、佐々成政は要衝末森城の攻略を企図したのである。この城を抜けば、能登と加賀の連絡は断たれ、前田領を分断することができるのである。

佐々成政は九月八日に富山城を発し、坪井山に本陣を置き、一万五千余の軍勢で末森城を包囲した。

前田利家は奥村家福と千秋範昌を末森城に入城させていた。この時、城内には「笹の才蔵」で有名な可児才蔵もおり、家福の嫡男栄明につき従っていたという（『可児才蔵誓文日記』）。
佐々軍の南下を知った利家は、羽柴秀吉に対して援軍を要請したが、秀吉のほうでは織田信雄・徳川家康と対峙して、身動きがとれなかった。秀吉は、前田父子に対して軽々しく出撃することを戒めている。
九月十日巳の刻に飛脚が金沢城へ飛び込んできた。
末森城包囲の知らせを受けた前田利家は、兄利久に魚住隼人、笹原弥助を添えて金沢城の守備を託し、十一日未の刻に出陣した。
一の先手は村井又兵衛、不破彦三、二の先手は前田又次郎、青山与三、多野村（種村）三郎四郎、原隠岐守、そして三番手が前田慶次、片山内膳、武部助十郎、岡島喜三郎、近藤善左衛門である。
前田安勝は七尾に移っていたが、慶次はまだこの時点では金沢かその近辺にあった。おそらく、養父前田利久が金沢にいた関係であろう。
津幡城に入った利家の軍勢に、松任にいた嫡男利長も合流し、旗本前備えを担う。
全軍は夜陰にまぎれて海岸を北上して、明け方に今浜に至った。村井長頼は坪井山の佐々本陣を衝くことを進言した。が、利家は末森の守備隊と呼応して敵勢を退けるとして、村井の進言を採らなかった。
末森城は佐々勢の猛攻によって本丸だけになりながら、からくも持ちこたえていた。
援軍の到着を知って、奮起した城方は、城門を開いて佐々勢に攻撃をしかけた。背後からは利家の本隊が襲いかかり、包囲軍は総崩れとなった。
この戦いが、利家一代の武功といわれる「末森の後巻き」である。前田家でもこの合戦は特別な意味を持っていたらしく、後に描かれた利家の画像などはこの末森城救援に材を採ったものが多い。
この合戦の勲功第一は、何といっても末森城を死守した奥村家福と千秋季昌であった。
慶次にとっては、前田家に戻って最初の大仕事であった。しかしながら、総じて前田氏関連の軍記ものに、慶次はその名をとどめる程度である。後に前田家を去ることになった慶次であるから、めだった働きが記されていないのはいたし方ないだろう。
それにしても、かつて織田信長の命により前田利家が宗家家督を継承することになった折、慶次の養父利久に忠義だてをして荒子城明け渡しを拒んだのが奥村家福であった。順当に慶次が前田家の家督を継いでいたならば、奥村はその右腕となっていたはずである。
事実、利久・慶次父子と同じように奥村も前田家を去っていた。帰参は慶次よりやや早く、天正三年の越前朝倉攻めの折であった。そして、今回の籠城戦で利家の信任を勝ち得､帰り新参となった慶次と較べると、地位において逆転した感がある。皮肉というほかはない。

阿尾城代となる

佐々成政が末森城攻略に失敗した直後、越中の国人衆は前田安勝に宛て､「能･加両州堅固の御備え､誠にもって紙面に述べがたく存じ候」(「九月十八日神保昌国等連署状」) と戦勝を祝した。その上で、前田家と申し合わせた上で越中を攻めれば、佐々成政の滅亡は明らかであるので、利家へのとりなしをよろしく頼みたいと申し入れてきた。
やがて、佐々陣営に綻《ほころ》びがみえはじめた。
越中射水郡阿尾城の菊池父子が内応してきたのである。利家は天正十二年 (1584) 十一月に、
「もし当方へお味方いただく考えがおありならば、決断するのは今この時であると思います。後々になっては、御身のためにもいかがかと存じます」(『氷見市史』二二九)
と、決断を促していた。
城主菊池右衛門入道禅徹 (武勝) は豪の者として近郷に聞こえていた。上杉謙信の北陸経略の際はこれに従ったが、謙信が没した後、佐々成政に属した。話がくどい老人であったらしい。富山に在城している佐々成政のもとへたびたび伺候しては、酒宴の座で、昔がたりをした。その折、波平の脇差を献上したいと申し出た。
「これは昔、上杉謙信公よりいただいたもの。殿も謙信の武勇にあやかりなされませ」
これを聞いた佐々成政は怒った。
「わしがなぜ謙信にあやからねばならぬ。謙信の武勇とはいっても何ほどのことやあらん」
そう叫んで、波平の脇差を放り投げた。

菊池入道は弁解した。

「謙信公は九ヶ国を領した管領ですが、その果報にあやかるようにというつもりで申し上げたのです。脇差は酌をしてくれた小姓に贈りましょう」

それを聞いて、佐々成政は機嫌をなおしたと『前田家譜』等は伝えている。

いずれにしても、この一件で菊池氏は佐々成政をみかぎったといわれるが、事実かどうかはわからない。

菊池一族の内応を得て、村井又兵衛を先手とし、原隠岐守、片山内膳、岡島喜三郎、多野村三郎四郎、そして慶次ら六千余騎が阿尾城へ向かった。

城主菊池右衛門入道父子は五十騎ばかりで出迎えた。利家は、阿尾城を安堵するが、つけたりとして「そのほうは法体であるので、阿尾城の仕置が済む間は自分の屋敷に居るように」と指示している。この頃、菊池禅徹は老齢のためか病身によるものか、歩行不自由になっていたようだ。

前田軍は城外に出た菊池父子に従わない在所を焼き払った。

もと菊池禅徹の居城阿尾城は、現在の富山県氷見市の北、富山湾に突出した丘陵に築かれていた。灘浦海岸の美しい景観に、いにしえの歌人大伴家持も「英遠《あお》（阿尾）の浦に行き四日作れる歌」として、

英遠の浦に寄する白波いや増しに立ち重き寄せ来東風を疾みかも

と詠んでいる。家持は越中国守をつとめていた。

能登における慶次の屋敷は、松尾という集落にあった。七尾の東方、越中との国境にも近く、慶次が城主となる阿尾城からも近い。

松尾村（あるいは松應村）は澤野村の枝村とされる。ここに慶次の居宅があったという。

一本御系譜に、前田慶次。能州松尾村に居すとあり。今松尾といふ村名當國になし。今七尾古城を松尾山と称し、いにしへ此海邊を松尾浦とも称したるなどいへれば、そのかみ松尾村といふもありたるなるべしと本藩御譜にいへれど、今按ずるに、澤野村の枝村なる松尾にて、そのかみ上澤と同じく一村なりしにや。

『能登志徴《しちょう》』

一本御系譜に、前田慶次は能登国松尾村に居住したとある。現在、松尾という村名は能登にはない。七尾古城が築かれた山を松尾山と称し、大昔にはこの海辺を松尾浦とも称したといわれるので、かつては松尾村という在所もあったのであろう

と『本藩御譜』には書かれているが、今考えると、澤野村の枝村である松尾村のことを指し、上澤といっしょにひとつの村を形成していたものと考えられる。

現在でも、七尾市の東方に澤野町がある。そこから南に入ったところに上沢、さらに奥に松尾という地名が残っている。

慶次は片山内膳（伊賀守延高）、高畠九蔵（定良）らとともにそのまま阿尾城に入ることになった。禄高もこの頃は六千石に達していたようだ。慶次は前田家中のもてあましものであったかもしれないが、片山内膳も曲者で、利家は後に遺書の中で「いざとなれば主家の身上を守ることなど気にかけない大気者だから、謀反をおこす」と評している。片山内膳は利家が没して数日後に大坂で討たれてしまう。片山は、徳川家康が利家見舞いのため前田邸を訪れた際、これを謀殺することを命じられていたにも係らず、実行しなかった。このため、「口封じ」に殺されたとみるむきもある。

強烈な個性の部将たちが数人集まり、それを束ねる人材がいないのだから、ひとたび合戦ともなれば苦戦は必至である。間もなく、佐々勢の反撃が開始された。

阿尾城の合戦

佐々成政は六月二十四日、守山城の神保氏張らに命じて阿尾城奪還に動いた。その兵力は五千余で、前田方の守備兵の数を凌駕していた。それでも、城下を焼かせるわけにはいかないと、阿尾城の前田勢は城を出て戦った。

数にまさる神保方に対し、前田勢、特に謀反人として佐々方の恨みを買っていた菊池父子の陣は押され気味であったが、やがて村井又兵衛長頼の援軍を得てこれを撃退したという。

軍記類では八十三の首級をあげた村井長頼の勲功が大きくとりあげられている。前田利家も、

「村井又兵衛の武勇がなければ、今回、城を奪われ、敗北していたところである。そのほうは大剛の者ゆえ、阿尾城を救うことができた」

と、激賞し、褒美として黄金百両に太刀、馬を添えて贈った。

それに対して、慶次をはじめとする阿尾城守備隊に対しては、

「守山城の敵勢が出撃してきても、自分（利家）へことわりもなく、阿尾城を出て戦うことはするな」

と指示したのみであった（『末森記』）。叱責とも受け取れる文言である。利家は、慶次たち阿尾城の守備隊が軽々に神保勢の挑発に乗って城外へ出たことを危惧したのであろう。

八月十七日、前田利家は七尾衆に津幡へ参陣するよう命じた（『氷見市史』）。この時の書状の宛名は、長九郎左衛門尉、種村三郎四郎、長松、織部助者共、慶二者共、宮川伝内となっている。

これは、佐々成政討伐のため、京都を発した豊臣秀吉の軍勢が二日後の十九日に津幡へ総攻撃をかけるにあたり、利家が七尾城在番の家臣たちに参陣を命じたものである。関白となった秀吉の親征に対し、七尾城留守居には利家の兄五郎兵衛安勝を置き、「七尾衆皆々越されべく候」という徹底ぶりであった。

ただし、利家の書中に「慶二者共」とある。七尾城には慶次の手勢のみが常駐し、慶次自身は別の場所に居たととれるような書きぶりである。

おそらく、慶次は七尾に一部の配下を残したまま、阿尾城に赴任したのであろう。慶次の室や嫡男安太夫正虎らは七尾に残っていたと考えられる。したがって、利家は最前線の阿尾城の衆ではなく、後方基地となった七尾城内に残された「慶二者共」に召集をかけたのであろう。

結局、慶次が城代をつとめている間、領内仕置などを行ったことを示す文献はない。金沢の前田利家なり、七尾の前田安勝なり、軍事的指示が頻繁に伝えられたことと思われるが、それに関連した発給・受給文書ともに見出すことはできない。前田家に従っていた慶次の動向が、比較的わかっている時期だけに、残念でならない。

慶次が領国支配、外交面においてまったく足跡を残していないのは、前田家の「体制」からはずれていたことを意味する。慶次が阿尾城に配

された背景には、前田安勝や前田秀継のように支城主として領国支配に貢献することへの期待があったはずである。しかし、慶次はその構築に失敗したか、あるいは十分な成果をあげることができなかった。

阿尾城には慶次のほか、片山延高、高畠九蔵が入っており、合議制に近い形で支配体制の維持が図られたのではないだろうか。その中で、主導的な立場をとるのは困難なことであったろう。

この後、秀吉は十万ともいわれる大軍で越中富山城を囲んだ。さすがの戦功者佐々成政も抗しきれず、ついに軍門に降った。降伏した成政には越中国新川一郡のみが安堵された。

残る越中三郡は利家の子利勝（利長）に与えられた。利勝は守山城を拠点とし、越中支配を開始した。ほどなく、成政は失脚し、越中一円が前田利勝のものとなる。

利家は秀吉から羽柴の名字と筑前守の官を与えられる。加えて、秀吉は前田利久を召出し、久々の対面を懐かしがり、小袖・道服を下賜した。秀吉の褒美にあずかったのは、村井又兵衛、不破彦三、前田右近（秀継）、長九郎左衛門、高畠弥次郎、奥村助右衛門、中川清六、前田五郎兵衛（安勝）らであるが、慶次の名は記されていない。

阿尾城の菊池一族は禅徹が京都紫野に隠退するなど、次第に阿尾を離れ、前田家の被官化が進んだ。同時に阿尾城の戦略的価値も失われ、間もなく廃城となった。

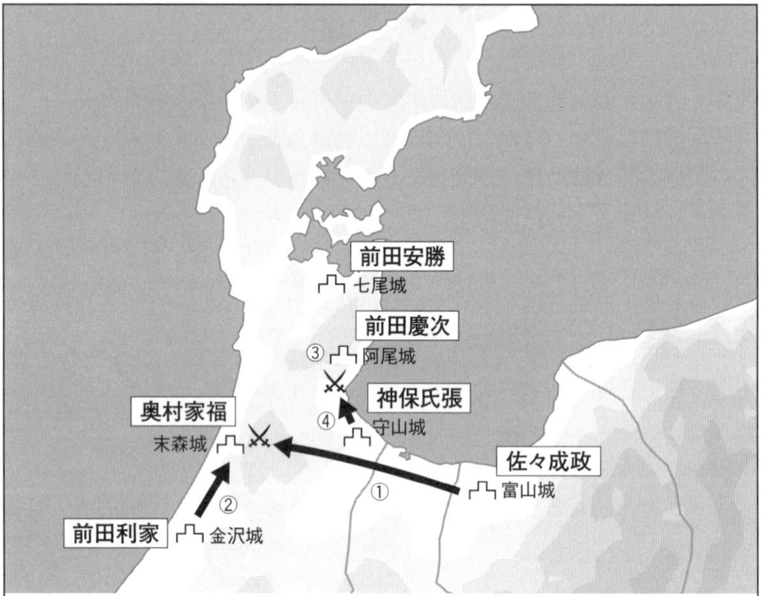

①天正十二年九月、佐々成政末森城を包囲　③佐々方の阿尾城主菊池氏が前田方へ内応
②前田利家、慶次ら末森城を救援　④慶次阿尾城主となり、佐々方神保氏張の攻撃を防ぐ

阿尾城址

写真提供　氷見市商工観光課

第三章

慶次出奔

凍る夜や片腹さびしかり枕
山河の雪に残し置く人

越中阿尾城の城主となっても、慶次には現在の境遇に満足できないでいた。養父利久も亡くなり、前田家との絆も切れかかっていた。

この頃から、慶次は頻繁に畿内周辺の連歌会に出席、また自ら連歌興行に精を出すようになる。

その間にも、関白という人臣最高の位にのぼりつめた豊臣秀吉は、各地の諸勢力を屈服・臣従させていった。これによって、豊臣政権に従っていない地域は、関東・奥羽のみとなった。

豊臣政権と関東の覇者北条氏との間では、すでに外交戦が展開されていたが、やがて北条氏が上州名《な》胡桃《くるみ》へ軍事行動をおこしたことに、秀吉が激怒した。秀吉は軍勢を差し向けて討伐する旨、最後通牒を送った。

天正十八年（1590）、全国に動員がかけられ、秀吉は二十万を超える大軍で難攻不落の小田原城を包囲した。前田家も上杉景勝、真田昌幸らとともに別働隊を構成し、信濃・上野・武蔵と転戦し、北条方の諸城を攻略した。慶次もこれに従軍している。

やがて小田原城は開城、北条氏は滅亡した。関東には新たに東海から徳川家康が移った。

北条氏を屈服させた秀吉は、前田利家に奥州の検地を命じた。慶次は利家に従って陸奥・出羽へ赴く。

しかし、奥州から帰国して間もなく、慶次は突然、前田家を出奔してしまう。慶次、五十八歳の冬であった。

関連年表3

		前田慶次関連事蹟	その他の歴史的事件
天正十五年	1587	前田利久死去	秀吉、九州を平定
			聚楽第完成
天正十六年	1588	慶次、連歌興行	
		慶次、木戸玄斎方の詩歌会に出席	
天正十七年	1589	慶次、溝江長澄の連歌会に出席	上杉景勝、佐渡を征圧
天正十八年	1590	慶次、小田原攻めに従軍	秀吉、小田原北条氏を滅ぼす
		利家の陸奥巡検に慶次随行	
		慶次、前田家を出奔	

養父利久の死

天正十五年（1587）八月十四日、慶次の養父前田利久が死去した。享年は不明である。

遺骸は野田山に葬られた。法名は眞寂院孤峰一雲居士という。

利家は落胆し、いづみ野（野田山の東麓）という土地まで野辺の送りをしたと『村井重頼覚書』は記している。江戸時代を通じて、野田山は前田家墓所となったが、そのはじまりは利久の埋葬であった。

利久の墓は、野田山墓地のもっとも高所に建てられ、利家・芳春院夫妻のそれは一段低い場所にある。利久の墓の横には、織田信長の娘で前田利長夫人となった玉泉院の墓がある。墓所の位置関係が、埋葬者の地位に影響しているとすれば、前田家にとって、利家の長兄利久と、主君信長の娘である玉泉院は格別の存在だったのだろう。

利久は武道に暗く、政治的人間としても不向きだった。加賀へ移住後も、金沢城留守居をつとめるなど、利家を支えてはいたが、前田安勝、同秀継といったほかの兄弟たちのように一城を預けられることもなく、治績においてもみるべきものはない。

しかしながら、利久は前田家の前当主にほかならなかった。主君信長の命とはいえ、長兄から家督を奪う結果になったことを、利家は内心すまなく思っていた。その気持ちが、利久の墓所を高みに置くかたちになってあらわれたのではないだろうか。

一方、養父の死によって、慶次はおのれが前田家の一族であることの拠《よ》りどころをまたひとつ失ってしまうことになった。

末森・阿尾の合戦に参加したものの、慶次の働きはなかなか利家には認められなかった。阿尾城代となったのは、利家なりに信頼してのことであったかもしれないが、慶次の側からすれば、自分の評価はこの程度か、という思いがあったことだろう。

阿尾城は、佐々成政没落後は戦略的価値が半減していた。加えて、越中は前田利勝に与えられ、形の上で慶次はその支配下に入ることになったのである。面白かろうはずがない。

今また、養父利久を失って、慶次は鬱積《うっせき》した思いを吐き出す場を、政治とは別の世界に求めるようになる。それは、風雅の道である。

慶次、文芸活動を開始する

天正十六年（1588）から十七年にかけては、慶次の文芸活動について、その痕跡をわずかにたどることができる。

似生（慶次）が参加した連歌会

年代	日付	参加者
天正十年（1582）	二月十八日	玖、勝熊、玄旨、友感、安津、由己、可継、永種、似生、長澄、清英、少弐
天正十六年（1588）	閏五月十日	紹巴、似生、昌叱、心前、楚仙、英怙、覚全、宗己、長俊、紹与、宗務、玄仍、一千代
天正十七年（1589）	二月二十六日	紹巴、長澄、玄旨、昌叱、禅高、安津、由己、似生、新慶、玄仍、能札、一千世
年未詳		紹巴、正允、昌叱、友益、紹与、英怙、似生、玄仍、長澄、真元、玄陽、小梅

天正十六年閏五月十日の連歌会（初何百韻）は慶次が興行したものと思われる。

参加者には似生《じせい》（慶次）、紹巴《じょうは》のほかに、里村昌叱《しょうしつ》、心前、英怙、玄仍などの連歌師たち、そして、甲賀出身の山中長俊らが名を連ねている。

主賓の紹巴の発句は、

賤《しず》がうふる田哥《たうた》のこゑも都かな

である。『上杉将士書上《かきあげ》』などによれば、この発句は「ひっと斎」つまり慶次の作のように記しているが、実際には紹巴の作である。主催者の慶次がこれに脇句をつけている。

時し忘れぬ山ほとときす

天正十六年十二月十九日、慶次は木戸玄斎宅で催された詩歌会に出席している。木戸玄斎は上杉景勝の家臣で、菅原道真の流れを汲むといわれる和歌の家柄を誇っている。

この時、慶次は漢詩をつくっている。

竹径掃雪
竹径幽深不得看　　竹径幽深《ちくけいゆうしん》にして看《み》るを得ず
今朝掃雪問平安　　今朝の雪を掃い平安を問う
手携弊箒欲帰去　　手携《たずさ》へる弊箒《へいそう》帰去するを欲す
屐庭相穿来往難　　屐《げき》は庭を相穿《うが》ち来往難し

雪の朝の竹庭を描いて美しい情景であるが、雪掃いに疲れて家の中へ戻ろうとすると履物が庭に積もった雪を深く穿って容易に進めない、という慶次特有の滑稽《こっけい》味ある作詩となっている。

慶次と上杉家の接触をうかがわせる最初の記事であるが、上杉景勝や直江兼続らは同年八月上旬に京都を後にしており、この時は越後在国中であった。木戸玄斎は京都に残留していたのであろうか。

翌天正十七年二月二十六日の連歌会（何人百韻）に慶次（似生）の名がみえる。この時の参加者は前頁の表の通り。

また、年未詳であるが、「何田百韻」に慶次の名がある。

このほかには『玄旨公御連哥《げんしこうごれんが》』に、
「(年未詳) 五月六日、前田慶次興行於和泉式部」
という記述がみられる。

和泉式部とは、和泉式部寺の別称もある誠心院のことである。時期は不明であるが、慶次はここで連歌興行をしたというのである。慶次主催の会に細川幽斎も参加し、

五月雨の新川なかす山ちかな

という句を詠んでいる。

京都誓願寺はもともと奈良にあったが、山城国乙訓郡深草、中川の法成寺の左、加茂川西堤を経て、洛北上京元誓願寺通り小川西へ移った。ところが、天正二年（1574）、織田信長による上京焼討ちで罹災した。小川西移転後の状況を示す「中古図」には、誓願寺に隣接して、誠心院が記され、空き地の真ん中に「式部宝篋印塔の図」が書き込まれている。

この荒れ果てた状態の和泉式部こと誠心院が慶次の連歌興行の舞台であった。ちなみにこの頃、慶次は寺町通に住していたとされ、和泉式部も至近距離にあった。

誓願寺は天正十九年、豊臣秀吉の側室松丸殿（京極氏）の発願により再興され、慶長二年（1597）に落成した。松丸殿は秀吉の没後、同寺に閑居した。

松丸殿発願後は、同寺敷地が自由に使用できる環境にあったかどうかは疑わしい。したがって、慶次の興行は天正十八年以前だったするのが妥当と思われる。

連歌に関する慶次の力量については、残された歌から判断するしかないのだが、いわゆる天才肌というのではないらしい。

前章で紹介した『鷹筑波』の逸話を再掲する。

> 玄旨法印の妙成御句共は犬うつわらんべ迄知たる事なれば中中爰にしるさず。これら皆前句を云はてぬにはや付給たる句也。丸などがやうに久案給し事一度も無之中にも諸人おどろくばかり早あそばされしは伏見にて前田慶次良似生と云人再々篇の此までしをくれ給て抑是は何と云べきと前句にとりあはず申されければ、玄旨法印、能のわき名のるよりはや打忘れとあそばし侍る。（字句をやや改めてある）

細川幽斎が歌に巧みなことは、犬とたわむれるような子供でも知っていることだという。

たとえば、連歌の席でほかの者が前句をいう前に、幽斎はそれに対応するべき付句を頭の中でひねりだしてしまっている。文中「丸」というのは松永貞徳であるが、自分のように時間をかけて考えるということを、幽斎はしなかったというのである。

伏見において、連歌の会が催された時も、前田慶次が二度ばかりも句をつけることができずにいた。慶次は自分が煮詰まった状態を、幽斎にぶつけてみた。すなわち、自分が句をひねり出せないのを逆手にとって、「前句をいう前に付句をひねりだす」とまでいわれる幽斎のことだから、すでに用意ができているのだろうと、

「自分（慶次）が発する句（実際には発していない）に、いったいどのように付けるべきか」
と、悪戯心で聞いたのである。

すると、幽斎は「能のわき名のるよりはや打忘れ」とよんだ。

能におけるワキは、シテ（主役）の相手役である。一曲の冒頭では、状況を設定する役割を負っている。ワキが登場する以前に、大小鼓や笛が奏され、ワキが「名ノリ」を語るところで囃子がやむ。したがって、囃子がなければ、ワキが名のるどころか、登場することすらできない。

いくら名人といわれる幽斎でも、前句がないのに付句ができるわけがなく、その状況を能にたとえて応じたわけである。幽斎の見事な切り返しといえよう。慶次のユーモアとそれに対する幽斎の当意即妙をうかがわせるエピソードであるが、おそらく連歌の腕前においても、慶次は、細川幽斎に一目も二目も置いていたのであろう。

ただ、『前田慶次道中日記』に散りばめられている和漢の文学作品からの引用、残された漢詩、和歌の作品をみても、慶次の知識が並々ならないものであることは疑いようがない。

では、こうした和漢の古典の教養、文芸への嗜好はどのような形で啓発されるに到ったのであろうか。慶次が師事したという文化人の顔ぶれをみてみよう。

里村紹巴・昌叱

里村紹巴は奈良の貧家の出身であるという。父松井昌祐は奈良一乗院の小者であった。連歌の師里村昌休から子の昌叱の後見となるよう依託され、姓も里村を称した。紹巴は長じて、山科言継、三条西公条、近衛稙家らと交わり、次第に連歌師として認められるようになっていった。公卿ばかりでなく、武家との交流も北は松前氏、南は島津氏と広範にわたった。

膂力もあり、辻斬りに襲われた際、逆に相手の刀を奪い取って撃退したという逸話を持ち、織田信長から激賞されたと『戴恩記』に記されている。

天正十年（1582）五月二十八日、愛宕山における『明智光秀張行百韻』

に名を連ねているのはあまりにも有名である。
本能寺の変では、二条城から避難した誠仁親王を新在家で出迎え、用意した荷輿に親王を乗せて無事、禁裏に送り届けている。しかし、その後は吉田兼見らとともに明智光秀のもとに伺候していたため、光秀を滅ぼした羽柴秀吉からは忌避されたといわれる。
その後、秀吉から百石の知行を与えられ、厚遇されるようになった。
新在家中町通堀川の西に紹巴町と呼ばれた一画があり、これが彼の宅地跡であるらしい。
紹巴は連日のように各所の会に列席し、連歌師としての活躍も絶頂を迎えていた。しかし、秀吉と甥の秀次の間に対立が生じたことで、ふたたび紹巴の活動に暗雲をもたらした。
秀次は秀吉から関白職を譲られ、後継者とみなされていたが、秀吉に実子（秀頼）が誕生すると、その立場は微妙なものとなった。
やがて、秀次は謀反の嫌疑をかけられ、高野山で自害させられた。秀次の妻妾たちも処刑され、粛清の嵐が吹き荒れた。
紹巴もこの事件に連座して、近江国三井寺へ流された。臨江斎と号したのはこの頃のことである。秀吉の怒りを恐れて、訪れる人もわずかであったらしい。
紹巴の伝記や松永貞徳の『戴恩記』などにも慶次のことは一言もふれられていない。
永禄十年（1567）に紹巴が東国へ下向しており、尾張国内で連歌を催している記事が『紹巴富士見道記』にみえる。紹巴は荒子周辺にも至っているが、前田氏との接触は明記されていない。
前田利久が婿養子として慶次を迎えたのは、永禄十一年か十二年頃であるとすれば、紹巴との対面はもう少し後のことであったと考えたほうがよさそうである。
紹巴というと、連歌のみで語られることが多いが、実は『源氏物語』にも通暁していた。
三条西公条が弘治三年から永禄三年にかけて、九条稙通《たねみち》に『源氏物語』を講義しているが、紹巴もこれを傍聴していたという。それが後に『源氏物語紹巴抄』という著作をものする下地になった。
一方、慶次のほうも『源氏物語』は十八番であった。

「前田慶次は詩歌を作ることに巧みで、里村紹巴に師事して連歌も得意であった。上杉家にあった頃は、ときどき『源氏物語』の講釈を行い、なかなか評判であった」
と、『東国太平記』などに記されている。

このように、『源氏物語』を通じて、九条稙通、紹巴らと慶次は親交があったのである。

慶次は、紹巴の女婿となった昌叱（紹巴の師である里村昌休の子）とも交流があった形跡がある。

慶次と昌叱は天正十七年二月二十六日の連歌会にも同席している。また、『本藩歴譜』には、慶次が昌叱宅を訪れた際の唱和とされる句が記されている。

雪折やつれなき杉の下涼み　　慶次殿
時雨行かと蝉の啼山　　昌叱

この唱和の出典は明らかではないが、紹巴とその周辺の人々と慶次を結ぶ傍証といえる。

九条稙通

慶次が『源氏物語』の講釈を得意としたことは、前節で述べた。慶次が生きた時代、『源氏物語』研究における第一人者がいた。それが前関白九条稙通である。

すでにみた松永貞徳の「源氏竟宴」の連歌会で、師匠にあたる九条稙通が発句を行っている。その座に慶次も連なっていた。いわば、これは九条稙通門下たちの集まりとみていいのではないか。

前関白、そして「氏長者」（この場合は藤原氏の統率者）でもあった九条稙通と、一介の武将しかも大名の身分ではない前田慶次が接点を有することに対して、多少違和感をおぼえる方もいるかもしれない。そこで、九条稙通の人となりを簡単に紹介しておく。

稙通は九条尚経の子として生まれ、二十七歳で関白氏長者となった。しかし、困窮のため間もなく関白の職を辞し、摂津・播磨の諸国を流浪し、弘治元年（1555）に出家して、行空と号した。娘の一人が「鬼十河」の異名をとる十河一存（三好長慶の弟）に嫁いでおり、稙通自身、十河について合戦に出たこともあったらしい。

古典研究の資質は、外祖父三条西実隆という大学者の存在も影響したであろう。特に『源氏物語』については、注釈書『源氏物語孟津抄』を著した。

どんなに『源氏物語』を愛したかについては、次のようなエピソードが伝えられている。

隠居した九条稙通は朽ち果てた宿坊に寝起きしていた。彼を訪ねた紹巴が聞いた。

「近頃はどんな書物を読まれますか」

稙通は、『源氏物語』と答えた。

続いて紹巴は、「何かよい歌書はありませんか」と聞いた。

稙通はふたたび『源氏物語』と答えた。

さらに紹巴は「どなたかがおいでになり、ご閑居をおなぐさめしているのでしょうか」
と聞いた。

これにも、稙通は『源氏物語』と答えた。

稙通は明けても暮れても『源氏物語』を愛読し、

「この書ほど、興味深いものはない。六十年あまりも読んでいるが、まったく飽きない。まるで延喜の御代に住んでいる心地にさえなる」
と常々、口にしていた。

永禄十一年、足利義昭を奉じて織田信長が上洛すると、稙通は「上総介か、上洛大儀」と立ったままいい放ち、そのまま去ってしまった。さすがの信長も呆然と見送るしかなかったであろう。稙通の祖父政基、父尚経は、戦乱をくぐり抜けてきた公卿として硬骨漢で知られているが、稙通自身も祖父や父に劣らない偉丈夫であった。

飯綱の法という一種の魔法に凝ったこともある。稙通がこれを会得すると、自分が寝るところには、必ずその頭上の木にフクロウがとまるようになり、道を歩けば必ずつむじ風が起こったという。この方面についての叙述には、幸田露伴の『魔法修行者』あるいは、山田風太郎の伝奇小説『室町お伽草子』があり、近代にいたるまで文芸作品の素材となり続けている。
つまり九条稙通とは、関白とか「氏長者」といっても、宮中の奥深くで生涯を送るような雲上人ではなかったということである。前田慶次が親しくしていても何の不思議もないし、むしろ身分や地位をあっさり捨ててしまう奇行ぶり、自由気儘な生活を好むところは、両者共通する部分が多いのではないか。
なお、『上杉将士書上』などには、慶次がこのほかに一条兼良、三条公光（三条西公国か）、西園寺公朝らと交流があったように書いてある。しかし、これは慶次のことではなく、上杉謙信のこととして書かれた部分である。謙信のことであるとしても、信憑性は低いが、時代がずれている一条兼良はともかくとして、慶次が三条西公国や西園寺公朝と直接交渉があったことを示す史料はない。
もっとも、中央と地方武士との間には通信添削を介して師弟の交わりを結ぶ事例がある。
地方の武士にとっては、京都の文化は憧れでもあったが、簡単に上洛するわけにもいかない。また、京都のほうから公卿や連歌師が都合よくやって来てくれるわけでもない。
そこで、多くは文通という手段を使って指導してもらうことになる。もちろん礼金を払った上でのことだ。公卿にとってはよい収入になったことであろう。地方武士にとっては京都文化の担い手から直々に指導してもらえるわけである。
また、連歌師は時折、諸国を旅行するが、各地で金銭的援助を行ったのも、文書を通じて親交があった「弟子」たちであった。こうした伝統は江戸時代の俳諧にまで継承されていた。各地の弟子同士のネットワークが師匠の旅を支えていたのである。
慶次も遠隔地にあって、公卿や連歌師と交際をもち、上洛時には親しく交わっていたかもしれない。そう考えなければ、慶次の和漢にまたがる知識の源泉がどこから得たものか理解し難いのである。

古田織部

慶次は茶道においても堪能で、利休七哲の一人古田織部正重然に学んだと『米沢人国記』は記している。茶の湯は当時、武士階級の間でひろまっており、慶次も多少なりとも接していたであろう。叔父滝川一益も方々名器を探し求めたほどの数寄者である。

また､従兄弟の儀大夫益重も天正十二年（1584）から十三年にかけて、堺衆の津田宗及の茶会にしばしば出席している。

古田織部（織部正は一次史料では確認できず、織部助が正しいとする説もある）は利休亡き後の第一人者といえたが、師の完成された世界から「破格の美」ともいえる新境地を創造した。

義父中川清秀秘蔵の茶釜を盗み出すといういたずらが茶の道に入るきっかけとなったという逸話や、天正十九年に秀吉の怒りにふれ、堺で蟄居を命じられた千利休を細川忠興とただ二人、淀の泊に見送った剛直な面は、慶次の性向と似ているものが感じられる。

織部がはじめて茶会をひらいたのは天正十三年二月十三日とされている。また、有名な「ヒョウゲモノ」と評されたゆがんだ茶碗を登場させたのは、慶長四年（1599）二月二十八日のことである。

慶長十五年には、徳川秀忠が江戸へ招き、茶の指南を受けた。ここにおいて､「数寄者之随一」「天下大和尚」といった名声を手に入れ、利休亡き後、天下一の茶人としての地位を確立したのである。

織部の主な弟子としては、近衛信尋、大野治長、上田重安（宗箇)、小堀遠州、本阿弥光悦、角倉素庵、安楽庵策伝、前田利長らがいる。いずれも慶次の活躍時期からみると、やや後年の顔ぶれが多いのが気になるところである。その中で、安楽庵策伝については、その著『醒睡笑《せいすいしょう》』の中で、慶次の名は明記していないものの､「大ふへん者の旗指物」の逸話を紹介している。間接的に慶次を見知っていたか、あるいは慶次伝説の成立に関与している可能性がある。

かりに慶次が古田織部に師事したとすると、まだ織部の名声がさほど高まっていない頃のことだったであろう。

慶次の立場からすると、利休のかしこまった茶や細川三斎・織田有楽斎といった大名茶の湯などよりも、織部の奔放な茶を好んだのではないだろうか。

以上、里村紹巴、九条稙通、古田織部らについて簡単に述べたが、漂泊の生涯を送りつつ文学の研鑽《けんさん》につとめた紹巴や稙通、いたずら者でかぶき精神を具現化した織部、三者に共通する権力におもねらない孤高の姿は、慶次のそれと比べて相通じるものがあるように思われる。

小田原攻め

慶次の風流三昧の生活が突然中断されることになった。

織田信長が本能寺で斃れた後、天下平定の事業を引き継いだ豊臣秀吉は、すでに四国、九州を平定し、天正十八年（1590）、ついに天下統一事業の総仕上げとして、小田原攻めに踏み切った。上方の軍勢は総数二十万以上という未曾有《みぞう》のものとなった。

四国､九州など各地の平定戦には従軍していなかった慶次であったが、今度は出陣することになったのである。当時、前田家中で上信地方から関東の地を知悉している人物では、慶次の右に出る者はいなかったであろう。

しかし、豊臣政権から課せられた軍役に、慶次が自ら喜んで戦場へ赴いたとは思えない。おそらく、政権に従順な前田家によって、風雅の世界にひたっていた慶次は無理やりひっぱり出されたのであろう。

東海道をすすむ秀吉の本隊とは別に、前田家は越後・加賀・信濃の兵力をもって別働隊を形成し、北関東から攻撃することになった。前田利家は美濃を経由して信濃へ到り、先発していた上杉景勝、真田昌幸、依田康国、毛利秀頼らと合流した。

前田利家は上杉景勝、真田昌幸らとともに北国勢三万五千余の主力として、信濃から碓氷峠を越えて松井田城を攻撃した。松井田城の城主は北条家の始祖・早雲以来の家系を持つ「御由緒家」のひとつである大道寺政繁であった。

小田原攻め侵攻図

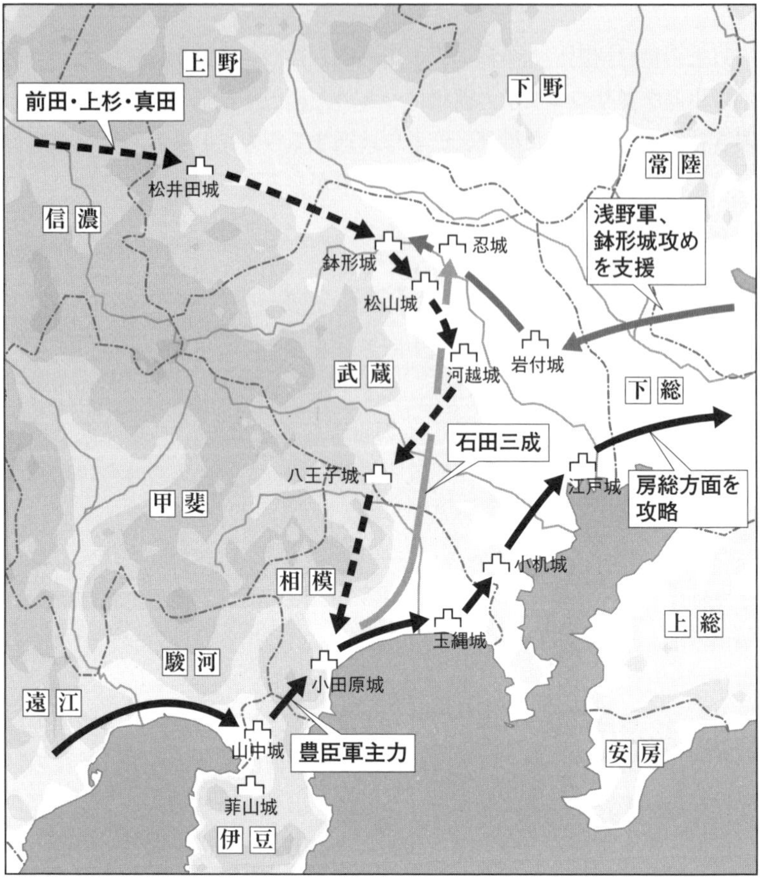

三月十八日付で北条氏直が大道寺新四郎、宮寺源二郎らに対し、「臼井峠（碓氷峠）」における戦功を賞している文書がある。これによれば、三月十五日に北国勢と北条方との間で戦闘が行われたらしい。その一方で、東海方面からは秀吉の本軍到着が伝えられ、氏直は神経質になっていたようだ。小幡兵衛尉に対し、

「敵と善悪について言葉戦いをするな。何事を申してきても、一切とりあうな。もし違背する者があったら、即座に死罪に処すように」

と厳命している。

碓氷峠をめぐる攻防は北条方の抵抗も激しく、持久戦の様相を呈し始

めた。そこで、北国勢は国峯・宮崎・厩橋といった周辺の支城から攻略を開始した。この作戦転換が功を奏し、孤立した松井田城は四月二十二日に陥落した。

松井田城を攻略した前田利家・上杉景勝らの北国勢は、降将大道寺政繁に案内役を命じ、全軍南下した。

六月三日付の利家書状によれば、長連龍らに対し、天候が好転したら松山まで到り、浅野長政と合流すること、鉢形城攻めの準備について指示している。

『寛永諸家系図伝』編纂時に使用されたという「天正庚寅松山合戦図」には、天神山の麓に「前田慶次郎利太」と記され、吉岡九衛門、徳山五兵衛が添えられている。

同図によれば、雷電山方面の総大将前田利家の陣容は次のようになっている。

前田大納言利家、前田越前守利長、江森平左衛門、片山内膳、不破彦三、前田五郎兵衛安勝、岡田長左衛門、斎藤刑部、前田孫四郎利政、河原治三衛門、武部助十郎、前田慶次郎利太、吉岡九衛門、徳山五兵衛、前田孫十郎基勝、目賀田又衛門、富田六左衛門

このほか、城をはさんで反対側の黒岩方面には、同じ前田勢のうち、原隠岐守、小塚藤右衛門、木村三蔵、奥村伊予守永福、宮川但馬、篠原出羽、青山佐渡介、奥山長門守基長、鷲津九蔵、九沼少蔵、長九郎左衛門長竜、丹波源十郎、滝津金衛門、横山丹波守長智、高畑織部、阿波賀藤八郎、村井又兵衛長頼、村井勘十郎、村井豊後、前田又次郎利次、山崎彦左衛門、脇田善左衛門、前田右近秀継、近藤善左衛門、半田彦兵衛、野村伝兵衛、前田孫左衛門良継、田野村三郎四郎、岡島善三郎、寺西治兵衛らの名がある。

これ以前に死亡している者の名が含まれているなど信憑性は低いが、慶次の小田原攻め従軍は信じていいだろう。

松山城攻めの陣形

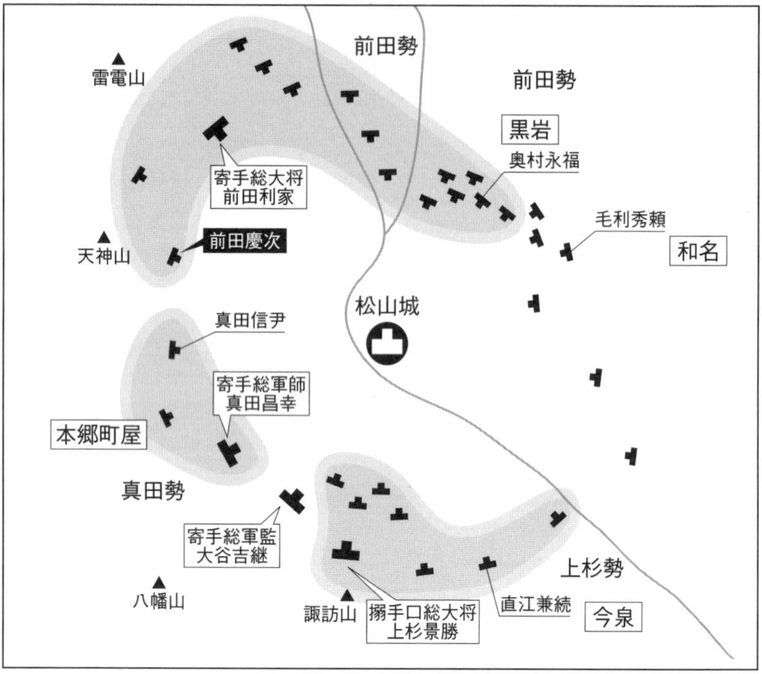

次の攻略目標である武蔵国鉢形城には、北条氏政の弟氏邦が籠城していた。当初、氏邦は、小田原城から出撃し箱根の天険に拠って上方勢を防ぐ作戦を提案したが、氏政・氏直らに受け容れられなかった。そこで、小田原城を出て、居城である鉢形に戻ったのであった。

さすがに氏邦が守る鉢形城は堅城ぶりを発揮し、北国勢は攻城一ヶ月を費やすはめとなった。結局、援軍としてやって来た本多忠勝の隊が所有する二十八人持ちの大筒を車山の頂に据え、城内へ砲弾を打ち込んだ。城内の混乱に乗じて寄せ手が突入し、ようやく六月十四日に落城させた。

城将北条氏邦は助命され、前田家の家臣となった。

この戦後処理をめぐって、前田利家が秀吉の不興を買い、謹慎させられた。あまつさえ、氏邦を担いで北条旧臣たちに謀反をおこさせ、関八州を乗っ取る計画があったなどというつくり話まで生まれた。謀反計画は虚構であるとしても、妻（大福御前）は自刃し、城主氏邦が生き残ったというのは、奇妙にも思われる。また、大道寺政繁が戦後、自刃させられ、氏邦のほうは不問に付されたというのも謎である。
もしかしたら、氏邦が降将として利家と対面した際、その場に慶次が居合わせていたかもしれない。慶次はこの年に前田家を出奔するため、以後、氏邦との特別な交渉はなかったであろう。しかし、滝川一益が上州へ駐留していた時期、慶次もこれに従って東国にあった。前田家中では、関東の情勢についてくわしい方だったろう。ついでながら、加賀へ引き取られた氏邦の子釆女（主殿）は、後に慶次の娘を娶っている。降将の息子と出奔した男の娘という、ともに世間の冷たい視線を感じる者同士が夫婦となったわけだが、この取り合わせを考えると、慶次が氏邦の助命を働きかけたのではないか、という想像を禁じ得ない。
次に、北国勢は八王子城を囲んだ。これまでの戦いぶりを叱責された前田・上杉らは今回は強硬策に出た。北条家きっての猛将氏照が心血注いで構築・整備した巨大城郭は、北国勢の総攻撃によって、わずか半日で落城した。
秀吉から戦い方が手ぬるいと叱責されたものの、北国勢は松井田、鉢形、八王子と激戦を繰り広げていた。その過程で前田勢にも相当の損害が出た。慶次とは相婿の関係になる青木善四郎行照も戦死した。そのほか利家は、国元の三輪吉宗に対し、息子を戦死させたことを慰める書状を書き送っている。

奥州仕置

七月一日、北条氏直は小幡兵衛尉に対し、内密に「関白殿へ出頭の儀」について伝え、五日になって寄手の滝川雄利・黒田孝高の陣へ駆け込んだ。
小田原北条氏を屈服させた豊臣秀吉は七月二十六日に宇都宮に至った。秀吉は十日ほど宇都宮に滞在し、奥羽諸大名の知行割りを行った。
先立って鹿沼に在陣し、情報収集にあたっていた前田利家は、この時、「京みす」という名馬で増水した鬼怒川を渡ってみせたと伝えられている。
この後、前田利家は奥羽仕置のため、碇ヶ関まで赴いている。これに慶次も従っていた（『前田家雑録』）。
享保年間に津軽藩によって編纂が開始された『津軽一統志』には、

東奥巡検使トシテ前田利家卿、同慶治利大、同孫四郎利政、横目ニハ片桐市正勝元、小野木縫殿之助、此五人、雑兵一万ノ人数ニテ下着（人名いずれもママ）

と記されている。

特に慶次に関しては、

武道ノ達人ニテ超于世異様人也

と評している。

超世とは、世間の基準からはずれた、要するに「規格外」の、という意である。同じような評価を下された人物に後漢時代の曹操がいる。歴史家陳寿は曹操のことを「非常の人、超世の傑」と評した。世間の常識を超えた英雄、ということであろう。

慶次の場合は、世間の常識を超えた異様人である。まさに「傾奇者」の面目躍如といったところか。

前田利家一行の奥羽巡検の時期が『津軽一統志』では天正二十年(1592)四月、『加賀藩史料』では天正十八年七月、と大きく異なっている。『津軽一統志』によれば、一行は秋田孫十郎の饗導によって、四月下旬に出羽国秋田から津軽へ入った。利家は大浦城、慶次と利政は堀越城、片桐・小野木の両名は浅瀬石城に拠って、国中の巡検を行った。

利家は算術に長け、山頂に立って眼下の土地を見回しながら、石高の検討をつけてみせた。その後、実際に検地を行ったところ、ほぼその通りだったという。

しかし、利家による奥羽巡見の実態は確実な文書がないため、よくわかっていないのが実情である。たとえば、これと前後して秀吉から出羽国の検地を命じられた上杉景勝・大谷吉継らについては、現地において一揆に悩まされ、対応に苦慮した記録があり、断片的にうかがうことができる。

『津軽一統志』は七月二十一日に南部口を経由して帰途についたとしているが、天正十八年十一月十日付で利家が前田安勝に宛てた書状には検地も一段落し、帰陣の仕度にかかる旨を報じている。従って『加賀藩史料』に拠る七月から十一月が正しいであろう。

奥州仕置行程

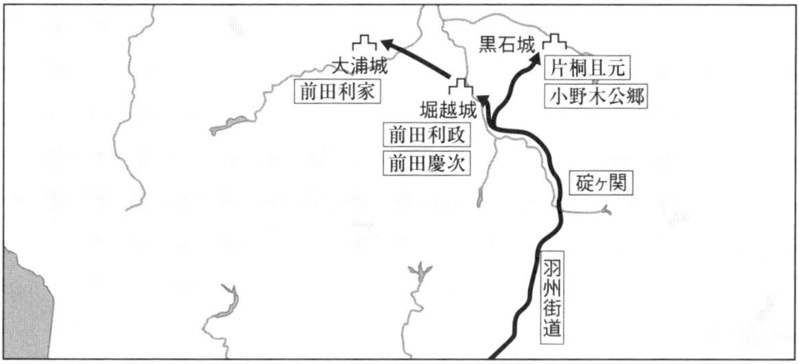

そっぺらと慶次

奥州検地に随行した慶次の動向を伝えているのは、次の愉快なエピソードぐらいなものである。

南部、秋田のあたりを奔走していた慶次は、店をひらいている家をみつけ、のぞいてみた。売り物の中で、楊枝木のようなものを束ねているのが気になった。みたところ、楊枝でもなく箸でもなさそうだった。

慶次は、店の主人に聞いた。

「これは何だ。何に用いるものだ」

主人が答えていうには、

「これは『そっぺら』と申します」

「どのように使うのか、使ってみせてみよ」

主人はいきなり洟《はな》をくんとかみ、手にしたそっぺらのへらの部分でこそげ落とし、捨ててみせた。それをみて感心した慶次は、少々買い取って懐中に入れて愛用した。

その後、庄内地方で慶次は、利家ともども茶席に招待された。茶を喫した後、一座がうちとけ、座談に移った。

おもむろに、慶次は懐中からそっぺらを取り出し、洟をかんで路地に投げ捨てた。それをみた亭主が気の毒そうにいった。
「南部の者どもがあなたをからかったのでしょう。そっぺらは庶民が用を足した後、鼻紙の代わりに用いるものですよ」
ところが、慶次のほうもそれを認めてしまっては騙されたことになる。そこで、
「鼻紙は何にでも使えるので、お気になさらずに」
鼻紙には多くの用途がある。その鼻紙の代用品というのならば、排便時に用いる道具で洟をかんでもよいではないか、といったところか。
「今も南部秋田に、此物がたりかくれなくいたし候」と『三壺記』は記している。

慶次出奔

奥州にいる時期に、利家との間に行き違いがあったのだろうか。
利家と慶次の確執をものがたるエピソードとしては、次のようなものが伝えられている。
ある時、利家が慶次の世を憚《はばか》らざる行状を叱りつけた。これを不服とした慶次は長くこの家にいるべきではないと感じ、次のような独り言を口にした。
「万戸侯の封といふ共、心に叶わずば浪人に同じ。只心に叶ふをもって万戸侯といふべし。去るも止まるも所を得るを楽と思ふなり」
万戸侯とは多くの封土を領する諸侯のことである。
この文句は、その領土百万石に達しようかという利家を皮肉ったものとも受け取られるが、「心に叶わずば浪人に同じ」は慶次自身の心情を述べているものだ。
したがって、この時、五千石か六千石を知行していた慶次だが、
「意にかなわない主人にいやいや仕えて多くの知行を貰っても、これでは浪人といっしょだ。今居る場所を去るのもとどまるのも人それぞれだが、自分の居場所をみつけることこそが、最上の楽しみというものだ」
とうそぶいたのであろう。
通説では、天正十八年（1590）に奥羽仕置から戻ってほどなく、前田家を出奔したとされている。

利家に風呂を馳走すると誘い、水風呂に入れるという悪戯をしかける有名な逸話で知られる場面だ。その直後、慶次は松風という利家秘蔵の名馬を奪って逐電したことになっている。

ここで、ふたたび慶次の足跡は途絶えてしまう。

京都へのぼり、里村紹巴の門弟となって連歌を学び、あるいは歌書に耽る日々を送ったと『關原《せきがはら》軍記大成』は記している。また、源氏物語に親しんだのもこの時期であったといわれる。

慶次が、紹巴をはじめとする連歌師たちと親交があったこと、また、『源氏物語』についても天正十年二月に九条稙通を迎えた「源氏竟宴」に慶次も参加していることは、すでに述べた。

しかし、天正十八年以降、慶次が連歌会に出席した記録は確認ができない。

慶次が前田家を出た、この間の逸話と考えられるのが、次のような有名なエピソードであろう。

夏の京都で、毎夕、腰に烏帽子を提げた馬取りがりっぱな馬を川岸に連れて行き、その馬体を冷やしている光景が諸人の間で話題となった。

通りかかった大名小名も、その馬の見事さに驚き、

「これは誰が所有する馬なのか」

と、尋ねさせた。

すると、馬丁はやおら烏帽子をかぶり、足拍子を踏みながら唄い舞い出した。

此鹿毛と申は
赤いちょっかい皮袴
茨かくれ鉄甲
鶏のとっさか立烏帽子
前田慶次が馬にて候

以後、尋ねられるたびに馬取りは幸若を舞いながら応じたという。

前田家との確執

文禄三年（1594）四月八日に秀吉が前田邸御成の際、御礼を言上した重臣たちの中に慶次の名がない。しかし、この時、慶次とともに阿尾城攻防戦で活躍した片山内膳をはじめ岡島、不破らの名がみえるため、こうした席に列することができない身分であったとは考えにくい。

降将の身分である阿尾城主の子菊池安信（菊池武勝入道禅徹の子）でさえも列席し、「御小袖五つ」を家中御礼として献上している。

したがって、実質的に阿尾の城主であった慶次がいないのは不自然である。利家を騙して水風呂に入れて逐電した、という逸話は後世の脚色であるとしても、すでにこの頃、慶次は前田家を離れていたと考えられる。

利家は新参の家臣も積極的に召抱え、重用したが、その処遇については譜代の者たち（荒子衆および府中衆）を超えることがないよう配慮していた。利家にいわせれば、

「前田家が苦しい時期について来た者たちは決して裏切らない。それにひきかえ、前田家が大身になってから召抱えられた者たちは苦しい時期を知らず、今後そのような困難な場面に出くわした時に当家を裏切る可能性がある」

という理由からであった。

慶次は荒子以来の一族であるが、ずっと前田家の家臣であったわけではない。北陸一向一揆や上杉氏との戦いにも参加していないし、前田家が苦渋の選択を迫られた賤ヶ岳の合戦でも滝川氏の配下として別の戦場にいた。おそらく、利家にとっては一族であるとはいっても、新参者（新座者）と映っていたのではないだろうか。

その空気は、「遠慮」となって前田家中にもいつしか蔓延していった。慶次は次第に居場所を失い、拗ね者としてその不満のはけ口が奇行となってあらわれるようになっていったのであろう。

あるいは、慶次は先の関東・奥羽への出陣で手柄をたて、前田家に与えられる新たな領土の中から恩賞として拝領した土地を分知してもらい、加賀を離れるつもりであったかもしれない。しかし、実際は関東には徳川家康が入り、会津には蒲生氏郷が入ることになった。慶次が前田家を

離れる道は、出奔以外になくなった。

戦国時代も終わり、強力な中央政権が誕生すると、大名はさまざまな課役に備えて、家中統制を強化するようになる。自立性が高い国人出身の家臣たちは、これに反発する。慶次のように自由な気風を好む者には、よけい耐えられなかったであろう。

前田家のほうでも、慶次の出奔をほおっておいたとは考えられない。

「利家大いに怒り、天下を尋ねられ候」

と『武辺咄聞書《ぶへんばなしききがき》』は記している通り、前田家は八方手を尽くして慶次の行方を追ったに違いない。

主家を退転する場合、一族を率いて武装して他国へ去る事例がある。主家のほうでも当然、追手をかけ、連れ戻すか、さもなくば討ち果たそうとする。特に天下に名が知られた家臣の出奔を許すことは、その大名には家臣を従わせる器量がないということを天下に知らしめることになる。それは、家にとっても恥辱であった。

関ヶ原合戦直前、上杉氏が上方へ亡命しようと企てた藤田氏、栗田氏に対して追手をかけた。藤田氏は取り逃がしたが、栗田氏は一族をほぼ全滅させられたのである。藤田・栗田両氏の場合は、徳川家に内通していたと説くものがあるが、とどのつまりは家老直江兼続の専制に対する反発であろう。

江戸時代初期になると、主君と武功のある大身の家臣との間に軋轢《あつれき》が生じるようになる。

追手をかけられるばかりでなく、奉公構《ほうこうかまえ》と称して他家への仕官ができないように仕向けられた後藤又兵衛の例もある。武家社会に居場所を失った後藤は、ついに大坂城の牢人募集に応じて、絶望的な戦いに身を投じ、滅んでいったのである。

慶次の出奔をこれらの事例と直接むすびつけるわけにはいかないが、前田利家・利長父子は当然、彼を憎悪したことであろう。

「ものごとにしばられない慶次の行動は世間の常識にはずれる有様で、当主で従兄弟にあたる前田利長にも嫌われ、ついに加賀を去って京都に流浪した」と、逆に主家を追われたようなニュアンスで記す『鶴城《かくじょう》叢談《そうだん》』のような史料もある。

実際、慶次が宮仕えが嫌になって出奔したかどうかはわからないが、あるいは前田父子から奉公構にされていた可能性も否定できない。
奉公構にされると、自由契約ではなく、追放処分に等しくなる。
当然、諸大名の方でも万石級の城持ちとして招くわけにもいかない。前田家との軋轢が生じるからである。このような背景があったから、後に上杉家が慶次を招いた際も、組外衆という曖昧な地位で遇したのであろう。

天下御免の傾奇者

慶次が前田家を出奔した後のことは、史実ではほとんど再構成できない。ただ、奉公構にされた慶次の苦境を救ったのは豊臣秀吉であった、というのは、一応の筋が通る展開であるように思われる。『一夢庵風流記』の著者隆慶一郎も同じ解釈をとっている。
以下は、『重輯《じゅうしゅう》雑談』に記されている逸話である。
前田家に稀代のかぶき者がいると聞いた豊臣秀吉は、慶次を聚楽第へ招くことにした。しかし、ただ招くだけでは面白くない。秀吉自身も「人たらし」といわれた演出の天才である。そこで、人をやって、
「ずいぶんと趣向をこらした格好で罷り出るがよい。関白殿下がじきじきにお会いくださるとの仰せである」
と伝えさせた。
これを聞いた慶次は、髪を片方へ寄せて髷《まげ》を結い、虎の皮の肩衣に袴も異様な装いのものを着して、秀吉のもとへ伺候した。
ここで、秀吉にお目見えの機会を与えてくれた御礼をするのだが、秀吉はじめ居並ぶ諸侯はあっけにとられた。
慶次は頭を畳に横につけるようにして、拝礼しているのである。しかし、真横に束ねられた髷は、たしかにまっすぐ直立している。形の上では、秀吉に拝礼しているけれども、そっぽを向いている、という人をくった所業だった。
秀吉は、さてもさても変わった男であるな、と笑い、褒美として馬一匹を与えた。
さらに、秀吉は、
「もっと変わった趣向でわしを驚かせてみよ」

といった。
慶次はいったん退出し、装束を直し、上下衣服等まであらためて礼法にかなった所作で再登場し、馬の御礼をのべた。
その様子には、秀吉をはじめ居並ぶ諸侯たちも感服せざるを得なかった。
この時、秀吉に気に入られた慶次はそのかぶきぶりに対して「天下御免」の称号を受けた。すなわち、
「今後はどこでなりとも、思うがままにかぶいてみせるがよい」
という秀吉の許しが出たのである。
天下御免の傾奇者となった慶次。これで、前田家も慶次の所業に対して表立った介入ができなくなったのではないだろうか。

慶次は朝鮮へ渡ったか？

慶長三年（1598)、上杉家の『知行写』に名があらわれるまでの数年間は、慶次の足どりがまったくつかめない。
その間、豊臣秀吉は諸大名に二度にわたって朝鮮出兵を命じている。隆慶一郎は『一夢庵風流記』で慶次を朝鮮に渡らせ、活躍させているが、慶次が渡海したのは本当だろうか。
慶次と関係が深い大名家の動向は次の通りである。

1　前田家

利家・利長ともに名護屋城まで出陣したが、文禄・慶長の役ともに渡海はしていなかった。また、天正十八年に慶次が出奔した後は表立った交渉があったとは考えにくい。

2　蒲生家

蒲生家と慶次の関係はあまり指摘されないが、慶長三年に忽然と会津の地に登場する理由として、旧領主であった蒲生家に一時身を寄せていたからではないか、という推測もできる。実際、関ヶ原合戦前に上杉家に仕えた者には蒲生家出身者が多い。千石以上の上級家臣にかぎれば、十七・五パーセントに達するという（児玉彰三郎『上杉景勝』)。

蒲生氏郷は、名護屋在陣中に病に倒れた。その後、病床に臥して文禄三年十一月には重態となり、翌年二月七日に京都で没している。

3　上杉家

文禄の役で数ヶ月間、渡海している。戦闘は行わず、熊川城など日本の拠点を普請する任務にあたった。この時、慶次の知己である直江兼続が書物を蒐集して持ち帰ったといわれている。ただし、前田慶次の名が上杉側史料にあらわれるのは慶長三年からで、それ以前の交渉については不明である。

4　豊臣家

慶次のかぶきぶりに「天下御免」のお墨付きを与えた豊臣秀吉であれば、前田家からの干渉を避けることは可能であったろう。すなわち、秀吉の直参として従ったのではないか、というものである。しかし、豊臣家の家臣たちについては『甫庵太閤記』などにかなり軽輩の者まで氏名が記載されており、そこに慶次の名を見出すことはできない。

結局、慶次が渡海したという確かな記録はおろか、軍記ものにさえ記載がないため、やはり否定的にならざるを得ない。

ただ、後年、慶次が著す『前田慶次道中日記』によれば、朝鮮人父子三名を召し使っていたことが明らかである。あるいは、朝鮮から捕虜として連行された人々であったかもしれない。

第四章 上杉家時代

白河の関路は越しつ旅衣
なお行末も人やすむらん

全国統一を果たした豊臣秀吉は、「唐入り」を推進する。

肥前名護屋城を基地として、諸大名の軍勢十五万余が続々と渡海した。しかし、戦況は次第に悪化し、国内外に厭戦気分がただよった。

秀吉は謀反の疑いありとして甥の関白秀次を自害に追い込んだ。

文禄の役に続く慶長の役の最中、秀吉はわが子秀頼と政権の行末を案じながら、病死する。

秀吉の死後、実力第一の徳川家康を抑えられるのは前田利家のみ、といわれたが、利家もほどなく病死した。

前田家を外交的に屈服させた家康は、国許で不穏な動きをみせる会津の上杉景勝に上洛を要請する。

ちょうどその頃、慶次はたった千石という知行で上杉家に仕えていたが、やがて彼の周囲で戦雲が動きはじめる。

上洛要請に応じない上杉景勝を討伐するため、家康は諸大名を動員し、東国へ下った。その間隙を衝いて石田三成らが毛利輝元を盟主に仰いで兵をあげた。上方の変事を知った家康は反転して、美濃関ヶ原で西軍を撃破した。

一方、慶次は上杉の家老直江兼続に従って出羽山形の最上義光を攻めていた。そこへ関ヶ原の西軍敗退の報が届いたため、撤退を開始。六十八歳の慶次は、自ら殿軍を買って出、追撃してくる最上・伊達連合軍と対峙する。

関連年表4

		前田慶次関連事蹟	その他の歴史的事件
天正十九年	1591		千利休切腹
文禄元年	1592		文禄の役
文禄三年	1594	前田安勝死去	九条稙通死去
			石川五右衛門処刑される
文禄四年	1595	直江兼続、佐渡金山の代官となる	蒲生氏郷死去
			豊臣秀次切腹
慶長二年	1597		慶長の役
慶長三年	1598	上杉景勝、会津一二〇万石に移封	蒲生秀行が宇都宮へ転封
		慶次、「知行写」に名を連ね上杉氏に属す	豊臣秀吉死去
慶長四年	1599	前田利家死去	
慶長五年	1600	慶次、直江兼続に属し最上攻めに従軍	関ヶ原の戦い
慶長六年	1601	慶次、上洛	
		上杉景勝、米沢三十万石に減封	

秀吉・利家の死

慶長三年（1598）八月十八日、豊臣秀吉が死去した。

織田信長の一部将として八面六臂の活躍を遂げ、ついには主君信長の後継となって天下を平定した英雄の最期であった。秀吉の死は、朝鮮出兵、後継者問題、五奉行（特に石田三成）と加藤清正・福島正則ら武将間の対立など、豊臣政権の将来に暗雲をもたらした。

盟友秀吉の死から半年あまり、五大老の一人に列して政務を執っていた前田利家も病没した。徳川家康に対抗し得る人物として、反家康陣営からは期待された利家であったが、家康との和議を結んだ直後に力尽きたのであった。

死に臨んで利家は遺書をしたため、一族はもとより主だった家臣たちの扱いについても細々と指示している。しかし、そのどこにも慶次やその家族に関する記述はみられないのである。内々の口上はあったかとは思うが、この時点で、慶次の存在はすでに前田家にとっては過去のものとなっていたのかもしれない。

もっとも、前田家のほうでは、それどころではなかった。

利家が没した翌日の閏三月四日、加藤清正・福島正則・浅野幸長・細川忠興・黒田長政・池田輝政・加藤嘉明の七名（一味十六名という説もあり）が石田三成を討ち果たそうとする動きがあった。利家の見舞いのため、前田邸に詰めていた三成が退去したところを狙おう、という意図だったらしい。三成は危ういところを佐竹義宣らに助けられて大坂を脱出し、いったん伏見の自邸に入った。一方、七将も伏見へ向かい、徳川邸へ参集し、三成弾劾の十一か条を提出した。さらに細川忠興・加藤清正・加藤嘉明の三将が、徳川家康に対して明日、石田三成を呼び寄せ、弾劾状を読み聞かせた後に成敗したいと言上した。

思案した家康は、本多正信を介して石田邸へ使者を遣わし、居城佐和山へ退隠すべき旨を伝えた。なおも加藤・福島らが待ち受けて、三成を途上で討ち果たそうとする風聞があったため、家康の次男結城秀康が警護にあたった。三成は無事に佐和山へ引き移り、政治的には一線から退いた形となった。

時を置かずして、前田家も政治的策動に巻き込まれた。

父にかわって大老に列した前田利長は、三年間大坂城にとどまれという父の遺命に背いて、その年の八月に帰国してしまう。

真偽のほどは不明だが、秀吉の遺児・秀頼の生母淀殿に利長を配し、秀頼の養父に擬して徳川家康の権勢に対抗しよう、とする豊臣家奉行衆の思惑があった。これを察知した家康は、大坂城内を巡検中に門や櫓が新築されているのを見咎めて、前田利長への不信感を露《あら》わにした。驚いた利長は細川忠興の助言によって窮地を逃れた（『綿考輯録《めんこうしゅうろく》』）。秀吉亡き後、利長も淀殿もまったく預かり知らないところで、事態は推移していたのである。

翌月には、徳川家康による加賀遠征が企図されるが、利長は家臣横山長知を派遣して弁明にあたらせ、生母芳春院を人質として江戸へ送り、危機を回避した。

上杉景勝と直江兼続

前田慶次に関する史料の残存状況は、彼が上杉家に身を寄せていた関ヶ原前後にひとつのピークを迎える。それらの史料に接することにより、上杉景勝とその家老直江兼続が、前田慶次の生涯においてもっとも関わりが深い人々であったとみる傾向が強い。

上杉景勝は越後の戦国大名上杉謙信の甥にあたる。謙信には実子がなく、姉の子である景勝を養子とした。景勝は天正六年三月、謙信の急死により、家督を継承した。

しかし、当主の座について間もなく、もう一人の養子景虎（北条氏康の子）を擁立する勢力との間で抗争（御館の乱）がおこった。越後を二分する合戦は一年余も続いたが、景勝はこれに勝利した。

越後を完全に掌握する間もなく、景勝は西から織田信長の攻勢に曝《さら》されることとなった。

景勝は謙信以来の盟友である常陸の戦国大名佐竹義重に対し、

「景勝はよき時代に生まれました。六十余州の兵を相手に越後一国をもって支え、滅亡を遂げるのは今生の思い出となりましょう。もし、万死に一生を得た時は、天下の誉れと面目をほどこすことになると思います」

と、書状を送っている（「佐竹文書」）。

本能寺の変によって、信長が斃れ、中央政局が混迷したため、景勝は危地を脱した。やがて、信長の後継者となった豊臣秀吉の傘下に入り、越後・佐渡・庄内の領有を認められたのである。

景勝は小柄な体躯、ふくよかな顔、月代を大きく剃り、眼光は人を威圧したという。

普段は寡黙で、周囲の者たちは笑顔をみたことがないというほどだった。また、人が多勢たむろしている場を嫌い、殿中では屏風を立ててその中に座していたという。しかし、戦場にあっては幕の内で高鼾をかきながら眠るほどの豪胆ぶりであった。

一方、直江兼続が確実な文書に登場してくるのは、天正八年頃のことである。御館の乱で景勝を支えていた奉行衆が、西から迫ってくる信長軍に対応するべく、越中へ派遣され、かわって側近として台頭してきたのが兼続であった。

本姓は樋口氏だが､天正九年､刃傷事件で果てた直江信綱の未亡人（お船の方）を娶り、直江家の名跡を継いだ。

兼続は「大男にて百人にもすぐれたる勿体」であったというから、なかなかの偉丈夫だったのだろう。天下の仕置もこなせると認められるほどの器だったといわれているが、陪臣の身でありながら、諸家の間での認知度は抜群であったらしい。俗に三十万石との身代といわれるが、実際の知行は六万石（関ヶ原合戦後は三万石）であった。

慶次との共通点はやはり好学の士であったということであろう。

妙心寺の南化玄興と交わり、その好学ぶりを賞されている。現在、国宝となっている宋版の『史記』『漢書』『後漢書』は南化から兼続へ譲られたものである。徳川家康も蔵書家としての兼続を頼り、五山の僧などを通じて漢籍の所蔵照会をしたこともあるほどだった。

後に兼続は「直江版」と称する開板事業を行い、『文選』を刊行しているが、これはわが国初の銅活字による出版であるといわれている。

兼続は軍師、謀将を冠して語られることが多いが、本質はすぐれた政治家であると同時に、学者でもあったといえよう。

会津征討

慶長五年（1600）になって、上杉家が牢人を多数召抱えているという訴えがあり、豊臣家大老筆頭徳川家康との間で、上杉景勝の上洛問題が浮上することになる。

越後から会津へ国替えとなって日も浅かった上杉家では、両三年は在国してよいとする秀吉の許可を掲げて、なかなか上洛督促に応じようとはしなかった。

徳川家康は伊奈図書・河村長門の両名を使者として会津へ派遣する一方、相国寺の西笑承兌《さいしょうじょうたい》（豊光寺塔主）を大坂へ呼び寄せ、上杉の家老直江兼続に宛てて書簡をしたためさせた。

承兌の書状は、上杉景勝の上洛が遅れていることについて内府様（徳川家康）が不審を抱いていること、神指原《こうざしはら》の築城や諸口の橋作りの真意、景勝は起請文を差し出すこと、前田利長が異議を申し立てた件（先に横山長知をして異心がないことを釈明したことを指す）も内府公の思し召しによって静謐《せいひつ》となったこと等が箇条書きにされていた。

承兌の書簡に対する直江兼続の返書が、世にいう「直江状」である。

全文十六か条におよぶ長大なものだが、直江兼続の主張は、

「上杉家は会津へ移って日も浅い。太閤殿下から国替えを命じられた際、三年間は在国してよいという許可を得ている」

「景勝は律義者で通っております。秀頼様に対して何で謀反など企みましょうか」

「誓詞を提出せよというが、そんなものはもう何度も書いております。それを反故にしているのはどこの誰でありましょうか」

「橋を架けたり道を整備するのは領主として当然のつとめです」

「武器を集めているのは田舎武士のたしなみというものである。上方の武士にならって茶道具でも集めよと申されますか。それこそわが主人景勝には不似合いです」

「景勝の上洛を命じる前に、讒言《ざんげん》者の糾明をきちんとしていただきたい」

といった点に集約される。

その内容については真偽をめぐる論議がある。しかし、現在伝えられている通りの文面であったかどうかは別として、兼続の返書が存在し、

その内容について徳川家康の不興を買ったことは事実とみてよいと思う。
五月七日、長束正家・増田長盛・徳善院・中村一氏・生駒親正・堀尾吉晴は、
「今度の直江兼続の不届きな所行に、内府様が御立腹あそばされるのはもっともなことです。しかしながら、これまでも特に問題はなく、今回のことはまことに田舎者ということから、無礼なふるまいに及んだものです」
と、家康の上杉征伐への自重を促している。
さらに、『鹿苑日録』の慶長五年五月十一日条に、
「その日、豊光寺の長老（西笑承兌）がお戻りになり、直江兼続の書状に対して、返事をしたためた」
とあることで、直江兼続からの返書（直江状）が確かに存在し、さらに最後通牒が西笑承兌からつきつけられたと考えられる。
この時の西笑承兌の最後通牒は残っていないようであるが、六月十日には上杉景勝が安田能元・甘粕景継・岩井信能・大石元綱・本庄繁長らおもだった家臣たちに宛てて、上洛を秋まで延期することや、讒言者の糾明といった主張が一切認められず、上方と手切れとなった旨を伝えている（『上杉家御書集成』）。
六月中旬には伏見留守居の千坂対馬守から、徳川家康が会津攻めを正式に決定し、諸将を集めて攻め口の担当を割り当て、近日中に進発すると通報してきた。千坂の見込み通り、家康は六月十八日に伏見を出立、七月二日に江戸城へ入った。そして、奥羽諸大名に上杉領への出兵を促し、二十一日には自ら会津へ向けて出陣した。
西軍挙兵の報は六月十九日に東国へもたらされているが、すでに征討軍の先鋒は宇都宮に達していた。このため、家康としては、上方の状況を心に懸けながら北上を続け、二十四日下野小山の陣に諸将を集めて去就を問い、改めて自分の味方にひきつけておく必要があったのである。

上杉家仕官の時期

諸大名の軍勢がひしひしと会津を取り詰める一方、上杉方も白河方面に兵力を集中し、防備を固めていたが、会津攻めの推移を追う前に、慶

次の再登場について記しておきたい。

慶次の交友関係ということになると、第一に上杉家の家老直江兼続をあげなければならない。

慶次が上杉家へ身を寄せたのは、直江兼続の知遇を得、その推挙によって上杉家へ迎えられたというのが一般に知られている経緯である。知行高は五千石であったといわれる（『鶴城叢談《かくじょうそうだん》』）。

しかし、実際のところ慶次がいつどのようにして兼続と知り合ったのか、経緯を知ることができる史料は見当たらない。

連歌、あるいは書籍への愛好が二人を接近させたと考えるのが妥当であろう。おそらくは、慶次・兼続共通の友人の仲介があって、お互いを知ったのではないかと思う。共通の友人は誰かといえば、細川幽斎、里村紹巴《じょうは》、南化玄興《なんかげんこう》あたりが有力な候補となるのではないか。

また、上杉景勝の上洛問題が取沙汰されている間に、慶次は戦雲を求めて上方から奥州へ下っていったとも解されている。

しかし、この時期、慶次が上方にいたことを示す確実な記録はない。また、上杉攻めの直前に、はるばる京都から会津まで下っていく点もあまり現実的でないように思える。

慶長三年（1598）十月吉日の奥書がある『知行写』（市立米沢図書館蔵）には、すでに前田慶次の名が長井郡の項に記されている。慶次と同じく組外衆の一人であった車丹波や、ともに最上御陣を戦うことになる上泉主水の名もある。つまり、慶次が上杉家に身を寄せたのは、慶長三年十月以前であり、時期的には上杉家の会津入部間もない頃であったと考えられる。

上杉家が越後から会津へ移封を命じられたのが、慶長三年正月のことであった。家中の内紛が表面化した蒲生氏を宇都宮へ減転封し、かわって上杉氏が入ることになったのである。越後は上杉氏のあと、堀・村上・溝口ら数家が移ってくることになった。

人的な移動は三月末でほぼ完了し、同じ頃、滞京中だった上杉景勝もはじめて会津へ入部した。この間、兼続は石田三成とともに転封の指揮をとっていたが、蒲生秀行の家臣で米沢を領していた蒲生四郎兵衛郷安とその家来の引越しについて、梁沢村・川井村・桑山村・長手村の肝煎に宛て、人夫・伝馬の便宜を図らせている（『上杉家御年譜』）。

前会津領主であった蒲生氏はもともと家中に大名級の大身が多い上に、九十二万石から十二万石への大減封である。蒲生郷安のように全員が宇都宮へ移るわけにはいかなかった。

蒲生家旧臣で上杉家に従った人は相当数いる。たとえば、慶次とともに組外衆に名を連ねる車丹波は、蒲生氏郷の家臣蒲生郷可に身を寄せていた。郷可は米沢の北方、中山城の城代だった人物で、蒲生家の転封によって宇都宮に去った。しかし、車丹波はそのまま残留し、上杉家に属したのである。

慶次の場合も、近江という地縁を頼って蒲生家に寄食し、すでに会津または米沢、あるいはその至近に居たという可能性は考えられないだろうか。

たとえば､慶次が前領主である蒲生氏に従っていたと仮定してみよう。

天正十八年（1590)、蒲生氏郷は会津四十二万石を秀吉から拝領し、伊勢松阪から移った。慶次は同じ年、利家に従って奥羽検地に赴いている。慶次の出奔はその直後のことであった。

翌天正十九年には、氏郷は九十二万石に加増され、大量の家臣を召し抱えなければならない事情があった。

慶次の名は蒲生家の分限帳にはみえないが、それも前田家から「奉公構《ほうこうかまえ》」にされていたからこそ、記録に残らない非公式の身分だったのではないだろうか。

さらに慶次の場合は、宇都宮に彼が「旧友」と呼ぶ特権商人庭林《ていりん》氏がいる。庭林氏については次章「前田慶次道中日記の世界」で詳しくふれるが、同氏は会津方面での活動も史料からうかがわれる存在である。慶次が広範に活動していた宇都宮の特権商人と交流があるという点は、一時期、会津時代の蒲生氏に従っていた可能性を示唆しているのではないか。

手土産は土大根

慶次がはじめて上杉景勝のもとへ伺候した時、手土産として土大根三本を差し出したという。『常山紀談』は「初て目見する時、土大根三本臺《だい》に居て出しけり」と書くのみだが、

「私は、この土がついた大根のようにむさ苦しいなりをしておりますが、噛めば噛むほどに滋味が出てまいります」
と告げたという。

一般には、直江兼続との親交があって、彼の推挙によって上杉景勝のもとへやってきたと理解されているが、管見のかぎり関ヶ原以前に直江兼続と前田慶次の個人的な交流をうかがわせる史料（たとえば私信や連歌会に同席している記録）が見当たらない。

その中で、山鹿素行の記述は、かろうじて慶次が直江兼続とは初対面ではなかったようなニュアンスを含ませている。

折ふし九月重陽の事なるに、二間有余の大台をもたせて面謁の礼に来るものあり。何者とやとみれば、挟箱より土の付きたる大根を三本取出してこれをすゑたり。取次の者しかじかと云ひければ、直江出でて対面すれば、忽之斎也ければ、則ち景勝に申す。景勝慇懃に礼を加ふ」

『山鹿語類』

その日は重陽の節句にあたっていたが、二間あまりの大台を従者に持たせて面会を乞う者があった。何者かとみれば、来訪者は挟箱から土がついた大根を三本取り出して、これを大台に据えた。その様子を取次の者から聞いた直江兼続が出てみると、忽之斎すなわち慶次であったので、さっそく上杉景勝に目通りさせた。景勝は慶次の土産である大根三本の礼を慇懃《いんぎん》にのべた。

慶次の所作も人をくったものであるが、それに動じない景勝の度量も大したものである。このような懐のふかさが、慶次の気に入る要素だったのではないか。

ただし、いくら何でも直江軍が最上攻めに発向したといわれる重陽の節句（九月九日）の当日に上杉家へ来訪したということはあるまい。

平素の慶次の服装は、夏でも二幅の長袖の帷子《かたびら》を着用していたという。長袖というのは、武士が鎧を着る際に、衣服の袖をくくって短くするのに対し、公家、僧侶、神官、学者など常に袖の長い衣服を着ている者たちを指していう言葉である。やや嘲りの意味をこめて使われることが多く、たとえば織田信長は文書の中で、激しく敵対した石山本願寺をしばしば「長袖」と呼んでいる。
いわば異装に身を包んでいたわけであるが、これも慶次の屈折した心情の発露であろう。

大ふへん者

最上攻めに加わった慶次は、白四半に「大ふへんもの」と大書した旗を用いていた。
これを咎めたのは、『東国太平記』では上杉家中の平井出雲守、金子次郎右衛門の二人となっている。平井・金子の言い分は、
「天下に謙信公以来の武士の花の本といわれる上杉家にあって、新参者の前田慶次がこれみよがしに大武辺者という文字を指物に用いるのはけしからん」
というものである。
平居と金子は慶次の旗を踏み折ってくれよう、と息巻く。
これに対して慶次は、
「これだから、田舎者はこまる。『ふ』と読むべきところを『ぶ』と濁り、『べん』と読むべきところを『へん』と読むからおかしなことになるのだ。まったく、かな文字の清濁もわきまえぬとは。わしは、長年の浪人暮らしにて、手元不如意であるため、『大ふべんもの』と申しておるのだ」
と、言い訳している。
なお、この逸話は、江戸時代初期に安楽庵策伝がまとめた笑い話集『醒《せい》睡笑《すいしょう》』に採られている。ただし、『醒睡笑』では慶次の名はなく、ある侍の話となっている。
ちなみに『醒睡笑』の著者安楽庵策伝は金森長近の弟であるといわれ、後に慶次が連歌興行をした誠心院に隣接した誓願寺の住職となっている。
『醒睡笑』には元和九年（1623）の自序があり、『武《ぶ》辺《へん》咄《ばなし》聞書《ききがき》』『東国太平記』等に先行する書物であることは明らかだ。策伝の著書にあたった国枝清軒らが、これを引き写した可能性はきわめて高いように思われる。

林泉寺の僧を懲らす

林泉寺の僧と「しっぺい」を賭けて碁で勝負をし、勝った慶次が相手を昏倒させた逸話も「慶次伝説」の中ではわりと知られているほうであろう。

林泉寺に上杉景勝の帰依をかさにきた高慢な僧がおり、上杉家中の侍たちは「一度、はりとばしてやりたい顔である」と評していた。米沢へやって来たばかりの慶次がその評判を聞いて、ならば自分がその役目を果たしてやろうとうそぶき、林泉寺に出かけていった。

慶次（『武辺咄聞書』によれば､巡礼に身をやつしていたという。）は、林泉寺を訪れると、まず、庭の築山を拝見したいと申し出た。

庭を見物しながら、即興で五言絶句などをつくって示すと、件の僧は賞嘆して招き入れ、歓待した。

四方山《よもやま》話に時を過ごしつつ、慶次は客殿の縁に置かれている碁盤に、たった今気づいたふりをして、そちらへ話題を移した。

「碁をおやりになりますか」

僧が対戦を申し込んだ。内心ほくそ笑んだ慶次は、

「勝った方が負けた方の鼻にしっぺいをするというのはどうですか」

と、賭けを申し出た。慶次の誘いに、僧は興が乗ったらしく、これを承諾した。

最初は慶次が負けた。慶次は顔をつきだした。

「さらば、お約束の通り、私の鼻へしっぺいをお当てくだされ」

「お約束ではありますが、沙門の身で人をいためるのは気がすすみません」

と、僧が固辞する。

慶次が、それでは面白くありません。是非に、と無理にすすめる。僧はしぶしぶ慶次の鼻梁を指で軽くはじいた。

二度目は慶次が勝った。僧は、

「さあ、今度は拙僧にしっぺいを当てなされ」

と、顔をつきだす。ところが慶次は、

「御坊にしっぺいを当てるなど、仏の身に狼藉を働くのと同じで、後生が恐ろしくなります」

と、しりごみした。
それでは僧のほうがおさまらない。
「約束が違う。そのほうへしっぺいを当てておいて、拙僧が免れるというのは道理にあいません。ぜひ、しっぺいを」
と、慶次を促した。
それでは恐れながら、と慶次はにぎり拳をつくり、やおら僧の目と鼻の間を「割れよ砕けよとはったりける」という挙に出た。
僧は鼻血を噴いて昏倒し、慶次はその場から逃散した。
さて、この逸話からでは、林泉寺の僧が果たして評判の悪い人物であったのかどうかがみえてこない。憎々しげなところが具体的に説明されていないばかりか、僧の身で巡礼（に扮した慶次）を傷つけるのはいかがなものか、と遠慮する。慶次にしっぺいを強いられても、ちょこんと鼻の頭を突く程度の遠慮深いところがある。
二回戦では、今度は慶次が自らいい出したくせに、しっぺいを渋る。今度も僧は、自分が負けてもしっぺいを免れるというのはよくない、と公平性を訴える。
その挙句、慶次の鉄拳を喰らうのであるから、何だか林泉寺の僧侶が気の毒に思えてくる。
ただし、林泉寺の僧侶が悪者に仕立てられている理由には、根拠があるように思われる。林泉寺は上杉氏の会津移封からやや遅れて、越後から移ってきた。後には直江兼続の菩提寺であった徳昌寺との間に訴訟沙汰がおこり、相手を越後へ追い払っている。このあたりの寺社間の軋轢《あつれき》が関係して、前記のような逸話が発生したのではないだろうか。

朱柄の鑓五人衆のモデルは

先に「大ふへん者」の指物について、上杉家の侍たちが慶次に文句をつける話を紹介したが、今度も似たようなパターンである。
慶次が朱柄の鑓を用いているのに異議を申し立てた四名の上杉家臣の話が『武辺咄聞書』などの逸話集に出てくる。四名は、
「謙信公の御代より、朱柄の鑓は人みな遠慮する家風であるのに、新参者の前田慶次にお咎めなくこれを許せば、ほかへの示しがつきません」

と、景勝に訴えた。
「前田慶次は利家に近い一族でそれなりの身分ある者だ。加えて新参者だからこそ家風を押しつけるのはよくない。気がおさまらないというのであれば、そのほうらも心任せに朱柄の鑓を持つがよかろう」
と、景勝はあっさり四人の者に朱柄の鑓を許可した。
この逸話に登場する四名は、水野藤兵衛、薤塚《にらつか》理右衛門、宇佐美弥五左衛門、藤田森右衛門である。
水野藤兵衛重俊は『東国太平記』によれば、慶次同様、京都から下向したとある。上泉源五郎組内旗本衆として水野七右衛門（禄高四百石）があるが、同一人物かどうかはわからない。
薤塚理右衛門の名もみえないが、上泉源五郎組に薤塚左馬介（禄高百石）、上泉源五郎組内寄合組に薤塚対馬守（禄高二百石）がいる。
宇佐美弥五左衛門も名がない。ただし、河田玄蕃組に宇佐美勘右衛門（禄高二百三十石）がいる。宇佐美勘右衛門は「文禄三年定納員数目録」にも「九人三分　八十八石三一斗二升」と記載があるため、越後時代から上杉家に従っていたことがわかる。
宇佐美を称した大関定祐の著『北越太平記』には「前田慶次、韮塚、水野、藤田と一所に鑓を合たる宇佐美弥五左衛門は、元来尾張宇佐美なり。上杉家より暇出、越前の黄門様（結城秀康）へ召しだされ、落合美作組になり、摂州両御陣にも手柄あり」と紹介されている。結城秀康の家中にみえる「宇佐美次郎右衛門」という人物がこれに相当するかと思われるが、上杉家における事蹟は大関の創作である可能性が高い。このほか軍記ものには宇佐美民部・藤三郎父子が登場するが、弥五左衛門とは区別されているようである。
藤田森右衛門も名がないが、若松衆の中に藤田九右衛門（禄高三百石）がいる。また、庄内方面で下次右衛門の配下として、藤田守右衛門尉という人物がおり、直江兼続が彼の戦功を賞している（『山形県史』鶏肋編）。あるいは、庄内方面の事情に詳しかった軍記作者が藤田の名を借りて朱柄の鑓五人衆のうちに加えてしまったのかもしれない。
ほかの面々についても、いずれも百石から四百石の中堅クラスで、慶次とは禄高の面でも知名度においても釣り合わないこと甚だしく、モデルとするのも躊躇《ちゅうちょ》してしまう。

結局、慶次とともに朱柄の鑓五人衆を形成した面々については、それらしい姓を見出すことはできるものの、実在性すらも覚束ない状況である。

慶次と組外衆の顔ぶれ

慶次は上杉家において、正規の組、たとえば上杉景勝の親衛隊ともいうべき五十騎衆や、直江兼続の直属である与板衆、あるいはほかの重臣たちの配下となっていたわけではない。

慶次が身をおいたのは、組外衆（くみほか、くみはずれ等と呼ばれる）という、上杉家の会津転封に際して、新規召抱えとなった牢人たちが集められた、にわか編成の部隊だった。

では、実際、慶次が属した組外衆にはどのような人々がいたのか。

市立米沢図書館所蔵『慶長五年直江山城支配長井郡分限帳』（以下、『直江支配』と記す）中に、組外衆の筆頭として「千石　前田慶次」と記されている。

同分限帳には仙道筋に差し置かれ、後に最上口へ移動した部将も記されている。また、上杉領全域の分限帳である『知行写』が附録として合冊されている。こちらには慶長三年（1598）十月吉日の奥書があり、上方へ出奔することになる藤田能登守の名もまだ記されている。

したがって、『直江支配』および『知行写』は、最上攻めの準備や、まして徳川家康との手切れなどを具体的に想定したものではなかろう。上杉家が会津へ移封され、牢人衆を多く召抱えた時期に、諸国境の守備、城主の名など版図の概要を記したものが『知行写』であり、そのうち、兼続が自身の軍事指揮下に入る者たちの名簿を作成させたものが『直江支配』である、と考えたほうが妥当であろう。

『直江支配』のうち組外衆の部分を列記しておく。

組外衆の石高

石高	人名
千石	前田慶次、堀兵庫、車丹波
五百石	河原喜右衛門
三百五十石	安部久右衛門
三百石	車三弥
二百石	長野左近、芦谷金太夫、不破小右衛門
百石	赤塚休庵、渡部三左衛門、宮野助三、松本九右衛門、原田庄太夫、奥理助、今中小太夫、大西与惣、上野三太夫、森次左衛門、巣田庄左衛門、野崎彦左衛門、佐藤長左衛門
百五十石	御宿勘右衛門
百五十石	神尾長兵衛
五十石	新勘之丞

総勢二十五名であるが、このほかに「二百五十石　小荒田弥次衛門」の名が加筆されている。小荒田を含めれば二十六名であるが、『上田士籍』の組外衆の項では記載がないため、参考として掲げるにとどめる。

ちなみに組外衆としては、慶次と車丹波のみが『知行写』の長井郡の項に記された二十名の末尾に名を連ねている。両名が組外衆の触れ頭ととらえてよいであろう。

『知行写』の石高

石高	人名
一万石	色部与三郎（金山城代）
五千石	中条与次（鮎貝城代）、春日右衛門（高畠城代）
三千石	鮎川与四郎、直江与次郎、樋口伊予守、沢田九郎太郎、横田式部少（中山城代）
二千五百石	柾木大膳
二千石	才伊豆守、横田大学、大岩新右衛門
千五百石	篠井弥七郎、上泉主水
千石	壬生刑部左衛門、河田玄蕃、本村造酒丞、蓼沼右衛門、前田慶次、車丹波守

車丹波と堀兵庫

組外衆の中で、千石の禄高となっているのは慶次、車丹波、堀兵庫の三名である。

常陸浪人の車丹波ははじめ蒲生氏郷に仕えていたが、氏郷の子秀行が宇都宮へ転封となった時、会津に残留して新領主の上杉景勝に仕えた。慶次に劣らぬ反骨の士で、喧嘩沙汰をおこして氏郷から一時勘気を蒙ったこともある。関ヶ原戦後は、常陸に戻って一揆を指導し、水戸城奪取を企てて失敗、一族もろとも刑死した。

堀兵庫は『直江支配』では慶次に次いで二番目に名があがっている。ただし、『知行写』では堀兵庫は記載されていない。

素性ははっきりしないが、蒲生旧臣に堀源助の名がある。堀源助との関係ははっきりしないが、車丹波同様に、堀兵庫も蒲生家から移った可能性は高いように思う。上杉家が会津へ移封された際、謙信の代からの武功の士が多く他界していたので、蒲生牢人を召抱えたいという事情があったようだ。

『直江支配』の組外衆は、前田慶次・堀兵庫・車丹波の三名が千石で別格の扱いといってよい。たとえば、車丹波の一族と思われる車三弥の存在から推して、組外衆の構成は前田・堀・車の三者の混成ではなかったか。

つまり、慶次の従者、家臣ともいえる人々が入っているのではないか。そこで、慶次に従って会津へやってきたとおぼしき人々をひろいだしてみよう。

まず目につくのは、次のような人々である。

河原喜右衛門（禄高五百石）
原田彦大夫（禄高百石）
野崎彦左衛門（禄高百石）
不破五右衛門（禄高二百石）
神尾七左衛門（禄高百五十石）

いずれも加賀前田家の家臣にもみられる姓で、これらの人々がまったく地縁がないといっていい出羽長井郡において慶次と同じ組に連なっていることは偶然ではないだろう。

おそらく、前田家を出奔した際、慶次につき従った者たちではないだろうか。たとえば、野崎彦左衛門は、後に慶次について記した野崎八左衛門知通と同一人物か、あるいは縁者ではないかと考えられる。

また、野崎の遺記については後述するが、それによれば、大和に蟄居した慶次は「浅野・多羅尾・森」の三名の従士を加賀に戻したとある。組外衆には森次左衛門（禄高百石）の名がある。

無論、前出の人々の経歴が明らかにならない以上、慶次につき従ってやってきたと断定することはできないが、組外衆という、いわば外人部隊に編入された点からしても、その可能性は高いと考える。

いずれにしても、ある程度の人数が慶次につき従って上杉家へやって来ており、その中には、関ヶ原合戦の翌年、『前田慶次道中日記』に記された京都から米沢へ赴く行程において、同行した者もいたことであろう。この点、慶次は浪人とはいっても内実は裕福であり、相当の従者を揃え、体裁を整えていたのであった。時代劇に登場するような食いつめ浪人のようなイメージとはまったく違うということを付記しておきたい。

山上道及の名はみられず

『一夢庵風流記』では、出番がわずかながら強い印象を残すのが、山上道及である。作中では慶次とは関東にいた頃からの旧知の仲ということになっている。

号は道牛が正しい。はじめ藤七郎、実名は氏秀、照久、綱勝などが伝わっている。上野国山上城を拠点とした山上氏の一族で、永禄年間に北条氏康によって城を追われた（『上州故城塁記』）。氏秀は下野に逃れ、佐野氏の家老をつとめた。天正七年（一五七九）には上洛して、亡き主君佐野昌綱の肖像画を発注している。昌綱の後嗣宗綱が天正十二年に北条氏との戦いで戦死すると、佐野家は当主不在となった。やがて、北条氏から養子を迎えようとする佐野八人衆を中心に、これに反対する昌綱の弟天徳寺宝衍を追放した。佐野八人衆の中には山上美濃守という人物がいるが、山上一族の中でも立場が割れたようである。山上道牛は天徳寺宝衍に従い、上洛して豊臣秀吉に謁見。豊臣秀吉の小田原攻め前後には、関東や奥羽への申次のような立場にあった。天正十四年には、秀吉の使者として北関東・奥州の諸大名のもとへ赴いたこともある。

山上道及は『關原軍記大成』『東国太平記』『可観小説』などには「三度首供養をしたる者」として名がある。首供養とは三十三の首級をとった者が行う儀式で、それを三度も行ったというから、よほどの剛の者であったのだろう。

前記の軍記・逸話集では、関東牢人・山上道及が上杉方に加わったと記されている。

しかし、『直江支配』には記載がない。もし最上陣に従軍していたとするならば、諸方に差し置かれた組外衆ではなく、同じ上州出身ということで、上泉源五郎（主水）組に入っていた可能性があるが、その名を見出すことができない。

最上御陣にいたるまで

上方における西軍挙兵の報に接し、徳川家康率いる会津征討軍が反転したため、革籠原《かわごはら》を主戦場に想定した決戦は行われなかった。

八月四日以前には、上杉方も東征軍の主力が下野小山の陣を引き払ったことを知った。

この時、直江兼続は主君上杉景勝に追撃を主張したが、容れられなかったと伝えられている。上杉家の当面の脅威は北の最上氏、東の伊達氏ということになった。

神指城普請の奉行を勤め、同時に東征軍の動静をうかがっていた大国実頼からの書状に接した兼続は、実頼が下野国鶴淵へ物見を出したことを賞した上で、城を鹿沼右衛門に渡すこと、また、松本実輔を只見城在番の佐藤甚助に附属せしめて、越後への侵入を指示している。この後、実頼は兼続の命で米沢へ呼び返されることになる。自身が最上領へ入った後、米沢の守備を託したものであろう。

これに先立って、兼続の指示で、隣国越後では上杉旧臣たちが指導する遺民一揆が蜂起していた。しかし、上杉家の目的は本国越後の奪回ではなかった。兼続は八月四日までには、越後国内の一揆蜂起の知らせを

関ヶ原合戦直前の東北勢力図

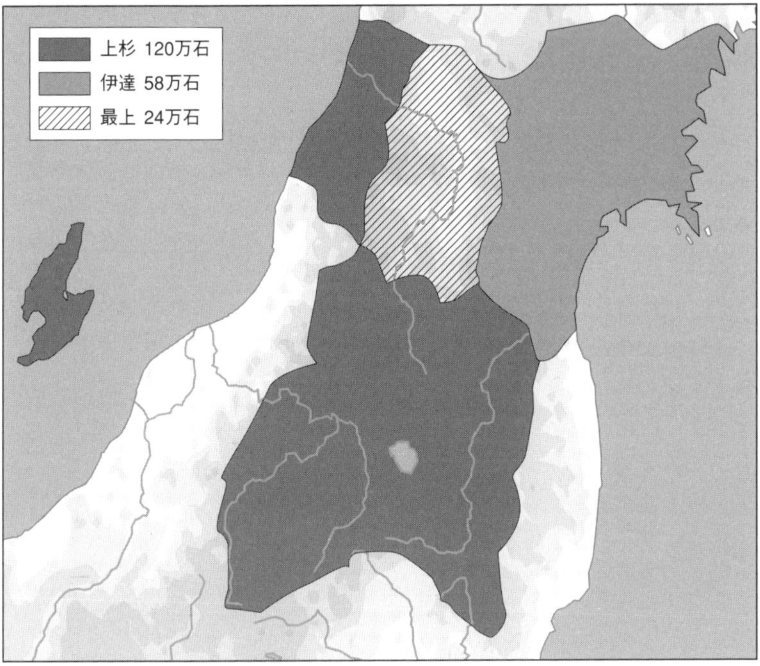

受け取っていた。そして、家臣山田喜右衛門に対しては、

「そのほうは、越後へ出陣することは無用である。また、一揆のために多くの人数を遣わすことも無用である。こちらの目的は最上義光と伊達政宗を討ち果たすことが専一である」

と厳命している（『新潟県史』三二二九）。

この時点で、前田慶次の動向ははっきりしないが、瀬ノ上（福島市瀬上町）の合戦で慶次が戦功をあげ、虎の皮を景勝より申し受けた、と山鹿素行が『山鹿語類』で記している。事実であれば、慶次もまた、上泉主水らと同様、仙道筋から最上口への移動を命じられたことになろう。

また、七月晦日《みそか》、まだ仙道筋にあった上泉主水泰綱が同月二十五・二十六日の伊達勢との合戦における「頸注文」を作成している。上泉主水は、上野国大胡の領主で剣豪でもあった上泉伊勢守信綱の孫である。関東で深谷上杉氏に属していたが、同家が小田原北条氏に服属するとこれに仕え、天正十八年（1590）、主家滅亡によって浪人となった。慶長二年（1597）、上杉家譜代の筋をもって上杉景勝に仕えた。

直江兼続が最上攻めを敢行した目的については、会津・庄内・佐渡と飛び地である上杉領を、最上領併呑《へいどん》によって一体化させようという遠大な戦略があったとする意見もある。

しかし、現実には出羽の秋田実季と最上氏が提携して、庄内を攻めるという動きがみられたため、これを牽制するべく、最上領へ侵攻したと考えたほうが妥当だろう。

慶長五年（1600）七月七日、徳川家康は秋田実季に対して、会津出陣の折には最上氏の指揮下に入るように命じている。これを請けて、秋田実季は最上領院内まで出陣した。あわせて、下野小山の徳川家康本陣へ使者を遣わし指示を仰いでいたが、これに対して榊原康政が庄内へ出陣するよう求めた。この間に、西軍挙兵の報がもたらされたためである。

いったん帰国した秋田勢は、榊原康政から庄内出兵を指示されていたものの、徳川家康から在国するようにとの黒印状を受けていたため、軍事行動を控えていたようだ。

これに対して、八月二十二日、有馬則頼・榊原康政らが相次いで庄内出兵を秋田実季に要請した。

ところが、実際には庄内へ至る道筋に小野寺・戸沢の諸氏が兵を集めており、通行が遮断されていたため、秋田勢は動きがとれなかった。

『上杉家御年譜』では、兼続が水原常陸介、および慶次と軍議を凝らし、最上・伊達にあたることを決定したと記している。同書によれば、最上義光が伊達・南部と連繋して上杉領へ攻勢をかけるという情報を入手し、先んじて一方の敵（最上氏）へ打撃を加えようという目的であったらしい。これにともない、兼続は福島に差し置かれていた上泉主水や与板衆の本村造酒丞らを米沢へ移動させた。

一方、最上義光は八月十八日、直江兼続に対して書状を遣わし、最上領への軍事行動をやめるよう訴えた。

「自分は今日にいたるまで上杉領へ足軽一人も出してはおらぬ。仙道筋では伊達政宗が一郷二郷を掠め取っているのに、そちらを差し置き、拙者に対し軍勢を差し向けるとは迷惑と存ずる」

さらに和平の証人として嫡子を送ってもよい、と最上義光は追記している。

兼続は最上から「懇望之儀《こんもうのぎ》」があったとして、いったんは出陣を延ばしていた。が、九月八日には景勝側近の清野助次郎に対して最上出陣を通達し、景勝にこの旨を披露してくれるよう依頼している。

最上御陣にいたるまで

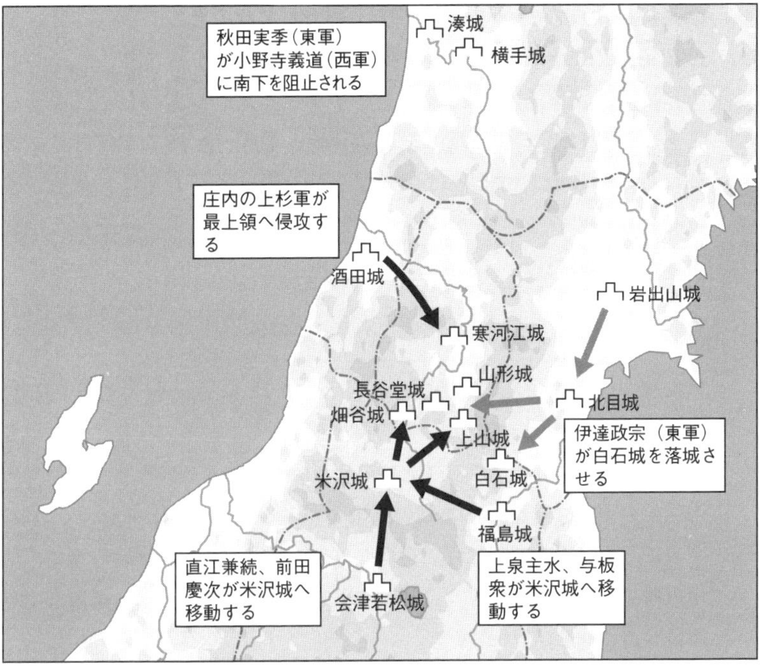

慶次の軍装

慶次が使用したといわれる武具はわずかしか伝わらない。米沢の宮坂考古館所蔵「朱《しゅ》漆《うるし》塗《ぬり》紫《むらさき》糸《いと》素懸《すがけ》威《おどし》五枚胴《ごまいどう》具足《ぐそく》南蛮笠式《なんばんかさしき》」はその代表的なものである。

特に目をひくのは、編み笠形の兜、左右に張った肩当とその下から垂れている袖にあしらった金色の鱗である。

米沢には、ほかにも慶次の甲冑といわれるものが一領（細部は異なっているが、宮坂考古館所蔵のものと同型）あるが、こちらは非公開となっているようである。また、石川県には、泉鏡花が旧蔵していたという

「朱漆塗《しゅうるしぬり》紅糸威《あかいとおどし》二枚胴《にまいどう》具足《ぐそく》」がある。

最上陣に臨む慶次のいでたちを、『北越軍記』『上杉将士書上《かきあげ》』『可観小説』などが記している。ここでは、いちばん詳細な『北越軍記』の記述を中心に、慶次の軍装を描写してみたい。

> 黒具足に猿皮の投頭巾をかぶり、猩々皮《しょうじょうひ》の広袖の羽織に、背に金の切裂にて曳き、両筋を縫、金のいらたか数珠を衿に掛、珠子のとめには金の瓢単を付て、後へ下たりける。瓦毛の馬の七寸ばかりなるを、野髪にして銀の頭巾をかぶらせ、朝鮮鞦《しりがい》掛てぞ乗たり。乗替は鳥黒の馬の二寸五分ばかりなるが、殊に太逞しきに、梨地の鞍置せ、段子のタクに糧米干味噌を入れて、三頭に掛、種子島二挺鞍所に付て牽せたり
>
> 『北越太平記』

> 黒糸縅《くろいとおどし》の具足に猿皮の投頭巾をかぶり、袖のひろい猩々緋の羽織を着け、背中には両筋を縫いつけた金の切裂きをたらしている。衿には金のいらたか数珠をかけ、金の瓢箪でとめている。乗馬である四尺七寸ばかりの河原毛の馬は、野髪のまま銀の頭巾をかぶらせ、朝鮮鞦をかけている。さらに、乗替用の四尺二寸五分ばかりの太く逞しそうな鳥黒の馬に、梨地の鞍を置き、段子のタクに糧米や干味噌を入れ、鞍には火縄銃二挺を装備してこれをひかせていた。

俗書の類で、ましてや遺品が現存しているわけでもなく、実物と照合するわけにはいかないのであるが、現存する慶次の甲冑はいずれも朱塗りであり、「黒具足」という点が異なっている。

慶次は兜を用いず、猿皮の投頭巾をかぶっていた。高齢の武士は疲労を少なくするため、兜ではなく頭巾を用いる傾向があったのだろう。

鎧の上には猩々緋の広袖の陣羽織を着用している。この時代の猩々緋は、舶来の赤羅紗を指すことがある。猩々は現在ではオランウータンを指すとされているが、どちらかというと想像上の動物といった色合いが濃い。その血は毛織物を真紅に染めるといういい伝えがある。

そのほか、首には金のいらたか数珠をかけている。いらたか（伊良太

加、最多角、刺高）とは通常のまるい数珠玉とは違って、左右からつぶされた算盤玉《そろばんだま》のような形状をしている。これはひとつひとつの玉を横からみると菱形状になるため、不動明王の剣をあらわしたものといわれている。

続いて、慶次の乗馬二頭についての描写がある。河原毛（白馬で鬣《たてがみ》が黒い）の馬は「七寸ばかり」と大きさが示されている。当時の馬の体高（蹄から首の付け根までの高さ）は四尺を基準とし、それ以上であれば寸《き》と数えた。したがって、慶次の河原毛は四尺七寸（約一四一センチ）ということになる。「野髪にして銀の頭巾をかぶらせ」とあるように、美しく飾りたてていた。朝鮮鞦は唐鞦とも表記する。牛馬の尾の根元から鞍にかける紐を指す。

そして乗替用の鳥黒の馬である。黒馬には産地や所有者にちなんださまざまなネーミングがほどこされており、鳥黒もおそらくそうした事例に類するものであろう。大きさは四尺二寸五分（約一二八センチ）と河原毛よりはやや小柄であるが、「殊に太逞しき」とあるように、力強い馬であったようだ。ちなみに、最上攻めで慶次が殿軍をする際、騎乗していたのがこの馬であった。

前田慶次甲冑

宮坂考古館所蔵

直江兼続甲冑

宮坂考古館所蔵

慶次の軍装再現図

黒糸威の具足に猿皮の投頭巾をかぶり、猩々皮の広袖の羽織といういでたちで、河原毛の馬に乗り出陣する慶次。乗替え用の黒馬には火縄銃二挺を鞍に装備している。

直江軍の陣容

直江軍の出陣は九月九日であった。兵数は諸書まちまちで一致しないが、その構成は概ね次のようだった。

先陣　春日右衛門尉　四千騎、浪人五千人
二陣　芋川縫殿亮　四千五百騎、浪人三千人
三陣　上泉主水　三千余
四陣　直江兼続　旗本一万人
五陣　色部長門・松木李之助・高梨兵部・松木内匠助　八千五百人
軍目付　水原親憲

以上、総勢三万八千人余と『大日本戦史』は記している。宮川尚古の『關原軍記大成』では軍の構成はほぼ同じであるが兵数は二万七千五百としている。実数はこれほどいなかったのではないかと思われるが、浪人や地下人が多数加わっていたため、上杉家の動員能力から正確な数字を導き出すのは難しい。

兼続の指揮下、二万数千から三万数千余といわれる上杉勢は一ヶ所から最上領へ大挙侵攻していったわけではない。まず米沢方面からは次の五つのルートが採られた。

①掛入石中山口

赤湯から上山に通じる米沢街道で、一番東側の侵攻経路となる。この方面からは篠井弥七郎泰信と本村造酒丞親盛に率いられた与板衆、横田式部旨俊以下中山在城衆の隊が進んだ。いうまでもなく、この篠井・本村・横田隊は上山城を攻撃することが第一目標に課せられた。

②小滝口

掛入石中山口のすぐ西側の経路で、現在の小滝街道である。倉賀野長左衛門綱元の隊が進んだ。

最上領侵攻後の動向ははっきりしていないが、兼続の本隊に合流し、

長谷堂城攻撃に加わったと考えられる。

③萩野中山口

最上との境目として中山城がある。九月十日に萩野部落に宿営した直江軍主力はここを起点に最上領へ侵攻した。春日右衛門元忠、上泉主水泰綱、色部長門守光長のほかに猪苗代城代水原常陸介親憲が軍監として従っていた。慶次もここに属していた。

④大瀬口

現在の白鷹町から朝日町へ通じている道であろう。両町の境に大瀬の地名がある。ここを与板衆の吉益右近家能、土橋宮内少輔惟貞の両隊および荒砥在城衆（泉沢久秀配下）が進んだ。

⑤栃窪口

もっとも西側に位置するが、実は④の経路とは最上川をはさんで対岸にあたる。与板衆の赤見外記、北条右近高能の両隊のほか、中条与次三盛率いる鮎貝在城衆が進んだ。

さらに、最上領と境を接して、上杉の飛び地となっていた庄内がある。

⑥庄内口

庄内方面から志駄修理、下次右衛門らがそれぞれ最上川を遡行、六十里越を経由して寒河江方面へ進出する手筈がととのえられた。

平成十六年（2004年）十月、山形県酒田市の東禅寺城（亀ヶ崎城）跡の発掘調査により、慶長五年当時の荷札が発見された。荷札にはこの城の城代であった志駄修理の名が記され、七月三日の日付で「なまり玉弐千入　百分」が搬送されてきたことが判明した。なまり玉はいうまでもなく鉄砲玉のことで、二十発ずつ百包み、合計二千発と考えられている。

徳川家康による上杉征討にともない、上杉方が軍備増強を行っていた物証である。

直江兼継の最上領侵攻路

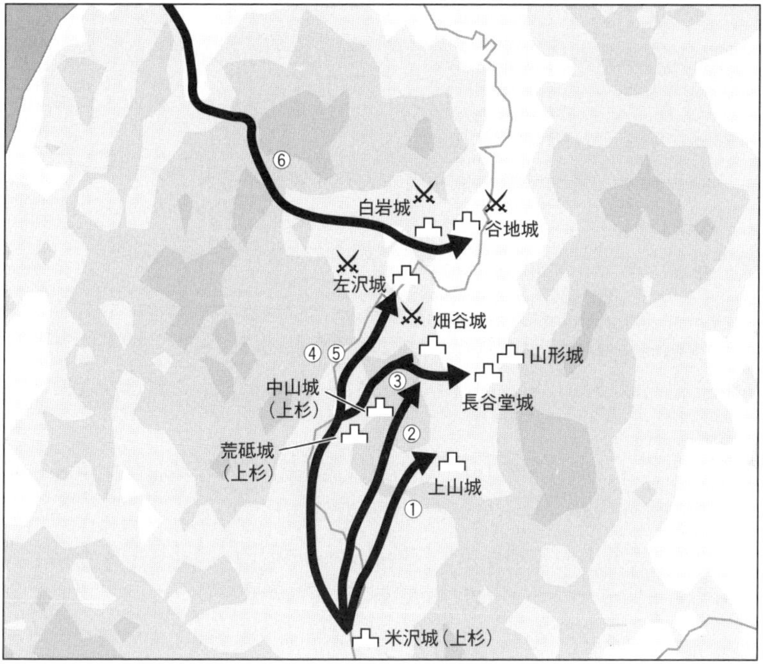

搦手から攻撃、首級二十八

畑谷城は、対上杉氏の最前線として標高五百十九メートルの独立丘に築かれた山城である。

城主江口五郎兵衛光清（諸書によって道連、光堯）、その子小吉、甥の松田久治らが守っていた。

その畑谷城に兼続の軍勢が攻撃を仕掛けたのは九月十二日のことであった。

上泉主水は、組下の高濱弾正、剣持市郎兵衛、駒木根小八郎らに命じて東黒森山から三百挺もの鉄砲で射撃を試みさせた。これに出張ってきた城方がひるんだすきに、慶次をはじめ、宇佐美藤三郎、平居出雲守らが横合いから攻撃をしかけた。さらには大軍を擁する春日右衛門、色部長門が後詰に出たため、城方は総崩れとなって退却した。

直江軍は追撃の手をゆるめず、城を攻め立てた。まず反町大膳（上泉源五郎組内五騎衆、二百石）が三の丸を乗っ取り、続いて宇佐美民部、藤三郎の父子が二の丸を陥れた。

城将江口五兵衛は蒲生氏郷の旧臣志賀五郎右衛門が討ち取った。幡屋清左衛門を宇佐美民部が、江口忠作を宇佐美藤三郎が、新開又右衛門を水野藤兵衛がそれぞれ討ち取った。

この合戦で、慶次は搦手より攻め入り、城から逃れようとする敵を待ち伏せ、首級二十八をあげたと『關原軍記大成』は記している。この時、慶次は討ち取った首級を家人共に持たせ、次々に直江の本陣へ送りつけた。

この戦闘で首帳に記された数は三百五十余にのぼった。三千四百七十余騎を討ち取ったとする記述もあるが、いくら何でもこれは誇大に過ぎよう。

九月十三日、城は陥落した。十五日に兼続が二本松城将秋山伊賀守に宛てた戦況報告が『覚上公御書集』に収録されている。

「十三日に最上領の畑谷城を攻め落とし、城主江口五兵衛父子以下城兵五百あまりを討ち取った。梁沢城の敵兵も恐れをなして城を捨てて逃亡した。昨日、われらは在所を放火しながら、最上義光の居城を攻めるべく、陣をすすめた。敵は怖気づいて山形近辺の五六ヶ所の城がわれらに降参した」

兼続がこの書状をしたためている間にも敵が出張ってきたらしく、追而書に「この書状をしたためている途中で敵の動きがみられたので、すぐさま追い散らして、首級二百あまりを獲った」と、戦勝の後もなお緊迫した状況を伝えている。

兼続は畑谷城の守備に色部隊を残し、さらに山形方面へ軍を進めた。

兼続の本隊が畑谷城を陥落させたのと前後して最上領へ攻め込んだ別働隊の動向はどのようなものであったか。

大瀬口から最上川に沿って北上していた吉益右近家能《いえよし》、土橋宮内惟定らは、手明百、足軽三百を率いていた。攻撃目標は鳥屋《とや》ヶ《が》森城《もりじょう》である。

対岸になる柄窪口から攻め込んだ赤見外記、北条右近らは、手明百、足軽四百を指揮して八沼城へ攻め込んだ。

八沼城は、最上川の西岸に位置する城というよりは砦（楯）といったほうが適当な要害であった。鳥屋ヶ森城と八沼城は最上川を挟んで相対しており、互いに連係して機能するべく築かれた城砦であった。このため、直江軍は二軍に分かれて最上川沿いを下り、両城を同時攻撃する作戦に出たのであろう。

ここまでの直江軍の軍事行動および戦況を、上泉主水泰綱が九月十八日に小山田将監に宛てた書状にしたためている（『山形県史』）。

ほかならない当事者による条書であるので、関係箇所を抜き出してみたい。

> 当表去る十二、幡谷の地に向い出馬申され、同十三、責め落とし、敵五百余人討ち取り、そのほか切捨て際限なく候事

> こちらの様子は、九月十二日に畑谷の地に向かって出馬し、翌十三日に城を陥落させ、敵五百あまりを討ち取りました。そのほかにも討ち捨てにした敵の数ははかり知れません。

> 幡谷責め落とし申されるについて、則時に一ヶ所、やなさわ一ヶ所、八沼一ヶ所、鳥谷森一ヶ所、白岩一ヶ所、野部澤一ヶ所、山之辺一ヶ所、谷地一ヶ所、若木一ヶ所、長崎一ヶ所、寒河江は何れも明け捨て逃げ申し候。白岩の地に志田（志駄修理亮）、谷地に下（下次右衛門）、幡谷に色部衆、鳥谷森に中條殿の衆、指し置かれ候事

> 畑谷城を攻落し、梁沢城、八沼、鳥谷森、白岩、延沢、山野辺、谷地、若木、長崎、寒河江の各砦はいずれも開城しました。白岩城には志駄修理亮が、谷地城には下次右衛門が、畑谷城には色部衆が、鳥谷森には中条与次の手勢が入り、守備を命じました。

上泉主水がこの書状をしたためた九月十八日の時点で、すでに関ヶ原での決戦が終了し、石田三成の佐和山城も陥落していた。

しかし、出羽の兼続たちにはいまだ上方の勝敗は伝わっておらず、上泉も「内府駿府まで上せられ候間、関東表お気遣いなくば、自然当表へ定めて人数召し寄せらる儀もこれ有るべく候」と記しており、徳川家康が西へ転じて駿府に至ったところまでの情報しか伝わっていないことが

わかる。

さらに、上泉（おそらく兼続もそうであろうが）は、これによって関東方面の軍事的緊張が緩和されると考えており、小山田将監に対して、最上攻めの援軍として召し寄せられることも考えられると意見を述べている。

ちなみに小山田将監は五百石で上泉源五郎（主水）組の旗本衆であった（『慶長五年直江山城守支配長井郡知行高』）が、最上攻めには息子がかわりに加わっていた。

上山城攻め

掛入石中山口を進んでいた横田式部旨俊、篠井弥七郎泰信、本村造酒親盛らの隊は兼続の主力につぐ規模であった。兵数は四千余である。これは畑谷・八沼・鳥屋ヶ森を攻略しつつある軍勢に対して第二軍を構成していた。

横田は置賜郡中山城代を任され一万二千石を付与されている。『直江支配』には、中山在城衆の筆頭で知行三千石と記されているので、一万二千石とは同心給分も含んだ数字であろう。

篠井は兼続の妹婿で三千石、本村は一千石を知行するいずれも与板衆の大物である。

上山城の守備は里見越後・民部父子らをはじめ五百余であった。里見民部は中山・川口の間に位置する物見山に伏兵を置き、上杉勢が進撃してくるのを待ち受けていた。

本村造酒丞は敵地へ深入りし過ぎ､後方を里見民部の伏兵に襲われた。さらに山形城からも最上勢が出張り、本村造酒丞の隊は後を進んでいた横田隊との連絡も断たれ、完全に孤立した。

九月十七日、本村造酒以下四百余が討死した。

結局、第二軍は上山城を攻略することができず、関ヶ原の敗報に接して直江軍主力と前後して米沢へ撤兵している。

上山方面の脅威がなくなったおかげで、最上義光は長谷堂方面へ兵力を集中することが可能となり、上杉方にとっては東方面からの伊達勢侵入をも懸念される状況にいたったのである。

長谷堂城攻め

直江兼続の主力は畑谷城を陥落させ、さらに進んで九月十四日に長谷堂城を囲んだ。兼続は本陣を長谷堂城と相対する菅沢山に置いた。

長谷堂城の周囲は深田や池が散在しており、要害堅固である上、守将には志村伊豆守、坂紀伊守、氏家尾張守など最上方でも特に精鋭が集められていた。

寄せ手の上泉主水も小山田将監に宛てた書状の中で、

「こちらは、長谷堂城を囲み、鉄砲を揃えて陣を布いております。最上の本城がある山形との距離は十里ほどです。長谷堂城には多数の兵が籠城しており、その上、守備も行き届いており、なかなか堅固にみえます」

と書いている。

九月十五日、兼続は長谷堂城攻撃のため、十四ヶ所に井楼をあげた。

前記の上泉主水の書状には、山形城からの援兵も長谷堂に入り、上杉方と交戦したことが記されている。

> 一昨十五日、長谷堂に向い、働き申され候處に、山形より懸助いたし候、されども仙道衆・水常の指図をもって押し返し、敵三百余人随一の者は討ち取り候事

> 九月十五日、長谷堂城に攻撃をしかけたところ、山形城から敵の後詰が出てきました。しかしながら、仙道衆や水原常陸介らが指揮をとって敵勢を押し返し、敵の精兵三百あまりを討ち取りました。

上泉主水は小山田将監に宛てた書状の中で、

「ご子息が比類ない働きをみせ、高名をあげました。あなたさまにとってもご満足でしょう」

と、つけ加えている。小山田の息子の奮戦に、兼続も特別に褒美を与えたとも記されている。

この間、本隊に加わっていた前田慶次の動向を伝える逸話に、次のようなものがある。

出陣に際して、上杉景勝より虎の皮を下賜されていた慶次は、それを

馬の鞍の押掛けに用いていた。また、腰にさげた小ふくべの緒には、張枕を結わえ付けていた。

長谷堂城攻めが開始されると、慶次は虎の皮を敷き、枕を出して心地よさそうに眠ってばかりいた。周囲の者が咎めると、慶次は、

「味方の働きがあまりにゆるりとしているので、つい眠気をもよおした」と答えたという。

「時代には珍敷《めずらしき》風情と云ふべし」と江戸初期の軍学者山鹿素行は評している。

長谷堂城が陥落すれば、山形城が孤立無援となることを恐れた最上義光は、嫡男義康を北目城へ派遣して、伊達氏に援兵を乞うた。

伊達政宗は最上義光の要請を容れて、叔父の伊達政景に三千の兵をつけて出羽へ送り込んだ。伊達政景は十七日に出陣し、二十二日に笹谷峠を越えて小白川へ布陣した。

この間の事情を伊達政宗は、堺の茶人で家康に近い今井宗薫に対し、

「畑谷城を攻め落とされ、最上川より西は大方、直江方の手に落ちました。出羽守（最上義光）は散々取り乱し、このままでは山形城も危ういと思われます。自分は内府様のおためと存じ、叔父政景に軍勢をつけ、援軍として差し向けることにいたしました」

と書き送っている。

同二十四日、兼続は長谷堂城を守る湖水の堰を切り、水の手を断つ作戦に出た。『關原軍記大成』によれば、この動きを最上方が察知し、戦闘の結果、上泉主水が討死したとある。

上泉は湖水の堰を切ろうとする味方の危機をみかね、前線へ馬を進めた。組下の大高七右衛門（三百石）がこれを諌めたが、上泉は聞かなかった。

上泉の旗下高濱弾正らが本陣より動こうとしないのをみた慶次と宇佐美民部は怒った。

「上泉を捨て殺しにしたら、勇士とはいえない」

と、ひるむ上泉組にかわって、前線へ押し出した。

慶次に続いたのは、宇佐美民部父子、蓼沼日向、石坂与五郎ら二十騎あまり。

敵中の上泉主水とこれに従っていた大高七右衛門はすでに下馬して、

鎚をふるっていた。
上泉主水は手近の敵を追い散らすと、旗を振って味方に退却を促した。作事中の上杉兵が退却に移ったとみるや、最上・伊達連合軍が猛然と追撃を開始した。
敵の重囲に陥った慶次は、かたわらで奮戦する宇佐美民部の子で弱冠十六歳の兵左衛門（前名藤三郎）を励ましつつ、必死の防戦にあたった。しかし、この乱戦の中で、上泉主水は最上家の金原加兵衛（史料によっては、金原七蔵）に討たれた。四十九歳であったという（『上杉家御年譜』）。上泉の最期を見届けた大高七右衛門も敵中に駆け入り、戦死を遂げた。
本陣の直江兼続は、芋川・山浦に命じて四千の兵を後詰に出し、味方の収容につとめた。これをみた最上・伊達連合軍はそれ以上の追撃をあきらめ、合戦は物別れに終わった。
やがて、慶次たちが帰陣した。その甲冑には柄が折れかかったまま無数の矢が突き立ち、手にした鑓は先端がゆがみ、太刀も折れ曲がって刃こぼれし、ささらのようになっているという有様だった。上泉主水救出に失敗し、足取りも重かったことであろう。当然のことながら、怒りの矛先が上泉主水の配下に向けられた。
人馬ともに朱に染まった慶次たちは、本陣を出なかった上泉組の前を通り過ぎる際、
「貴様たちは大将の主水を捨て殺した。大高七右衛門以外に男はいないのか」
と、放言した。これに対し、高濱弾正以下、上泉組の兵たちは返す言葉もなかったという。
上泉主水の壮烈な最期は『武辺咄聞書』やさまざまな軍記に記されているが、戦死した場所については必ずしも一定していない。
『上杉家御年譜』では、本村造酒らとともに上山城攻撃に向かい、戦死したことになっている。しかし、主水が戦場から書き送った条書は、畑谷・長谷堂方面の戦況を報告している。上山方面で戦死したとするのは、本村造酒らの戦死と混同したものであろう。
また、討手についても、大多数の軍記が金原七蔵とするが、「上泉主水の首を取った者は、坂野弥兵衛と申す小身の者である」（『鮭延秀綱旧臣岡野九郎左衛門覚書』）という記録もある。しかも、乱軍の中に取り

紛れて、上杉方から首級の引渡しを求められてはじめて上泉主水であると知ったという。

翌二十五日も戦闘が続き、兼続は手勢三千をもって大手口への攻撃を企てた。上杉勢は火矢を放って櫓を焼き払った。

直江軍は畑谷、谷地、山辺の諸城を陥落させ、最上方を山形、長谷堂、上山の三城へ追い詰めていた。しかしながら、上山城攻略に向かった第二軍が伏兵に遭い、敗退した。

終始優勢であった直江軍であったが、結果として最上攻めが頓挫した一因は、上山城へ向かった第二軍の大敗にあっただろう。

退却戦の功名

こうした中、関ヶ原における西軍敗退の報が奥羽にももたらされた。

勝利の喧伝は味方の敗北を伝える知らせよりも早く届く。勝利者はすぐその場から味方勝利の報告を伝えさせることができるが、敗者の側にはその通信網さえ途絶されている場合が多いからである。関ヶ原の戦果を最初に知ったのも伊達政宗、最上義光の側だった。義光のいる山形城へは九月二十六日に伝わったらしい。十五日の決戦から十一日後のことである。

兼続のもとにこの報告が伝えられたのは、翌二十七日午の刻であったという。間を置かずして、会津の景勝よりただちに最上表より撤兵すべしとの命令があった。

兼続は従軍諸将とはかって、ただちに撤兵の準備にかかった。しかし、山間部を縫うようにして進撃してきたため、逆に退却には困難が予想された。兼続は反町大膳、竹田舎人、馬場入道らに命じて人夫二千人を徴発し、退き口を整備させた。

この動きを察知した志村伊豆、鮭延越前らは城を出て攻撃をしかけてきた。

直江軍は月岡八右衛門指揮する鉄砲隊をもってこれを防ぎながら、後退を開始した。

上杉勢は殿軍の五百川縫殿《いもかわぬい》（芋川守親）がよく持ちこたえていたが、ついに最上・伊達連合軍の追撃にじりじりと押し込められていった。

『武辺咄聞書』は、慶次の戦闘参加を次のように記している。
戦線が総敗北の様相を呈するに至り、兼続がついに自刃を決意した時、制止の声が入った。
「およそ一軍の将たる人は、いたずらに死に急ぐことがあってはならない」
いい放った声の主を兼続らがみれば、そこに立っていたのは前田慶次である。
「これよりわれらが一手をもって、後方の五百川に協力して敵を押し返す。その間に、貴殿は備えを堅固にし、味方の撤退をすすめてくれ」
そのまま慶次は馬上の人となり、長谷堂方面へとって返した。続いて慶次のあとを数騎が追っていく。
後方では、敵味方の兵が睨み合っていた。
殿軍の指揮にあたっていた水原常陸介親憲は、馬に乗って駆けつけてきた慶次に対し、
「大事の退き口なり。馬より下り立って、敵を鑓で突きたまえ」
と伝えた。おそらく、直江の殿軍は騎馬の行動に不利である狭隘な地形を選んで最上勢と対峙していたのであろう。水原はとっさに地の利を伝え、慶次をはじめ彼のあとを追ってきた水野藤兵衛、薤塚理右衛門、藤田森右衛門、宇佐美弥五左衛門らは何の躊躇もなく下馬した。
かくして対最上戦の最終局面において、ようやく五本の朱柄の鑓が勢揃いしたことになる。「稀代の珍事」と諸書が記すような光景が実際にあったかどうかはともかく、前田慶次最後の戦いがはじまった。
徒歩立ちで突撃した慶次らを、戸上山に陣取った水原常陸介が指揮する鉄砲隊が援護した。
『武辺咄聞書』が記述する慶次は、

> 其日の出立は黒具足に猩々緋の羽織金のいらたか数珠に房には金の瓢箪を付たるを襟にかけ、鉄金渋の山伏頭巾の甲、十文字の鑓を持ち、黒の馬の野髪なるに金の山伏頭巾をかぶらせ、唐鞦かけて乗り候馬より下立ち、前田慶次と名乗て懸り候

といった具合である。

慶次に続いて、水野藤兵衛、韮塚理右衛門、藤田森右衛門、宇佐美弥五左衛門ら朱柄の鑓衆が同様に最上勢へ討ちかかった。慶次たち五人はさんざんに敵を突き崩し、最上勢は三町ほども潰走した。水原常陸介も慶次たちを援護するため、高所より鉄炮二百挺を指揮して、最上義光の旗本に対して猛烈な射撃を加えた。最上勢は気をそがれ、ついに上杉勢の追撃をあきらめてしまった。そこで、慶次が下知して味方をまとめ、引き取ったという。

もうひとつ、上杉家の公式記録ともいうべき『上杉家御年譜』はその様子を次のように記している。

> 味方にも（関ヶ原の）敗北の聞えあれば、暫く戦士を引入れんとする処に、敵兵ひしと食い止めて討ってかかるを、前田慶次利貞鎗をとって敵兵を突き崩す。水原常陸介も取り合わせ、手勢二十余騎駈け出て防戦す。その間に味方の兵士長井境まで引退く

上杉家には「大筒立ちだめ居だめに打つ者多し」（『關原軍記大成』）と評された鉄砲の名手が多く、他国から恐れられていた。

これを傍証するかのように、今に伝わる最上義光所用の兜には弾痕が残っている。最上勢と水原・前田の両隊の攻防が凄まじいものであったことがうかがえる。

慶次が天文二年（1533）の生まれとすれば、この時、六十八歳ということになる。果して、史料が記すような大立ち回りを演じられたかどうか、疑問は拭えない。しかし、人取り橋の合戦における伊達家の鬼庭《おにわ》良直、大阪冬の陣における上杉家の水原親憲など七十を超えて陣頭指揮した事例がある。

また、実際に老練の者が泰然として踏みとどまれば、ただでさえ恐怖感がつのる状況にあって味方の士気は鼓舞されたことであろう。そのことが結果的に殿軍を成功に導いたとすれば、その功の何分の一かは慶次に帰してもよいかと思われる。

この時、陣中に手負いの者があふれていた。しかし、薬を溶く水が不足して手当ても滞っていた。かわりに小便を用いよとのふれが出たが、小便をする者は一人もいなかった。

「かように激しい戦場にあっては、みな体中の気が頭にのぼって、小便が出にくくなるものだ。しかし、わしは戦場馴れしているので、少しも気が頭にのぼってはおらぬ。小便もこの通り、出すことができる。この後も激しい合戦の場で小便の御用があったら、わしにいうがよい」
と、草摺《くさずり》を巻き上げて、放尿する慶次をみて、皆は「勇ある者なり」とほめそやしたという。これも場数を踏んだ老将を彷彿とさせるエピソードである。

慶次らの奮戦によって退けられた最上勢にかわって、伊達勢が追撃してきた。上杉方でも、水原にかわって二番手の溝口左馬助が伊達勢に立ち塞がった。溝口は伊達勢の猛攻をしのいだものの、鉄砲疵三ヶ所、槍疵八ヶ所を負っており、夜営地で没した。

最初に殿軍を指揮していた水原常陸介は負傷しつつも、無事に兵を引き退かせた。

上杉勢の奮戦は評判となり、『東国太平記』は、「此口の手柄、大将には杉原常陸介、溝口左馬助、又侍には慶次、韮塚等五人の鎗に極まりたり」と記している。

十月二日、水原が櫛田嘉兵衛尉に宛てた書状（『山形県史』）には「昨日の引足の儀、中々申し盡せず候」とあり、最上からの撤退戦の苦労を彷彿《ほうふつ》とさせる。水原はたった今、兼続からの指示があり、

「明日は荒砥城へ入るとのことで、まずは合戦も一段落ということでめでたいかぎりである」
と、記している。

かくして、十月三日に直江軍は荒砥城に入り、四日に米沢へ退いた。

一方、長谷堂表の戦況に接した伊達政宗は、家臣の桑折氏に宛て、

「最上の軍勢が弱くて頼りにならず、おかげで大きな戦果をあげることができなかった。昨日の朝になって直江軍は退散したが、最上衆が弱いので、敵を全滅させるには至らず、無念千万である」
と書き送っている。

最上に責任を転嫁するあたり、狡猾な政宗らしい。しかし、戦後の論功行賞の結果からみると、所領を倍増させた最上氏に対し、伊達氏は刈田郡二万石のみだった。援軍という立場上、致し方ない面もあるが、戦意が鈍かったのは伊達勢のほうであったかもしれない。

最上領から上杉勢が撤退したとの報告を受け取った徳川家康は、十月二十四日、最上義光に宛て、

「来春になったら、早々に上杉景勝を成敗するつもりである。最上殿にもそのつもりで準備を怠らないようにしてもらいたい」

と、上杉家を屈服させる意欲を伝えている（「内閣文庫古文書」）。

最上攻めは終了したが、上杉領は依然として臨戦態勢にあった。仙道筋では、最大の戦闘となった松川の合戦がおこった。この合戦で、本庄繁長（福島城在番）・須田長義（梁川城在番）らは、伊達政宗の軍勢を破り、その馬印まで分捕るという大勝を得た。以後も伊達勢の上杉領侵入は執拗に続いたが、本庄・須田らはこれを防ぎ切り、政宗の貪婪な領土的野心を挫いた。

上杉家の降伏

関ヶ原の合戦が終結すると、日本全国で戦闘状態にあるのは、おおむね奥羽と九州のみとなった。

上杉家では、安田筑前守与親、竹俣左京亮利綱、黒川豊前守為実らが主戦論者であったが、十月二十三日、兼続は、常陸から南下して江戸を衝かんとする主戦派の意見を退ける書状を書き送った。

上杉家中でもっとも慶次と親しい安田能元は、会津若松城で出陣準備に追われていたが、和平の方針が決まったため、出陣はとりやめとなった。彼は十月二十六日、長沼城の甘糟景継に対し、

「こちらがせっかく用意した兵の出番がなくなり、笑止千万である。毛利輝元殿は詫び言をいってようやく二郡（正確には防長二ヶ国）を安堵されたらしい。この分では当家もただではすまず、死んだほうがましである。たとえ滅亡するとしても、武門の名を不朽のものとしたい」

と、不満を表明している。

上杉家は、京都留守居の千坂景親から徳川家との和平に脈あり、という報告を受けて今後の対策を講じていた。

やがて、和平交渉の使者として、本庄繁長が上洛することとなった。

十二月二十三日、景勝は在京している千坂景親に対して、本多正信、本多忠勝、榊原康政に口添えを頼み、本庄繁長を上洛させるのでよく相

談するようにと伝えている。
また、兼続は榊原康政に書状を送り、上杉家の事情を知らせるとともに、路次の安全を保証する旨の返事をもらっていた。榊原康政は会津攻めの直前まで上杉家と上方との仲介役を担っていたので、それに頼ろうとしたものであろう。
交渉の結果、慶長六年（1601）七月一日、景勝は徳川家康との和睦のため、上洛した。七月二十六日、米沢への減封の沙汰がいい渡された時、京における宿所に戻った彼が、出迎えた直江兼続にいった言葉は簡潔にして爽快である。
「今度、会津を転じて米沢へ移る。武命の衰運、今においては驚くべきにあらず」
上杉氏が潔いとはいえ、敗者となった事実は覆いようがない。しかし、徳川氏に味方して関ヶ原の勝者の列に連なった豊臣恩顧の大名たちが、その後、憤懣を押し隠しながら、あるいは忍従の道を強いられ、あるいは滅亡の憂き目にあったのとは好対照である。
上杉主従は十月二十八日に米沢へ帰着した。会津はすでに蒲生秀行が六十万石で復帰することが決定している。
兼続は岩井備中、水原常陸介、安田上総介に家中の屋敷割を命じた。長井郡の総仕置には春日右衛門が任じられ、その際、家中の知行が三分の一に減じられる方針が決定されたのだった。なお、上杉家譜代の家臣たちはほとんど禄を離れなかったため、六千人という五十万石級の大名に匹敵する規模の家臣団を抱え続けることになった。大量の武士を受け入れるため、米沢城下は慶長年間を通じて拡張が続けられたのである。

組外衆の解体

慶次たち新参の牢人たちによって構成された組外衆が、江戸時代初期に解体されたらしいことは、すでに藤木久志氏が「これら会津時代の新参者は全て『寛永八年分限帳』から姿を消している」（『藩政成立史の綜合研究』）と指摘されている。
藤木氏の指摘は『寛永八年分限帳』を引き合いに出しているため、受け取る人によっては、三十年余りの間に徐々に組外衆が消えていったようなニュアンスを感じとるかもしれない。しかし、慶長六年七月二日付の書状で直江兼続が山田喜右衛門に対して、次のような指示を出している。

「彼の組の者どもは、騎馬武者・徒歩の者にいたるまで二度までも前線を引き払い、いろいろと不平不満を申した。そのような者たちは今後、御家の用にはたたないであろうから、いずれも召し放つことだ。扶持など与えるのは無用である。これは車丹波の組にかぎったことではない」

車丹波組の召し放ちを指示しているように、上杉家の米沢減転封の折に短時間に処理されたものと考えられる。

彼らの戦後処遇については、上杉氏の対応は冷淡であった。

また、慶長十四年（1609）の段階で、直江兼続は米沢における家中屋敷割について二度にわたって条書をしたため、詳細な指示を下しているが、そのいずれにも組外衆に関する言及はみられない。

しかしながら、組外という名称は残った。明和六年（1769）の『組外御扶持方由緒書古実書上申書』によれば、組外の起源は上杉氏が会津を領していた時代に牢人たちを召抱え、これを譜代には編入せずに「組外」としたことにはじまるという。『組外御扶持方由緒書古実書上申書』には、「慶長五年組外衆之覚」として慶次ほか二十六名の名と知行が列記されている。

米沢移封後には、『直江支配』にみられる与板衆、屋代衆などから編入された人々が、新たな組外衆を構成したらしい。ただし、江戸時代前半までその身分は一代かぎりとされ、子孫は再び三手組（馬廻組・五十騎組・与板組）のいずれかに再編された。

名称こそ継承されたが、実態は米沢藩内で役所役、蔵役、番所勤などの実務に携わった下級家臣によって構成されており、三手組に入らない者たちを「組外」といったのである。その際、米沢藩では、組のルーツを慶長五年にまでさかのぼって、「由緒」を規定したのであろう。

現在、米沢の宮坂考古館には「従是北組外《これよりきたくみほか》」と刻まれた小さな石碑がある。元は板谷街道沿いに建っていたものを、考古館創設者の宮坂善助氏が保全のために移したものであるという。

上洛の目的は？

隆慶一郎は『一夢庵風流記』で、和睦交渉に赴く本庄繁長に随行という形で、慶次を上洛させている。慶次に課せられた使命は前田利長と結城秀康を動かすことだった。利長に対しては、旧友奥村助右衛門をして「上杉は前田家の身代わりになったのです」と理をもって説かせ、結城秀康に対しては、かねてから約束していた決闘を申し込んで完膚なきまでに叩きのめす展開になっている。

隆慶一郎は結城秀康を「いくさ人」として、つまり慶次が身をおく側の人物として描いている。「いくさ人」同士に言葉はいらない、と隆慶一郎はいいたかったのであろう。

約束を履行してくれた慶次のために、結城秀康は実父徳川家康に上杉主従の助命を働きかけるのである。

残念ながら、慶次が上杉家のために、小説のような和睦交渉に挺身した形跡を裏付ける記録はない。ただ、上杉主従が上洛した慶長六年秋には、同じ京都に居たことだけは確かである。

では、慶次はいったい、いかなる目的で上洛したのだろうか。

同じ組外衆を構成した車丹波組は、直江兼続の指示によって全員が召し放たれた。兼続は車組に限らず、扶持方の者はすべて召し放つことを考えていた。慶次もこの時、上杉家を離れたと考えられる。

京都へ着いた慶次のところへは、各家から仕官の口が舞い込んだという話が伝えられている。最上退却戦の功名が天下に聞こえていたのだという。

しかし、慶次は諸大名家からの仕官をいずれも断った。

「天下にわが主と頼むのは、上杉景勝様だけだ。その理由は、こたび、石田三成に与した諸大名どもが、天下分け目の合戦で西軍敗北となるやいなや、徳川に人質を提出し、降参して機嫌をとりむすぼうとする姿は浅ましいかぎりだ。このような連中に仕えるのは絶対に嫌だ。それから、今回の勝利で家康公の譜代衆にも大名になった者がおるようだが、つい先日まで陪臣だった連中の家来になるのはもっと嫌だ。越前中納言か尾張の下野様ならば考えてもいいが、それでなければ景勝様のほかに主人として仕えたいと思う人物はいない。景勝様は関ヶ原で西軍が敗れた後も、少しも弱気をみせず、翌年の四月まで合戦を続けた。まさに大剛一の大将といえよう。主君と仰ぐのは、この方をおいてほかにはいない」

これは『武辺咄聞書』に出ている話である。まさに、上杉景勝への賞賛に終始している。当然ながら、慶次が語る言葉をそのまま受け取ってしまうのは危険である。慶次の上杉礼賛の裏には、江戸初期の越後流軍学者らによる作為がひそんでいる、と考えられるからである。もう少し具体的にいうならば、越後流軍学を採用した諸藩（たとえば紀州藩）の、幕府に対する対抗意識である。

ただし、実際の前田慶次が上杉家に格別な思いを抱いていたのは、おそらく本当だったであろう。詳しい経緯はわからないが、いったん立ち退いた米沢へ再びその姿を現すのだから。

さて、新たに仕官しない理由として、慶次はいくつかのケースを掲げている。

まずは西軍に味方しながら、関ヶ原の敗報が伝わるやいなや、人質を出して徳川氏に降伏するような大名に仕官したくはないという。

次に、徳川家の譜代大名はつい先頃までは又者（陪臣）であり、そのような家に仕官することは「なおいやなり」といい切っている。慶次としても沽券に関わるというのだろう。

第三には具体的な名前があがってくる。越前中納言様か尾張の下野様、そして景勝の三名以外は仕官したくないというのだ。

越前中納言様、および尾張の下野様というのは、それぞれ結城秀康、松平忠吉兄弟のことである。要するに家康の家臣筋に仕えるのは嫌だが、家康の子供であれば別なのであろう。

これは、慶次だけの特有な考えではない。というよりも、『武辺咄聞書』という史料の性格上、これは慶次に仮託して、当時の武士たちの希望就職先のトップを連ねたもの、とみるべきなのかもしれない。徳川家に臣従したことを理由にして豊臣恩顧の大名家への仕官を断るのは表向き。天下の安定によってすでに戦後不況ははじまっており、武士たちの大量就職難時代が訪れようとしていた。

豊臣系大名の浮沈、徳川氏の栄華を予想した者たちは、徳川直臣となることを求めた。この希望がかなえられなかった場合、「越前中納言様か尾張の下野様か」とあるように、越前松平氏、尾張松平氏などが格好の受け皿となった。これらの家は徳川宗家の守護者として、さらには将来の対豊臣氏、対西国諸大名を見据えて、軍事力強化を図っていたことを示している。

反対意見が出るのを覚悟で書けば、組外衆が解体され、召し放たれた慶次は上方へ出て、徳川氏周辺への就職活動を行っていたのではないか。

結果的に、上方での仕官は適わなかった。理由は、先に述べた前田家による奉公構という問題であったと思う。

上杉景勝主従の帰国に遅れること九日、慶次もまた伏見を後にする。

第五章

『前田慶次道中日記』の世界

心あらん人に見せばやみちのくの
浅香の山の残るかつみを

『前田慶次道中日記』とは

慶長六年（1601年）十月二十四日に京都伏見を出発して、翌十一月十九日に米沢に着くまでの二十六日間の道程を記したのが『前田慶次道中日記』である。原本は現在、市立米沢図書館に保管されている。

もし、この道中日記が今に伝わらなかったら、おそらく前田慶次という人物は、荒唐無稽な逸話のみでおもしろおかしく語られる伝説的な存在でしかなかったかもしれない。

我々ははじめてここで、人間臭い慶次に接することが可能となったのである。

この道中日記は骨董商を通じて、東京大学史料編纂所の志賀槙太郎が入手し、昭和九年、米沢郷土館の所蔵となった。

箱書には「前田慶次道中日記」、裏書には「前田慶次慶長六年十月城州伏見を発し十一月十九日奥州米沢に至る自筆の道中日記なり」とあるところから、慶次の自筆と伝えられている。

テクストについては、これまで『日本庶民生活史料集成』に収録された工藤定雄氏の注釈つきのものが一般的であった。しかし、平成十三年に原史料を所蔵している市立米沢図書館から『前田慶次道中日記』が発刊された。原史料の体裁をそのまま復刻した和綴じ本と、写真版・翻刻・注釈・現代語訳のほか、慶次の略伝や遺品を紹介した資料編で構成されている。現段階で望み得る最良のテクストであろう。

中でも、慶次は日記中に古典の素養を、洒落や語りの一部として持ち込んでいる。それらを正しく理解するためにはそれぞれの出典を確認しなければならない。市立米沢図書館版では注釈が非常に多く付されており、武勇のみで語られることが多い慶次の別の面を知らしめてくれるのである。

したがって、本稿では慶次が辿った道筋を追いかけながら、気づいた点や挿入された和歌や駄洒落、エピソードへの言及を行うが、より詳細に知りたい場合や原文を確認したい場合は、市立米沢図書館版の資料編を参照していただきたい。

米沢への旅立ち

この『前田慶次道中日記』（以下、本章においては『日記』と略す）の性格を念頭に置いた上で、慶次の動向を追うことにしたい。

冒頭に「謹書《きんしょ》」とあるので、おそらく道中の手控えのようなものをもとに、後日書き上げたものであろう。その際、ややイメージをふくらませた記述、明らかに読み手がいることを意識して書いた部分をあとから挿入した、と思われる箇所がある。

慶次は伏見を駕籠で発ち、逢坂の関を越えて近江へ入った。『日記』には同行する人数を記してはいないが、随所に複数の従者がいたらしいことがうかがえる。

伏見から近江へ達するまでは、慶次のほかに最低でも高麗人の従者三名がいたことは確実である。おそらく七、八名はいたのではないだろうか。

慶次一行の視界に、琵琶湖の景観がひろがる。

打出の浜は、連歌師宗牧も天文十三年（1544）九月に東国への旅に出発する起点に選んだところである。琵琶湖東南端に位置し、現在の大津市京阪坂本本線石場駅東の湖岸一帯を指す。

『拾遺集』に、

近江なる打出の浜のうち出つつ恨みやませし人の心を

と歌われるように、歌枕の地でもある。

清少納言は『枕草子』の中で「浜は打出の浜」と書いている。「打出」とは視界がぱっと開けるような地形を指すようで、湖や海の景観が急に視界にあらわれる浜辺を「打出の浜」といったらしい。その代表が近江の「打出の浜」である。

琵琶湖横断

一行は大津から舟に乗った。堅田へ移動中、慶次は紫式部が『源氏物語』を書いたといわれる石山寺や、志賀の唐崎など名所旧跡を列挙している。

とりわけ『源氏物語』は、天正十年二月に松永貞徳の「光源氏物語竟宴之会」に参加している記録もあるので、慶次も昔を思い出したのであろう。

「上杉家にても節々源氏物語の講談せしに、中々聞事なりしとぞ」(『東国太平記』)

「源氏物語の講談其蘊奥《うんおう》を説尽して聞人を驚す」(『志士清談』)

などと記されているように、慶次の十八番だったようである。

風の上にありか定めぬちりの身は行衛《ゆくえ》も知らずなりぬべらなり

風まかせで、身のあり所を定められない塵のようなはかないこの身上は、どこへ行ったらよいかもわからず、このまま行方知れずになってしまうようだ

と、慶次は昔を思い出して『古今和歌集』におさめられている読み人知らずの一首を書きつける。都から東国へ下る貴人に我が身をなぞらえてみたのだろうか。

旅の第一夜は堅田の漁家に投宿した。慶次一行はなかなか眠りにつけず、この家の主人と物語などして夜を過ごした。

このあたりでは、隠居のことを腎虚《じんきょ》という、と主人は話した。慶次は、年老いて精気が衰え、腎虚となる頃に子供に家を譲って隠居するからそのように呼ばれるのだろうか、と書いている。

翌日は堅田から対岸の米原まで水上十五里を移動することになった。

琵琶湖を舟で渡った慶次は、薩摩という土地で食事のために休息した。

「里の名をさつまなりと言えば、舟はただのりにせよ」と慶次は記しているが、『平家物語』を読んだ方には、思わずにやりとされるだろう。平清盛の末弟で、一ノ谷合戦で討死する平忠度の名前に彼の官名「薩摩守」をひっかけたものである。

薩摩とは、現在の滋賀県彦根市薩摩町であろう。

さらに湖上を移動した慶次一行は、米原の湊で下船した。いよいよ中山道を東下することになる。

慶次と高麗人従者

美濃へ入って関ヶ原までやって来た時、一行に加わっていた高麗人が患った。『日記』によれば、馬にも乗れないほど重症であったという。慶次は病んだ高麗人を同行させるのをあきらめ、菩提山城主に書状を添えて彼を預かってもらうことにした。

この朝鮮人の従者は、あるいは先の朝鮮の役で日本へ連れてこられた捕虜であろうか。

当時の菩提山の城主は竹中氏であるが、慶次はこれに文を添えて預かってもらうことにした。あるいは、後に残される高麗人を慮り、自分の身内であるとでも書き記したのであろうか。この高麗人の名は記されていないが、楚慶と寉人という二人の子が同行しており、この両名は慶次の供をして奥州へ下っていった。

慈烏失其母　　慈烏《じう》其の母を失い
唖々吐哀音　　唖々《ああ》と哀音を吐く

と、白居易の詩「慈烏夜啼」の冒頭の二句を掲げている。そのあとに慶次は「この人はこま人（高麗人）なれば、禽のようには悲しまないのである」と書いている。

慈烏はカラスの一種で、母が産まれた子を六十日間養育すると、子は生長した後、母烏に六十日間餌を運んで恩返しをするというい伝えがある。白居易が詩にうたった慈烏は、孝行すべき母鳥を失い、自分の義務（親孝行）を果たしていないのだと啼くのである。

白居易の原詩は非常に長いものだが、後半で呉起という人物の行状をうたいこむ。

昔有呉起者　　昔呉起という者有り
母没喪不臨　　母没すれど喪に臨まず
嗟哉斯徒輩　　ああ斯の徒輩
其心不如禽　　其の心禽にも如かず

母の死に臨んでも葬儀に参列しなかった呉起は、慈烏にも劣るというのである。

慶次が記した「此ひとこま人なれバ、禽の悲むに如かず」という文句は「其心不如禽（その心禽にも如かず）」に照応している。

ただし、慶次は病に倒れた高麗人の二人の息子を非難しているわけではない。

こま人は、高麗人であり、高麗は駒に通じる。白居易の詩に登場するのは烏であって、これに高麗人を駒（つまり馬）に見立てて、禽の悲しみとはまた違うのだ、という慶次一流の洒落ともとれる。

いずれにしても、序盤のもっともドラマチックな場面であろう。

現地には「前田の碑」が建てられている。慶次の子が隠れ住んだというい伝えがあり、あるいは、慶次が高麗人従者を菩提山の城主に預けた事実がもととなっているのであろうか。召し使っている者とはいえ、慶次が菩提山の城主に書状を添えて預けるということは、通常ではあり得ないことのように思える。

破格の待遇、というのも変だが、臨時に雇った者たちでないことは確かである。明らかに慶次はこの高麗人一家を特別扱いしている。父親が病いで倒れても、土地の領主に託し、なおも二人の子のほうは側から手放さないのである。

朝鮮人捕虜

ついでながら、文禄・慶長の役で連行されてきた朝鮮人捕虜は三万人以上ともいわれ、後になって帰国できたのは五分の一以下の五千人程度であったらしい。

陶工なども多く連行され、江戸期、西国の諸大名の領地で焼物が盛んになるのも、この影響である。

文禄・慶長の役で、藤堂高虎の水軍に捕らえられた儒次学者姜沆《カンハン》は、日本兵の捕虜に対する無道な扱いについてその日記『看羊録』に記している。彼自身も捕らえられた時、幼い子供二人を失っている。

いっしょに日本へ連れられて来た娘も餓えて自力では歩けないほどだった。姜沆一家に援助の手をさしのべたのは、大名や武士ではなく、九州の農民だったのである。
『日記』を読むかぎりでは、京都を発する際、慶次は少なくとも三名の朝鮮人父子を連れていたことになるが、あるいは帰国できなかった捕虜たちであろうか。幸いにして、この一家は慶次から手ひどい仕打ちを受けるようなこともなく、それどころか日本の半分を縦断する数奇な運命に立ち会うことになった。
むろん、大名に添え状を送るほど慶次が高麗人に親近の情を抱いていたということについては、『日記』の記述から推測するほかはないのである。
ただ、筆者は、この朝鮮人がただ慶次の身の回りの世話をしたり、荷物持ちではないように思われる。何かしら特殊技術に秀でた者たちであろう。
たとえば、朝鮮活字に詳しい職人、知識人ではなかったろうか。
陶工の場合と同様、朝鮮から持ち帰った活字は京都の寺社などに預けられ、伏見版、駿河版といった出版事業が行われた。実際の植字作業に従事したのは朝鮮の捕虜たちであったともいわれている。直江兼続が京都要法寺で日本初の銅活字による版行を行うのは、六年後の慶長十二年のことである。また、兼続の命でこの作業にあたったと思われる涸徹祖《こてつそ》博《はく》という僧が朝鮮の役の際、上杉軍の渡海に随行したこともわかっている。
慶次はこの作業に熟練した高麗人を連れて帰り、米沢にいる兼続に引き合わせたかったのではあるまいか。
父子別離の後、一行は赤坂に宿をとり、翌日は太田の渡しまで至った。伏見という中仙道の宿場町があり、慶次は京都への慕情を喚起させられたことであろう。

道中日記ルート①

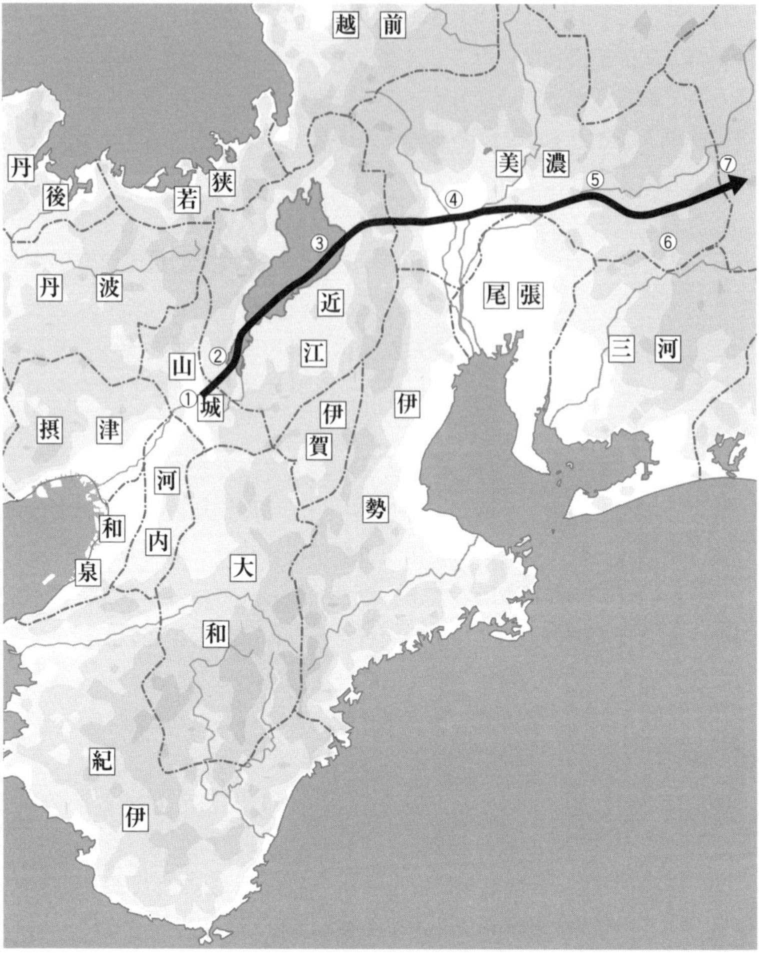

	月日	行程	宿泊地	里程	移動手段	現在の地名	主な事件・通過ポイント
ルート①	10月24日	伏見	①	–		京都府伏見区竹田	
		～大津		3	駕籠	滋賀県大津市	打出の浜
		～堅田	②	3	船	滋賀県大津市堅田	堅田では隠居を腎虚と呼ぶ
	10月25日	～米原	③	15	船	滋賀県米原市	薩摩
	10月26日	～関ヶ原		5	徒歩	岐阜県不破郡関ケ原町	高麗人従者との別れ
		～赤坂	④	3	徒歩	岐阜県大垣市赤坂町	
	10月27日	～河手		5	徒歩	岐阜県岐阜市	弥勒縄手
		～売間		4	徒歩	岐阜県各務原市	
		～太田	⑤	2	徒歩	岐阜県美濃加茂市太田本町	伏見の里
	10月28日	～神大寺		5	徒歩	岐阜県御嵩町	可児大寺（願興寺）詣で
		～奥手	⑥	3	徒歩	岐阜県瑞浪市大湫	
	10月29日	～中津川	⑦	6	徒歩	岐阜県中津川市	

木曽路をゆく

木曽路へ入った慶次一行は、二十七日に赤坂を発し、翌二十八日に「神の大寺」に詣でた。「神の大寺」とは、大寺山願行寺のことである。俗に可児大寺と呼称するところから、訛って「神の大寺」と呼ばれることがあったのだろう。一条天皇の長徳二年（996）に、尼ヶ池から蟹に乗って出現されたという薬師仏を本尊の胎内に納めてから、蟹薬師といわれるようになったという。その本尊薬師如来坐像を含め、二十四体もの重要文化財を擁する名刹である。

妻籠宿では、「狐狼の返化（変化）」かと疑わせるような、化粧をした女性と出会う。

化粧した女性など、山家には珍しいと思ったのであろう。まるで『伊勢物語』のような展開を思わせるが、あるいは慶次も意識していたのかもしれない。折しも行く手に紅坂という名のついた杣道があらわれたので、先刻出会った女性の面影を反芻しながら、

化粧《けわい》たる妻戸の妻の顔の上に塗り重ぬらし紅坂の山

土地の名も妻籠の妻戸にたたずむ人妻は美しく化粧をした顔の上に、さらに紅を塗りかさねるのであろうなあ、と里はずれの紅坂という険しい坂にさしかかりながら思ったことである

と、詠んだ。

慶次は時に下品な句も詠む。

さむさには下痢《したばら》おこす野尻かな

野尻という土地へ至った時に慶次がかきつけた句である。木曽路も深く分け入り、寒さが身にこたえたのであろう。実際に一行の中で腹をくだした者がいたのかもしれないが、おそらくは野尻という地名から想を得た句であろう。これは慶次のみが特別なのではない。同時代でも狂歌は貴賤に関わらずひろく好まれ、松永貞徳と貞門派といわれる弟子たち

も継承し、松尾芭蕉の出現までは猥雑な主題を採る和歌、俳諧がひとつのスタイルを保っていたのである。

木曽の架け橋については「以前みた時には、丸木などを置いた程度のものであった」と以前の印象を記している。毎年のように大水によって流されてしまい、五月頃は往来にも妨げになるほどであった。そこで、豊臣秀吉が広さ十一間、長さ百八十間にわたって桟を川の面に筋かいに渡したので、往来にきわめて至便となり「貴賤喜ばずといふことなし」という状況にかわった。

慶次は「信濃路や木曽のかけ橋名にし負う、とは今の事ではないだろうか」と賞賛しているが、すでに中世以来、何度も歌に詠まれてきた名所であった。

続いて、寝覚の床、巴ヶ淵を見物した慶次は、ここで考証好きの一面をみせている。

巴ヶ淵には主である竜神が巴御前となって木曽義仲の愛妾になったという伝説が残る。これを踏まえて慶次は、木曽義仲が近江粟津で戦死した後、故郷へ戻った巴御前がこの淵に身を投げたのがその名のおこりであるという別説を紹介している。さらに巴御前のその後について諸説を述べた後、

「いずれも物の本に書かれているが、どれが本当かはわからない」

と、慶次もお手上げの様子である。

諏訪で旧友と再会

一行は塩尻峠から富士山を見物し、人々が寝入った時分に諏訪の湯本へ下ってきた。

翌朝、慶次は諏訪大社などを見物し、その荒れ果てた様に「涙欄干たり」と『長恨歌』の一節をひいて感想を述べている。

諏訪滞在中、慶次を訪ねて旧友がやってきた。

「古への朋友来り、昔語り数盃を傾ける」と記している。この朋友のことは誰なのかわからないが、天正十年（1582）、厩橋城へ出仕した武士であったのだろうか。あるいは、武田攻めの際、滝川勢に従軍した武士であったのか。

慶次はそれと特定できるような人名を『日記』にはあまり書きつけていない。このことは、『日記』自体が彼のプライベートな記録という意味合いではなく、他人にみせることが目的であったことを示しているのではないだろうか。それは、関係者に干渉が及ぶことへの配慮といった意味ではなく、いわば自分なりの東下りの物語を創ろうとしたためではないか、と思われる。女性との出会い、土地にまつわる伝説や風習を記しつつ、随所に和歌をちりばめている点はまさしく「歌物語」の伝統を継承しているからである。

慶次は結局、下諏訪の湯本に二泊している。二泊するのは、この道中で下諏訪と上野国新田の二回だけである。

十一月四日、慶次一行は和田峠を越えた。芦田についたところで、

「以前にみた時とはうって変わり、すっかり荒れ果てている」

という感想を述べている。慶次は以前に芦田を訪れたことがあり、その時にくらべて荒れ果てた状況を目にしているのである。

芦田は長久保から望月の通過点にある。現在の立科町の芦田であろう。

「ここは芦田（明日）のはずなのに、荒れ果ててこぞ（去年）の里になってしまったようだ」と諧謔ぶりもなお健在である。

こんなところにはとどまることはできない、と書いているので、荒廃ぶりは相当なものだったのであろう。

関東へ入る

望月から馬を仕立てた一行の行程は日に四、五十里、時には七十五里を進んだように記されているが、戦国時代の北条領国では六町をもって一里（秀吉の時代には一里三十六町が一般化した）としていた。『日記』の記載どおりにすると非現実的な距離になってしまう。おそらく東国に入ってから六町一里をもとに記されていると考えられる。

関東に入った慶次には、いよいよ京洛を離れた人恋しい感情が募ってきたらしい。

ある晩、夢に旧友をみたとして次の詩を詠んだ。

夢我京洛友、拙唱作　　我が京洛の友を夢見、拙唱を作《な》す

向東去北行路難	東に向かい北に去る行路の難
□隔古郷涙不乾	遥かに古郷より隔たり涙乾かず
我夢朋友高枕上	我が朋友を夢に見る高枕の上
破窓一宿短衣寒	破窓の一宿短衣寒し

※二句目の欠字は、「遥」とする説に従った。

つい慶次の謎の生涯に迫りたいと思うあまり、日記に記された朋友・知己という部分に目がいってしまう。この「京洛の友」とは誰のことなのだろうか。

おそらく、慶次はこの旅に出る直前、この人物と会っていたのであろう。筆者があげる候補者は、里村紹巴《じょうは》、そしてその女婿である昌叱《しょうしつ》である。なぜ、武人である慶次にとって、夢にみる朋友とは同じ武将ではないのか。この『日記』で、慶次はほとんど自らの武事を語っていない。かわって、前面に出ているのは慶次の古典嗜好である。

ついでながら、紹巴は慶次が旅をしている慶長六年（1601）の翌年、昌叱は翌々年に相次いで病没する。

もっとも破れ窓のひどい宿で寒さをこらえながら夜を過ごすうちに、慶次が抱いた都への思慕が擬人化されたもの、という可能性もある。しかし、「京洛の」と記しているのは、やはり誰かを念頭に置いて作られた詩ではないだろうか。

人恋しさが募ってきた慶次の前にあらわれたのは、都からかどわかされてきたという女である。化粧がくずれ、顔は横に三寸も長く、お歯黒が剥げ落ちた朽葉色の歯には飯粒や菜葉が付着しており、物をいうたびに「萌黄色《もえぎいろ》」の息を吐く、とすさまじい形容の仕方である。自ら美人に生まれたと称すこのような女をかどわかしてくるとは、人の心はさまざまというものである、と慶次は書いている。さらに、そういうことを理解するために、このように書きとめたのだと言い訳をしている。

新田の能化

慶次一行は十一月七日に新田へやって来た。翌八日は市がたつ日だった。花や小枝で挿頭《かざし》をした人々には交わらず、宿を借りた家の中であろうか、慶次は一人所在なげに奥まった席に座していた。

宿の主人は祈祷を受ける座にいたが、そこへ三、四名の弟子を引き連れた「能化《のうげ》めいた人」があらわれた。

祈祷が済むと、能化は「天玉九々八十大菩薩」と書かれた札を手渡した。主人夫婦は子供二人を連れてこさせ、札をいただかせた。

「この札をいただけば、家族は一切病気をしない。とりわけ流行病を遠ざける効力がある」

と、主人は慶次に説明した。

能化は、目をふさいで男の子の額に「犬」、女の子の額には「猫」という字を書いた。さらに能化は主人夫婦が求めるままに、主人の額には「大般若」、女房の額には「波羅密多」と書きながら、寿命長安を祈念した。

子供の額に紅や鍋墨などで犬の字を書いて、すこやかな成長を願う風習は各地に伝わっている。関西地方では、男の子なら「大」、女の子なら「小」と書く例もある。

慶次は非常に好奇心が強い性格だったのだろう。それぞれのまじないの意味を知りたいと思い、能化に問い質した。

能化は自分の独創であるとして、自慢げに次のように答える。

「男の子の額に犬と書いたのは、暗闇を行く際に狐狸のたぐいに襲われないようにするため。女の子については、犬までは必要ないので猫とした。主人の額に書いた大般若だが、まず大は男を示す。般は日記に判をすえる意味。若は近頃鼠が流行っているので、鼠除けに猫の泣き声（若＝にゃく）をあらわすのだ。女房の波羅密多は誰もが知っている通り子孫繁盛（波羅密多＝孕みた）を祈るものである」

何ともあやしい説明で、慶次も内心、苦笑を禁じえなかったのであろう。しかし、能化の説明に口をはさむようなことはしなかった。

王の袖は二尺五寸

ここでもうひとつ印象的なのは、慶次が過去を述懐する部分があることだろう。

慶次は能化が行うまじないに異を唱えなかった理由として、かつて滞在した熊野での出来事を書き記すのである。
慶次は、かつて熊野の山下に二、三ヶ月いたことがあった。その折、祈祷を行う巫女と出会った。
「どのような祈祷をするのだ」
と、慶次が問う。巫女は答えて、
「王の袖は二尺五寸と一心不乱に唱えれば、おそろしい憑き物も醒めまする」
慶次は祈祷の文言についてちょっと考えた後、
「『王の袖は二尺五寸』ではあるまい。『應《おう》無《む》所住《しょじゅう》而《に》生《しょう》其心《ごしん》』というのが本当だろう」
こうして、慶次が正しい祈祷の文言を巫女に教えた。
それから、三、四年経て再び熊野に下った折、以前に出会った巫女の行方を訪ねた。家は廃屋となっており、どこへ行ったか杳として知れなかった。土地の人間に聞いたところ、祈祷がすっかり効かなくなり、他国へ去ってしまったということだった。
「これは予が本当の呪文を教えたせいであろう」
と、慶次は巫女の身上をふびんに思い、よけいなことをしたと、後悔した。
「だから、能化が物言うたびにもっとも、もっともと応じていたのである」
と、慶次は記している。
気になるのは、「王の袖は二尺五寸」および「應無所住而生其心」という呪文である。両者はどのような関係にあるのか。『日記』のテクストはいずれもこの部分には注釈がなされていない。
この問題については、平山敏治郎氏が「王の袖は二尺五寸の御利口」という小論で、興味深い考察をされている。
奈良興福寺の僧侶が著した『多聞院日記』の天文十二年（1543）三月二十一日の条に、賢禅房という僧侶が語ったとされる記事がある。
まず前段として、弘法大師の御書に関して、賢禅房が紹介する話がある。それによれば、「真言陀羅尼も末世には効力が失われる」という。真言陀羅尼の効力が失われる理由は「聲句が乱れている」せいであるらしい。

しかし、賢禅房は「聲句悪しく共多含なる上」は効力が失われることもあるまい、とこれに異を唱えている。多含とは、多くを包容するという意味であろうか。

これに続けて、賢禅房は笑い話を紹介している。

> 次テニ御物語、、金剛山ニテ或人心経ヲ聲句タヽシク誦シカハ之、天狗付テ誦セシ也、結句随宜誦之、天魔不能同音心歟、王ノ袖ハ二尺五寸ノツレモアレハ也ト御利口アリ、

つまり、金剛山においてある人が心経を音誦していたところ、邪魔をしてやろうと考えた天狗が、これを真似ていっしょに唱和し出した。ところが、天魔の類は人と同じ音を出すことができないらしく、音を似せた結果、「王の袖は二尺五寸」という妙な文言になってしまう、という話である。

では、天狗が真似た心経の元の文句はどのようなものであったかというと、平山敏治郎氏が同じく『多聞院日記』を引いているので、その部分、天正三年（1575）三月二十三日条をみてみよう。

> 廿《にじゅう》三日、過夜延勝房得業夢ニ、破地獄文也トテ、應無所住而生其心ノ文ヲ授ケ、地藏觀ト見了、

今度は延勝房得業という僧侶が夢中に「破地獄文」を授かったという話である。その文句が「應無所住而生其心」であるという。

平山敏治郎氏は、ここで『日記』の十一月八日条を紹介して、「王の袖は二尺五寸」のもととなった文句が「應無所住而生其心」である、とされている。

これは「金剛般若波羅蜜経」の一節である。『仏書解説大辞典』によれば、「金剛般若波羅蜜經は、俗に金剛經と云ひ（中略）、要するに此の經の眼目とする所は、『應無所住而生其心』の八字に言い尽くされているといってよかろう」（一部語句を改めている）とある。

「金剛般若波羅蜜経」の眼目である「應無所住而生其心」とは、一切のものに執着することなしに、その心を運用せよという意味である。

巫女が「王の袖は二尺五寸」と唱える音だけを頼りに、慶次はそれが「應無所住而生其心」という正しいお経の一節が元になっていることを瞬時にして理解したのであろう。

あるいは、興福寺の僧侶が記した笑い話が、大和・紀伊あたりにひろまっており、慶次も聞き伝えていた可能性もある。

試みに、両者をローマ字表記にしてみた。

ono sode wa nishaku gosun（王の袖は二尺五寸）
omu shoju nisho goshin（應無所住而生其心）

而生の部分は古くはjisho、現在ではnishoと発音されているようだ。ここでは、音を似せるためにnishoとした。

漢字表記を比べるよりも、これを音読することによって、多少似て聞こえるだろうか。

ところで、平山氏が引用された『日記』の部分には「應無所住而生其心」とある。

一方、『新編信濃史料叢書』、『日本庶民生活史料集成』にそれぞれ収録されているものでは、いずれも「遍無所住而生其心」となっており、はじめの一字が違っている。

「遍無所住而生其心」では、「王の袖は二尺五寸」と音が遠くなってしまい、洒落としての面白味が半減してしまう。それよりも何よりも、金剛般若波羅蜜経の眼目とは違った言葉になってしまう。

市立米沢図書館から発行された『前田慶次道中日記』には写真版および原本複製が付属しているので両者と照合してみたところ、第一画の入り方から「遍」とは読めない。

ともすれば、「應（応）」と「遍」のくずしは似ることがあるが、市立米沢図書館所蔵本に拠《よ》るかぎり、應と読むのが正しいだろう。

ところで、新田で能化の祈祷を目にしたのは事実であろうが、熊野の巫女の話は、どうも慶次が創作したものではないかという気がしてならない。

冒頭に「謹書」とあるように、この『日記』は誰かへみせるために清書したらしい。その際、新田の能化が行う祈祷に口をはさまなかった自分の心情を、読み手に伝えるべく加筆された部分なのではあるまいか。

　そもそも、旅の手控えの段階では、自分の言動の理由づけとして熊野の巫女のくだりなど記すのは不自然である。

　また、『多聞院日記』にみられるように「王の袖は二尺五寸」にまつわる話は、「南無大師遍照金剛《なむだいしへんじょうこんごう》」を「生麦大豆二升五合」と唱えるのと同様に、当時、周知の笑い話であったらしい。これを慶次自身の体験談として額面通りに受け取ることはできない。

宇都宮の旧友庭林氏

　十一月十日、富田、栃木、三生を経由して宇都宮に入った慶次は、旧友庭林《ていりん》という人物の家に宿泊した。

「予が旧友庭林と言ものあり。彼の宅にて酒くれて、ふろたかす」

　風呂の馳走は当時では最上のもてなしであった。

　慶次一行を歓待した庭林とは何者であろうか。

　諏訪において邂逅した「朋友」に比べて、庭林という名がわかっているため、こちらのほうはある程度まで特定できる。

　庭林氏は、小田原北条氏の関係文書に特権商人として登場する。天文二十四年（1555）六月二日付印判状の宛名に庭林新六郎がみえるのが文書上の初出とされている。

　これによれば、北条氏は庭林氏に対し、蝋燭《ろうそく》を運ぶ馬について春一順三匹、冬一順三匹、年間で六匹分の分国中の通行許可を与えている。

　ちなみに、『北条五代記』にも「庭林房一本傘の事」の章に誓願寺の僧として庭林という者に関する記述がある。

　天正元年（1573）三月、里見義堯と北条氏政が合戦に及んだ。小田原へ里見水軍が押し寄せてきたという噂がひろまると、誓願寺の僧庭林は唐傘をさして見物に出かけた。浜にはすでに先客がいて、三本唐傘の旗印を差した高山大膳大夫が沖の舟へ向かって、

「これへ一陣にすすみ出たる三本唐傘は、相模の国の住人高山大膳大夫なり」

と呼ばわっていた。ところが相手はただの釣り舟だったためにさっぱり反応がない。

それをみていた庭林も負けじと、
「これへ二陣にすすみ出たる一本唐傘の法師武者こそ、浄土宗誓願寺の住僧庭林なり」
と名乗り出たので、集まった人々の失笑を買った。
騒ぎを聞いた北条氏政が仔細を家臣に尋ねると、
「釣り舟を里見の海賊と間違えて、高山某と誓願寺の坊主が名乗りをあげて勝負を挑んだ次第」
という。氏政は庭林の当意即妙を褒めた。
さらに噂を聞いた国王丸（氏政の子か）が、その坊主をみたいといい出し、御前へ召し、
「昨晩のごとく、言葉を違えずに名乗ってみよ」
と命じた。庭林はほかならぬ北条氏の命であるので、庭へおりて唐傘をさしあげて名乗ってみせた。国王丸は大笑いしてたくさん褒美をとらせたという。
天正年間には関宿簗田氏の救援、宇都宮氏の多気城築城にも関わっている。
また、『信長公記』巻十三に、

（天正八年）閏三月十日、宇津の宮の貞林、立川三左衛門使として御馬牽上進上。太逞駿馬にて、御自愛、乗心地比類なく、御秘蔵斜めならず。

とあるが、この立川三左衛門を使者として遣わした「宇津の宮の貞林」は庭林氏のことであろう。天正八年の段階で、織田信長に馬を献上して中央とも繋がりを持っていたことになる。
文禄四年（1595）には、庭林内膳亮が検地役人として名を連ねている（「都賀郡上石川村検地帳奥書」）。
慶長四年（1599）閏三月に宇都宮国綱主従が伊勢神宮へ参拝したが、この時にも庭林対馬守および内膳亮が「下野国旦那之事」にみえ、両人は伊勢内宮御師佐八氏から土産として「帯、くし、茶弐袋」を贈られている。内膳亮については「右ノ人、蝋燭師也、坂ヨリ東ノ上手、昔よりの蝋燭ノ家之由承候」と注が付されている。これは、庭林新六郎宛の北

条氏印判状で蝋燭の荷駄通行許可を与える内容とも符合する。
また、慶長五年、徳川家康主導による会津討伐では、宇都宮の町衆が蒲生氏の人質にとられている。その中に庭林宗喜（内膳亮と同一人物か）の名がある。
慶次と親交があった庭林とはこの一族、おそらくは内膳亮であろう。旧友というのは、滝川一益に従って上野に在った頃か、あるいは天正十八年、前田利家に従って奥羽仕置に向かう直前、宇都宮に滞在した時に親交があったものと考えられる。
庭林氏は会津・宇都宮間に独自のネットワークを持っていた。蒲生氏が会津から宇都宮へ移封された際、慶次もこれに従って一時移住したことがあったのであろうか。
それにしても、慶次の交友関係の広範なことには驚かされる。本州の半分を縦断する旅の途中で、土地の人間との何気ない会話、旧知の人間と親交を暖めなおす場面が繰り返し出てくるが、当時としては異例のことではないだろうか。
関東の名家宇都宮氏に仕える庭林氏と、織田あるいは豊臣政権を代表する武将の配下の間に横たわるものとしては、緊張感とそれを糊塗する儀礼的なうわべしかないような気がする。
慶次の人間的魅力ということを考慮に入れたとしても、何か媒介となるものがあったのではないかと考えてもみたくなる。和歌、狂歌などはその候補のひとつといえるのではないだろうか。江戸時代なかばになると、俳諧師は諸国に散らばる弟子や後援者たちを頼りながら旅を続けた。こうした状況を想起させるのである。
宇都宮を発つ際、慶次は「いにしへの友」から「反乱よき鷹」「犬の子」を贈られている。反乱とは斑爛のことである。斑模様の美しい鷹ということであろう。
庭林も同様に慶次に対し、「宇都宮の鷹の鈴は上野の縄の鈴よりよし」といって鈴を贈っている。
鷹の鈴、縄の鈴とは何のことだろうか。
「縄の鈴」とは、神社の社殿や神輿などの「鈴縄」を連想させる。
一方の「鷹の鈴」は鷹狩に使用する鷹につけて、その居場所を知る手がかりにするものである。別の友人から鷹を貰った慶次に、その鷹につけるための鈴を贈ったものであろう。
ちなみに、宇都宮二荒山神社には宇都宮流という放鷹術が伝えられている。
用途が違う鈴について、「宇都宮の鷹の鈴」のほうがよい、とはどういう意味か。
庭林が鷹の鈴を慶次に贈ったのは、古歌を踏まえたものとも考えられる。一例をあげれば『玉葉』に、

数ならぬ身ははしたかの鈴鹿山とはぬに何の音をかはせん

という歌がみえる。これは鈴鹿山の歌枕である「はしたか」（箸鷹という小型の鷹の一種）にかけているのだが、これを踏まえて、慶次のもう一人の「いにしへの友」から贈られた鷹の子に、庭林が鈴を添えてみせたのではないだろうか。あるいは、慶次が鷹の種類をよく確かめず、箸鷹を鷹の子であると思い、『日記』に記したのかもしれない。
そう考えると、本来は道中の無事を祈る意味では、庭林たちは神社で御祓いをした鈴縄を贈るべきなのであろうが、かわりに箸鷹につける鈴（音信に通じる）を贈って名残を惜しんだのであろう。
庭林ともう一人の名が記されていない「いにしへの友」が、本当にそのような深い意味を込めて餞別を贈ったのだとしたら、慶次との関係も武士と特権商人という建前だけのものではないのかもしれない。
だからこそ、慶次も『日記』に「予が旧友」と記したのではないだろうか。

道中日記ルート②

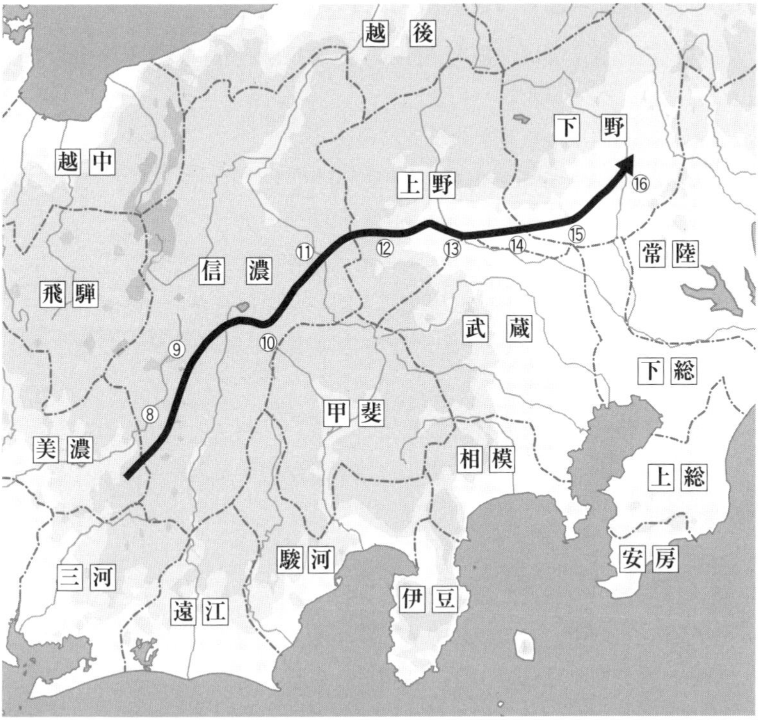

	月日	行程	宿泊地	里程	移動手段	現在の地名	主な事件・通過ポイント
ルート②	10月30日	中津川		–		岐阜県中津川市	
		～馬籠		2	徒歩	岐阜県中津川市馬籠	
		～妻籠		3	徒歩	長野県南木曽町妻籠	化粧をした女
		～野尻	⑧	3	徒歩	長野県大桑村野尻	
	11月1日	～須原		1.5	徒歩	長野県大桑村須原	
		～荻原		2	徒歩	長野県上松町荻原	寝覚の床、巴が渕
		～福島		2	徒歩	長野県木曽福島町	
		～宮越	⑨	1.5	徒歩	長野県日義村宮ノ越	
	11月2日	～奈良井		5	徒歩	長野県塩尻市奈良井	鳥居峠
		～本山		3	徒歩	長野県塩尻市本山	桔梗原、塩尻峠
		～下諏訪(湯本)	⑩	4	徒歩	長野県下諏訪町	富士山見物
	11月3日	下諏訪(湯本)	〃	–		長野県下諏訪町	諏訪社、朋友の来訪
	11月4日	～和田		5	徒歩	長野県下諏訪町	
		～長久保		2.5	徒歩	長野県長門町長久保	
		～望月	⑪	2.5	徒歩	長野県佐久市望月	
	11月5日	～軽井沢		50	馬	長野県軽井沢町	碓氷峠の熊野権現
		～坂本	⑫	15	徒歩	群馬県松井田町坂本	京洛の友を詩に作る
	11月6日	～安中		30	徒歩	群馬県安中市	かどわかされてきた女
		～倉賀野	⑬	25	徒歩	群馬県高崎市倉賀野町	
	11月7日	～柴		15	徒歩	群馬県伊勢崎市柴町	柴の渡し
		～木崎		15	徒歩	群馬県太田市木崎	
		～新田	⑭	15	徒歩	群馬県太田市	
	11月8日	新田	〃	–		群馬県太田市	新田の市、祈祷師のまじない
	11月9日	～八木		10	徒歩	栃木県足利市福居町	
		～犬伏	⑮	20	徒歩	栃木県佐野市	
	11月10日	～栃木		25	徒歩	栃木県栃木市	
		～壬生		15	徒歩	栃木県壬生町	
		～宇都宮	⑯	20	徒歩	栃木県宇都宮市	旧友庭林が酒と風呂の馳走

※望月以降は六町をもって一里としている。

喜連川の肌吉衆

庭林氏の好意を受けた慶次一行は、鬼怒川を渡り、氏家を経由して狐川（喜連川）へ着いた。

喜連川で、慶次は紙漉《す》きの職人に出会う。

「大やぶのあなたなる狐川に付、甲斐のはだよしといふ杉原すく者あり」

甲斐のはだよしとは人名ではない。甲斐産の美しい紙肌の和紙のことである。この和紙を漉く者は「肌吉衆」と呼ばれた。その歴史は、甲斐源氏の祖といわれる源義清が甲斐に入国した頃にさかのぼるという。

「肌吉」あるいは「肌好」と呼ばれる理由は、紙肌が美人の素肌のように美しいからといわれている。

しかし、時代が下ると技術の流出、あるいは製法の変化が出てきたのであろう。慶次が喜連川で目撃した技術者が甲斐と繋がりがあるとは考えにくい。おそらく「甲斐の肌吉」というブランドで紙漉に従事していたものであろう。

慶次は喜連川の職人が漉いた紙を分けてもらった。さっそく試し書きをしたが、その際、この土地の名を漢字でどう書くか、と職人にたずねた。それまで慶次は喜連川を「狐川」と表記している。

職人は、昔、この地に御所が造営された際、喜びを連ねるようにと祝したことにちなんで「喜連川」と書くのだと説明する。

喜連川はこの時代には足利氏（土地の名をとって喜連川氏を称す）の所領となっていた。京都の室町将軍家ではなく、鎌倉公方の後裔である。

いくさ見て矢作る

喜連川から佐久山へ向かう途中で、一行ははじめて雨に見舞われた。しかも途中から雨は雪に変わり、風まで強まって一行を悩ませた。

いよいよ風雪が強くなってきたので、慶次一行はあわてて「雨つつみ」のための雨具を用意した。

雨つつみとは「雨障」と書く。『万葉集』にはいくつかの歌が採られている。雨にさえぎられて外に出られぬ様のことであり、屋外を眺めながら一日を過ごす貴族たちは、その情景を様々な歌に詠んだのである。

したがって、「雨つつみ」と呼称される特別な雨具があるわけではない。おそらく一行が蓑などを用意しているのを「雨つつみ」と慶次が万葉の言葉で記したものであろう。

『日記』では、自分たちの慌てぶりを「いくさ見て矢作る」といって、みんなで笑ったと記されている。

現在では使用頻度こそ少ないものの「軍《いくさ》見て矢を矧《は》ぐ」の形で残っている。問題がおきてから対応する愚を諭したことわざで、泥棒を捕らえて縄を綯《な》う、溺るるに及んで船を呼ぶ、飢えに臨んで苗を植える、などヴァリエーションも豊富である。

もとは『晏《あん》子《し》春秋《しゅんじゅう》』の一節、「溺れて後、墜を問う。迷うて後、路を問う。難に臨み兵を鋳る。渇に臨み井を掘る」を出典としているらしい。「軍見て矢を作る」ということわざは江戸期の随筆や軍記に使用例がみられるが、すでに慶長六年時点でこの形で伝播していたということがいえる。

当時、もちろん「ことわざ辞典」などというものはなく、日常の場面においてことわざがただちに出てくるというのは、やはり読書によって獲得した能力であろう。

「いくさ見て矢作る」とは慶次自身がいったのか、従者の一人が口にしたのかは不明だが、「人皆いくさ見て矢作とわらひぬ」とあるように、共通理解が得られている。いずれも水準以上の学識を備えた人々であったようだ。

また、こうした合戦に関することわざが流布していたのも、この時代ならではの風潮といえよう。

踏瀬の五百羅漢

一行は白河の関にさしかかり、陸奥国に入った。

慶次は能因法師の

みやこをばかすみとともにたちしかど秋風ぞふくしらかはのせき

春霞立つ頃に都を発ち、ようやく白河の関へやって来たら季節はめぐり、

すでに秋風が吹く頃になっていた。思えば長い月日を旅して来たことであるよ

という歌を思い出しながら、「思へバ遠くも来にけり」と書いている。老いの身にはこたえたであろうが、今回の旅は慶次がつい数ヶ月前に出発した場所へ立ち帰る旅である。いわば復路に相当する。しかも、一般的に考えて、帰宅するのに「はるばるやって来た」とか「遠くまで来たものだ」という感慨は不自然である。

この「思へバ遠くも来にけり」は、慶次の感慨というよりは、演出効果に近い。やはりこの『日記』が他者に読まれるのを意識したものであることを示しているように思われる。

それは、このあとに続く慶次の和歌についてもいえる。

白河の関路は越しつ旅衣猶行末も人や住むらん

白河の関所をようやく越えて、みちのくに入ったが、旅はまだまだ続く。これから先、訪れる土地にも人は住んでいるのであろうか

「猶行末も人や住むらん」と慶次は詠むが、当の本人にとっては奥羽は未知の土地でも何でもない。この歌は、遠い都を思いながら、見知らぬ東国へ下る古典文学の世界を再構築しているわけである。

白河の関を越えた慶次は、「ふませの観音堂」に着いた。ここで、弘法大師作といわれる五百羅漢を見物している。「ふませ」は現在の福島県泉崎村踏瀬で、慶次一行が目にした五百羅漢は観音山磨崖供養塔婆群（福島県重要文化財）のことである。

高さ十メートル、幅三十八メートルの岩肌をおよそ七段に分けて彫り、俗に五百羅漢とも呼ばれている。総数約三百二十余といわれ、中には弘安八年（1285）七月の墨書銘のある板碑も現存する。

五百羅漢については、筑紫にもあり（大分県下毛郡本耶馬渓町の羅漢寺を指すものと考えられる）、どちらも弘法大師の作であると慶次は書いているが、事実は違うようである。耶馬溪の五百羅漢は南北朝時代にその地を訪れた京都建仁寺の昭覚禅師と中国天台山の僧建順が彫ったも

のと伝えられている。

踏瀬の五百羅漢の前で、慶次はここに立つと、亡くなった親などをみることがある、と記している。このように記す心理から推して、おそらく慶次も自身の肉親について、しばし思いをめぐらせていたことであろう。

慶次は亡き親の魂を招く作法を書きつけている。

切紙招亡親、酌酒祭霊鬼

紙を切りて亡き親を招き、酒を酌んで霊鬼を祭る

五百羅漢については「一体ずつ探せば親に似た羅漢像がある」といわれるが、こんなところにも羅漢信仰が庶民に支持された理由があるように思う。踏瀬の観音山磨崖供養塔婆群の場合も、五百羅漢と称されるように、やはり「親を見る」という話が付随しているようだ。

ただし、踏瀬のものは羅漢像ではなく塔婆群であるため、そっくりの顔を探すわけにはいかない。そこで「此石のほとりにては、失せにし親など見ること」があるという象徴的ないい伝えに変じており、あわせて「紙を切りて亡き親を招く」という呪術的行為が持ち出されたのであろう。

亡き親への思いに浸り、しばし感傷的になったのであろうか、慶次はゆっくり休みながら矢吹の里へ行こうと考えた。しかし、そのツケはすぐにまわってきた。

矢吹に着いたところ、泊まる宿がみつからず、一行はその先の岩瀬まで進まなければならなかったのである。

とはば人に岩瀬のなみのぬれぬれて渡る宿告げよ夢のうきはし

夢の浮橋よ、我が身が濡れる川の瀬を渡るような心地の岩瀬へ行けば泊まる宿があるだろうか。どうか教えてほしい

こうしてみると、本節冒頭の「猶行末も人や住むらん」という感慨は慶次の悪い予感だったのではないか、とさえ思えてくる。

一行は宿があるかどうかを尋ねようにも、人影まばらな道を進んでいたのであろう。あてもないまま、岩瀬へ向かう慶次は、これは夢だと自分にいい聞かせながら「夢の浮橋」の歌を詠んだのかもしれない。

安積山と安積沼

郡山を経て、高倉へ向かった慶次一行の前に大きな沼があらわれた。

その沼は「まわり十丈あまり」と慶次は規模を示している。沼の中央には小島が浮かんでいた。

里人に尋ねると「浅香の沼」であるという。

また、高さ七、八丈の山があり、これが有名な浅香山（安積山）であった。

慶次は安積山と山の井について、

浅香山かげさへ見ゆる山の井の浅き心をわが思はなくに

安積山にあるという山の井は清く澄んで影さえも映してしまうとのことですが、恋しいあなたに対する思いが浅いということはございません

という『万葉集』の歌を紹介し、続いて安積沼については、

みちのくのあさかの沼の花かつみかつ見る人にこひやわたらん

陸奥の安積の沼に咲いている花かつみのように、わずかに逢うだけの人を、私はこの先も恋い慕い続けていくのであろうか

という歌を『古今和歌集』からひいている。奥州に入ってからは、慶次の古典嗜好がよくあらわれている。

「このように、歌の道に心あらん人、詠みおかずといふ事なし」

歌の道を知る者であればここで詠まずに何とする、というわけで、さっそく慶次も

心あらん人に見せばやミちのくの浅香の山ののこるかつみを

歌の道に心を寄せる人にみせたいものだ。いにしえの歌にも詠われた花かつみが陸奥の安積山に今も残っている光景を

と書きつけた。松尾芭蕉はどの草が花かつみであるのか、土地の人々に尋ねてみたが、一向に知っている人がいなかった、と『奥の細道』に記しており、「かつみ」とは正体がよくわかっていないが、慶次は「かきつばた」のことだと記している。ところが、歌枕の地に立って、慶次も興奮していたのであろうか。あるいは後に清書した段階で写しまちがえたのかもしれないが、慶次の歌は前出の『古今和歌集』の「みちのくのあさかの沼の花かつみ」という歌を踏まえているわけであるから、本来ならば「浅香の沼」とすべきところを「浅香の山」と誤ってしまっている。

憧れの歌枕の地で和歌を詠むという、歌人としての喜びをかみしめながら、その一方で慶次の心中には自らの老いに対する自覚がふつふつと湧きおこってきたのではないか。

それは、尽きることのない歌の道に遊ぶうちに、永遠なるものと、命あるものとの間に横たわるギャップに起因していた。

人が死んで、いにしえの人が詠んだ歌だけが残っている現実に、慶次は自らを顧みて、慄然としたのではないだろうか。死すべき運命、それは誰一人逃れようのない宿命である。

世の中にふり行く物は津の国のながらの橋と我が身なりけり

世の中に年を経て長らえているものは、摂津の国にある長柄の橋であるが、思えば我が身も年をとってしまったものである

慶次が生きた時代より八百年ほど前に架けられた摂津国長柄の橋と自分を「古くなってしまったもの」と詠んだ『古今和歌集』の歌を追記する。これは老人の述懐である。

「古来から何人もの歌人が歌を残して、その身ははかなく亡んでいった。

今や老い果てた我が身にも同じ運命が待っているのだ」
と、慶次は越し方、行末に思いをめぐらせた。
　先ほどまでの、歌枕の地を踏んだ興奮は一気に冷めてしまったのであろう。

　慶次一行が通過した八十八年後に松尾芭蕉と河合曽良がここを訪れている。曽良はその日記に次のように記している。

> **町はづれ五、六丁程過テ、あさか山有。壱り塚ノキハ也。右ノ方ニ有小山也。アサカノ沼、左ノ方谷也。皆田ニ成、沼モ少残ル**

> 町を五六丁ほども過ぎると、安積山がある。一里塚のきわである。右のほうにある小山である。安積沼は左の方が谷になっている。沼全体はすっかり田に変わってしまっているが、わずかながら沼の部分が残っている

　慶次の頃よりは沼もだいぶ小さくなったらしく、周辺の田も昔は沼であったろうと曽良は考察している。

石田三成の鎮魂

『日記』には、慶次と同時代を生きた人々の名があまり登場しない。わずかに、木曽の橋を整備した豊臣秀吉と、宇都宮の庭林、さらに奥州にいたって慶次が遭遇する奇習の中で石田三成の名が出てくる。
　安積山を過ぎると、大きな塚に出会った。気になった慶次は土地の人間に、どのような塚であるのかと聞いたところ、
「石田治部少輔とか申す人が今年の秋のはじめに都より送られてきた。それを他所へ送ることをしなかった在所では、物に憑かれる人が多く出て悩まされた。そこで、国々では軍勢を繰り出して、次の村へ送ってやり、最後に送られたところで塚を築いたのです」
という答えが返ってきた。
「送る」とは、送り火を焚いたり、真菰で造った船を川へ流す祭事である。

近世以前には、農作物がイナゴに荒らされたりするのも祟りによるものと信じられていた。そこで、田畠を虫の害から守るために村々では虫送りが行われた。

虫送りの代表的なものに、源平合戦で非業の死を遂げた斎藤別当実盛を勇ましい鎧姿の人形に仕立てて送る「実盛送り」がある。実盛が木曽義仲の配下手塚太郎光盛と一騎討ちした際、稲株に足をとられてついに討たれた。そのため、実盛はたたり神となって、毎年夏になると虫になって稲に被害を与えるのだ、と信じられた。

そこで、人々は実盛をかたどった藁人形（実盛人形）をつくり、その魂を鎮めて村外へ送り出す行事を行うようになった。

ちょうど、慶次が『日記』の中で、三成の怨霊によって物憑きとなった人が「田畠があれたるハわがわざにあらずや」と語る部分がある。実盛のように虫になったという記述はないものの、三成も田畠を荒らす「たたり神」とされている点では斎藤別当実盛の場合と合致する。

つまり、関ヶ原合戦後、「三成送り」ともいうべき行事が各地で行われていたのであろう。

「三成送り」の記述は、『日記』以外にもみられる。たとえば、戦国時代から江戸時代初期の事件を編年で記録した『当代記』の慶長十七年七月条には、次のような記述がある。

奥州下野国など下民多死、石田治部少たゝりとて、奥州米沢より送之、会津よりも又送之

奥州や下野国では災害によって多くの死者が出た。そこで、石田治部少のたたりであろうということで、彼を祀り、米沢や会津からも三成の霊が送られた

慶次が旅した時から十一年後のことを記したものであるが、全国的に天災に見舞われ、奥州では大風・洪水に悩まされた。それゆえに「三成送り」やそれに類する虫送りも大がかりに行われ、こうして記録に残ることになったのであろう。

『日記』の記述は慶長六年のものであるので、『当代記』のものよりも

古い。あるいは「三成送り」の文献上の初出である可能性も高い。

慶次によれば、この「三成送り」は京都を出た頃はひそかに行われていたが、次第に大げさになって、下野あたりでは藁人形に具足・甲冑を着せ、草でつくった馬が用いられていた。慶次自身が目撃したのか、伝聞情報かわからないが、人形を用いる点で「実盛送り」を彷彿《ほうふつ》とさせる。

諸史料をみるかぎり、慶次は石田三成との縁はさほどなかったようであるが、

「とにもかくにも、笑いのたね、ただの人ではない」

と、『日記』に記している。

死んだ後も世を騒がせるとは、三成という人物は尋常ではないと、なかば笑い、なかば感心している風でもある。

非常に興味深い記事であり、あらためてこの『日記』が関ヶ原合戦から間もない頃のものであることを思い出させてくれる。

米沢に到着

板谷峠を越えた慶次は十一月十九日、米沢へ到着した。慶次は陶淵明の詩「帰去来の辞」の一節を念頭に置いて『日記』をしめくくっている。

「米沢もそこなれば、乃て衡宇《こうう》を瞻（見）、すなわち欣《よろこ》び、すなわち奔る」

陶淵明は六朝時代の東晋の詩人で、「帰去来の辞」は、彼が役人生活を嫌って帰郷した際の心境をつづった詩である。

先に、慶次は白河の関で

白河の関路は越しつ旅衣猶行末も人や住むらん

と未知の土地への不安感を詠んだが、「これから向かう土地に人は住んでいるのだろうか」という不安どころか、ラストで「帰去来の辞」を持ち出したことで、帰郷の場面となってしまっており、アンバランスな面が際立っている。

やはり、慶次の述懐・備忘録というよりは、人にみせて楽しませるための文学作品であったということができるのではないか。

ちなみに先行していた上杉景勝一行は十月二十八日に米沢に到着しているから、十四日の行程であったことになる。一方、慶次は二十六日間かかっている。九日遅れて京都を発したわけであるが、結果的に十二日もよけいに日数がかかっている。

かりに信濃国下諏訪および上野国新田で二日間滞在したこと、奥州に入ってから降雪に悩まされて一日程度のロスが生じたことを加味しても、上杉景勝の一行にくらべてややスローペースである。上杉主従は東海道へ出て江戸を経由したと考えられる。

慶次一行の移動距離は、百九十里、約七百六十キロメートルであった(望月〜米沢間は六町をもって一里として計算)。

道中日記ルート③

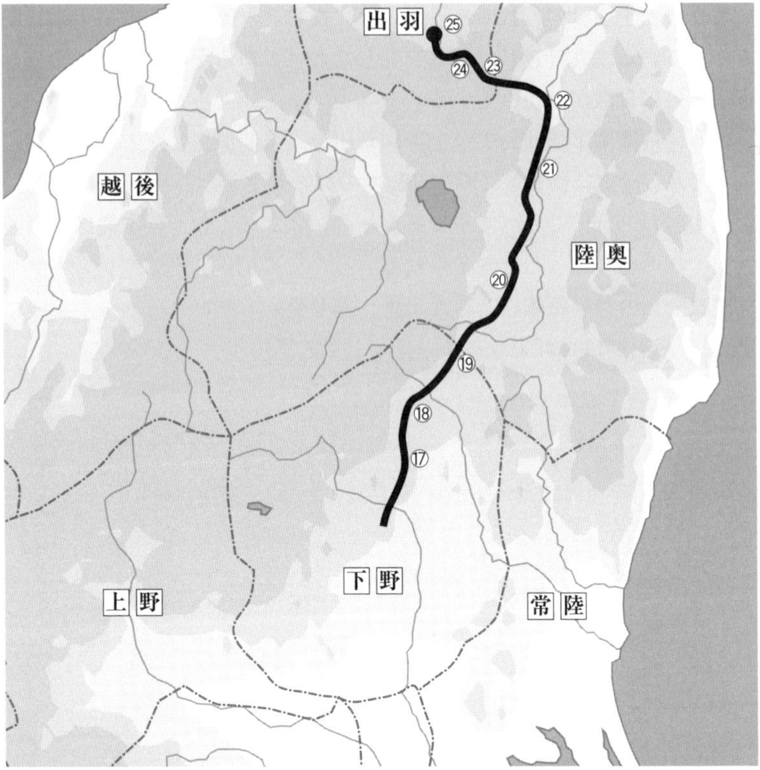

	月日	行程	宿泊地	里程	移動手段	現在の地名	主な事件・通過ポイント
ルート③	11月11日	宇都宮		–		栃木県宇都宮市	
		～氏家		15	徒歩	栃木県さくら市氏家	
		～狐川	⑰	10	徒歩	栃木県さくら市喜連川	杉原紙を漉く者
	11月12日	～佐久山	⑱	20	徒歩	栃木県太田原市佐久山	雨のち雪
	11月13日	～太田原		10	徒歩	栃木県太田原市	
		～鍋掛		20	徒歩	栃木県那須塩原市鍋掛	
		～芦野	⑲	20	徒歩	栃木県那須町芦野	
	11月14日	～白河		30	徒歩	福島県白河市	白河の関
		～太田川		10	徒歩	福島県泉崎村太田川	踏瀬の五百羅漢
		～矢吹		15	徒歩	福島県矢吹町	泊まる宿なく、岩瀬へ向かう
		～須賀川		20	徒歩	福島県須賀川市	
		～岩瀬	⑳	–	徒歩	福島県鏡石町岩瀬	
	11月15日	～笹川		10	徒歩	福島県郡山市笹川	
		～郡山		10	徒歩	福島県郡山市	
		～高倉		10	徒歩	福島県郡山市日和田町高倉	安積山と安積沼
		～本宮	㉑	10	徒歩	福島県本宮町	石田三成の塚
	11月16日	～二本松		15	徒歩	福島県二本松市	
		～八丁目		15	徒歩	福島県福島市松川町	
		～大森	㉒	15	徒歩	福島県福島市大森	
	11月17日	～庭坂	㉓	15	徒歩	福島県福島市庭坂	
	11月18日	～板谷		30	徒歩	山形県米沢市板谷	
		～石仏	㉔	20	徒歩	山形県米沢市大沢	
	11月19日	～米沢	㉕	20	徒歩	山形県米沢市	

※里程は六町をもって一里としている。

第六章　堂森隠棲

春来れば栖もみえずなりにけり
柳うへを草敷く蓑道

慶次について、史料上でその動向が確認できるのは、慶長七年（1602）二月の亀岡文殊《かめおかもんじゅ》奉納を目的とした詩歌の会への参加が最後となる。

政治的には、常陸佐竹氏の出羽転封、薩摩島津氏の本領安堵など、関ヶ原合戦の戦後処理がまだ続いていた。京都では、慶次も師事したといわれる連歌界の重鎮・里村紹《じょう》巴《は》が世を去っていた。また、慶次とともに組外衆の一人として上杉家に仕えていた車丹波が、常陸で一揆を起こして失敗、捕らえられて処刑されている。

関連年表5

		前田慶次関連事蹟	その他の歴史的事件
慶長七年	1602	慶次、直江兼続らと亀岡文殊に詩歌を奉納	連歌師里村紹巴死去

亀岡文殊奉納歌百首

『前田慶次道中日記』のほかにも、慶次は米沢に詩歌などの作品を遺している。

慶長七年（1602）二月二十七日、直江兼続の主催で同好の士二十七名が、松高山大聖寺（亀岡文殊）に集まり、漢詩及び和歌合わせて百首を詠じて奉納した。上杉主従一行から遅れて米沢入りした慶次も加わっている。

大聖寺は大同二年（802）に徳一上人によって創設された置賜地方屈指の古刹である。徳一は乱をおこして敗死した藤原仲麻呂（恵美押勝）の子といわれる、なかば伝説的な僧であった。若い頃に東大寺で修行した後、東国へ移り、会津恵日寺など多くの寺院を開いた。その一方で、中央仏教界を厳しく批判し、特に最澄と激しい論争を繰りひろげた。

三大文殊に数えられる本尊は中国から伝来し、伊勢国に安置されていたものを、徳一がここに移したといわれている。

兼続が詩歌の会の開催場所として、大聖寺を選んだのは、中央と渡り合った徳一の事蹟が念頭にあったからではないか。

詩の出題者は兼続の弟大国（小国）実頼である。

参加したのは次頁のような面々である。名前のあとのカッコ内の数字は詠んだ詩歌の数を示している。

漢才の衆というのは漢詩の作り手のことである。

一般に連歌において句数の多寡は身分の高下や実力が関係している。亀岡文殊奉納詩歌百首は連歌ではないが、やはり作品の多少については身分や実力は影響しているだろう。

慶次は五首を詠んでいるが、和歌の衆二十一名のうちでは最高で、他に五首を詠んでいる者は五名しかいない。

和歌は五首ずつ和紙に貼られ折りたたまれた形（タテ41センチ×ヨコ30センチ）で伝存している。

『亀岡文殊奉納詩百首』の顔ぶれ

和歌の衆	漢才の衆
倉賀野左衛門五郎綱秀（三）	直江山城守兼続（七）
八王子民部冨隆（五）	鮎川主計秀定（四）
潟上弥太郎秀光（四）	弘徳寺泰安玄劉（七）
安田上総介能元（三）	中堀入道元貞（七）
蔵田惣左衛門忠広（五）	宇津江九右衛門朝清（五）
称念寺隠其阿（五）	宗繁（三）
宇津江藤右衛門長実（一）	
千坂対馬守長朝（五）	
岩井備中守信能（四）	
若松東明寺其阿弥（四）	
前田慶次利貞（五）	
吉益右近家能（四）	
小国但馬守実頼（五）	
来次出雲守氏秀（四）	
春日主膳続忠（一）	
万願寺仙右衛門高信（一）	
楡井織部綱忠（四）	
来次吉蔵朝秀（一）	
春日右衛門元忠（一）	
高津刑部長広（一）	
高津七郎太郎秀景（一）	

参加した面々をみれば、上杉の家宰直江兼続に、家中の重鎮や米沢の有力寺院の僧たち、その中に混じっている慶次の存在が異彩をはなっている。また、慶次との連句を遺している安田能元も加わっている。

慶次の作品は「利貞」と署名がある次の五首といわれている。

樵路躑躅
山柴に　岩根のつつじ　かりこめて　花をきこりの　負い帰る道

山で刈りとった芝の中に岩根に咲いていたつつじが混じっている。それを背に負って家路につくきこりの姿はまるで花をまとっているかのような風情であるよ

夏月
夏の夜の　明やすき月は　明のこり　巻をままなる　こまの戸の内

短い夏の夜が明けてもなお月が残っているように、名残りを惜しんでいる。それでもなお、私たちは共寝をむさぼっていることであるよ。木々の間の一つ家の内で

閏上霰
ねやの戸は　あとも枕も　風ふれて　あられよこぎり　夜や更ぬらん

寝所の戸は足元も枕元も風が入ってくる。あられも横切る有様だが、こうしている間にも夜はふけてゆくのであろうなあ

暮鷹狩
山陰の　くるる片野の　鷹人は　かへさもさらに　袖のしら雪

山にいだかれた狩り場は暮れつつある。鷹を使っていた人は帰りがけに袖に積もる白雪の中を戻っていくことになるだろう

船過江
吹く風に　入江の小舟　漕きえて　かねの音のみ　夕波の上

海上に吹く風にあおられるように入江を漕ぎすすんでいく小舟が消え失せて、夕波をわたっていくのは鐘の音だけである

米沢における前田慶次の動向のうち、年次がはっきりしているものとしては、慶長七年二月二十七日に「亀岡文殊奉納詩歌百首」に名を連ねているのが最後となる。

関ヶ原戦後の処遇

上杉家中が松高山大聖寺で詩歌の会を催した一件は、新しい領国経営に邁進しつつ「忙中閑あり」といったゆとりさえ感じさせる。

過去の蒸し返しは、むしろ勝者の側で行われていたようだ。

関ヶ原合戦の後、米沢・福島三十万石におしこめられた上杉家に対し、最上家は大幅に加増されて五十七万石の大大名に躍進した。長年、上杉家と抗争を繰り広げた庄内の地を含む現在の山形県の大半（置賜地方を除く）を領し、さらに秋田県の一部にまでまたがる領土を得ることとなった。

勝者となったとはいえ、領国深く踏み込まれ、一時は存亡の危機をまねいた最上義光は、なおも心中おさまりがつかないものがあったのだろうか。その憤懣を当時の同盟者である秋田氏に向けた。

義光は、秋田勢が院内まで出陣してきながら軍を返したのを、上杉軍と示し合わせた行動だと非難したのである。結局、この問題は慶長七年(1602)、大久保相模守邸で徳川家重臣たちの陪席のもと最上・秋田両家の対決に発展した。その様子が「秋田実季最上義光依出入於大久保相模守宅対決之次第」（『能代市史』）に記されている。

最上家の老臣坂紀伊守が、

「秋田実季どのは院内まで兵を進めながら、直江兼続が出陣してくるとすぐに退却した。これは上杉家と通じていたからではないのか」

と難詰した。坂紀伊守は長谷堂城将の一人として直江軍の猛攻をしのぎ、戦後は長谷堂城主となっていた。

これに対し、秋田実季は証拠となる家康主従の書簡を一々示しながら、理路整然と抗弁した。さらに、秋田実季は最上義光からの返書を取り出した。

それには、会津からの侵攻を受け方々取り乱れている惨状を伝え、「今日、内府様へ書状を送るので秋田勢は仙北へ軍勢を進めたと記しておきたい。その通りにされることが肝要だ」と書かれてあった。
最上・秋田両家の緊密な連絡を物語るものであったが、坂紀伊守は、
「この書状にある主人の判は偽物である」
といい放った。これには、同席していた徳川家重臣たちも呆れ返った。
「それが出羽守の偽判ならば、わしは磔になっても構わん。だが、本物だったら出羽守が磔になるか」
と、秋田実季は逆に坂紀伊守を問い詰めた。返す言葉がみつからない坂紀伊守は、
「最上義光と秋田実季、いずれが忠義者か」
と迫った。
秋田実季もついには堪忍の緒が切れ、叫んだ。
「紀伊守、よく聞け。そのほうの主人出羽守にくらべて自分は小身だが、伊達政宗に後巻きを頼む際に、やれ家の恩だの、命の恩だのともみ手をして助けを乞うようなことはしない。その挙句が、直江兼続に長谷堂まで攻め込まれた糞たれではないか」
その頃、米沢の北、高畠亀岡の大聖寺に詩歌を奉納するため、二十数名の人々が集まっていた。むろん、最上・秋田両家の問題が紛糾していることなど、前田慶次や直江兼続たちにとって思惑の外であったことだろう。

慶次の隠棲地・堂森

『慶長五年直江山城支配長井郡分限帳』では千石を領していた前田慶次であったが、関ヶ原以後は五百石をもらって堂森に隠棲《いんせい》したと伝えられている。
「今度の乱（関ヶ原）において、諸大名の心底はみえた。景勝のほかにわが主人とすべき人物はいない」
そういって、慶次は他家からの仕官も断り、上杉領の片隅へ引っ込んでしまったという。慶次は上杉景勝ばかりは「始めより終りまで、弓矢を取り臂《ひじ》を張られ候事、天晴武士なり」（『東国太平記』）と高く評価している。
堂森は現在の米沢市万世町である。上杉領の検地帳『邑鑑《むらかがみ》』には次

のように記載されている。

一　高四百拾八石七斗　四ッ九歩成
　一　漆木有リ　一　桑木有リ
一　四拾四間　　　　　　家数
　　右　内
　一　八間　　　　役家
　一　四間　　　　肝煎小走
　一　三拾弐間　　職人寺山伏老若共ニ
一　百六拾六人
　　右　内
　一　四拾七人　　男拾五より六拾迄ノ者
　一　四拾六人　　同坊主座頭老若共ニ
　一　七拾三人　　女老若共ニ

『邑鑑』は文禄四年（1595）に蒲生氏が作成したといわれているが、上杉時代に入ってからのものとする説もある。いずれにしても、慶次が隠棲した当時の様子とそれほど大差はないだろう。

これによると、堂森は高四百十八石余とあるが、慶次がもらった五百石には及ばない数字である。おそらく慶次は地方知行ではなく、扶持米でもらっていたと考えられる。

税率は村ごとに設定され、堂森村は「四ツ九歩成」で、これは上長井郡の中ではやや高いほうに属する。

続いて四十四間という家数が示されている。役家とは、納税義務のある百姓である。肝煎は庄屋・名主のことで、小走は小使役で、これら百姓を合わせて十二間。そのほか、諸職人・寺・山伏がおり、家数にして三十二間であった。

今井清見は「牛森山南麓に稲荷社アリ。コレ役家跡ナリ」と記している。稲荷社は現在の白子稲荷大明神のことを指しているのだろうが、これがかつての肝煎の屋敷跡だという。慶次が住したという堂森善光寺からもほど近い。

また、堂森・牛森の北西、竹井という場所に八幡社がある。これは慶次が屋敷神として祭祀したものであるといわれている。

堂森村の住人の内訳は、成人男性が四十七名、坊主・座頭などが四十六名、女性七十三名であった。僧侶や山伏は独り者が自然であるが、職人も相当数の独身者があったようだ。慶次もそんな独り者だったのであろう。

そのような慶次をみかねて、さぞかし不便であろうと思った人が妾を世話しようとした。おそらく上杉景勝の家臣であったろう。ところが、慶次は、

「自分はいやしくも前田家の支流である。その血脈を陪臣に遺すのは忍びがたい」

と答え、妾を置くことを断ったという。今井清見が『一床書室雑集』にみえる挿話として記している。本来ならば、加賀百万石を領するにいたった大大名前田家を相続するべきは自分という、慶次の矜持《きょうじ》が見え隠れする逸話である。

善光寺

「無苦庵記」

慶次は「無苦庵」と名づけた庵に隠棲した。この無苦庵については、米沢の堂森善光寺あるいはその付近にあったと考えられている。

堂森善光寺の南東の森の中には、慶次清水がある。『米沢里人談』を著した国分威胤《もりたね》（兜山）は「慶次清水は堂森山の北にあり。是則前田利太此地に住居して常に用る処の水也」と記している。

この池底に慶次の遺骸が沈められたという、何やら伝説めいた話も残っていて、それはそれで、快男児の最期に似つかわしい。

そもそも無苦庵は、孝を勤むべき親もなければ憐れむべき子もなし、心は墨に染めぬども、髪結うがむずかしさに、つむりを剃り、てのつかい不奉公もせず、足の駕籠かき、小物やとわず、七年の病なければ、三年の蓬も用いず、雲無心にして岫を出ずるもまたおかし、詩歌に心なければ月花も苦にならず、寝たければ昼もいね、起きたければ夜もおきる。九品蓮台に至らんと思う慾心なければ、八万地獄に落ちる罪もなし、生きるまで生きたらば、死ぬるであろうかと思ふ

そもそも、私こと無苦庵には、孝行をつくすべき親もいなければ、憐れみいつくしむべき子供もいない。わが心は墨衣を着るといえるまで僧侶には成りきらないけれども、髪を結うのが面倒なので頭を剃った。手の扱いにも不自由はしていない。足も達者なので駕籠かきや小者も雇わない。ずっと病気にもならないので、もぐさの世話にもなっていない。そうはいっても、思い通りにならないこともある。しかし、山間からぽっかり雲が浮かびあらわれるように、予期せぬこともそれなりに趣があるというものだ。詩歌に心を寄せていれば、月が満ち欠け、花が散りゆく姿も残念とは思わない。寝たければ昼も寝て、起きたくなれば夜でも起きる。極楽浄土でよき往生を遂げたいと欲する心もないが、八万地獄に落ちる罪も犯してはいない。寿命が尽きるまで生きたら、あとはただ死ぬというだけのことであろうと思っている。

信濃善光寺に住んだ時にこの「無苦庵記」を書いたとする説もあるが、堂森善光寺を信濃善光寺と混同したのであろう。慶次は生涯のうち、何度か信濃国を通過しているが、庵を結ぶほど滞在していたとする記述は、逸話集などにも見出せない。隆慶一郎の『一夢庵風流記』も信濃善光寺としているが、おそらく『加賀藩史料』に収録されている「無苦庵記」の註に「本文は前田慶次が信濃善光寺に在りける時の作なりとて伝へらるゝものなり」とあるのに拠《よ》ったものだろう。

ところで、この「無苦庵記」は本当に慶次が書いたものだろうか。

米沢の郷土史家今井清見が遺したノートに気になる記載があるので付記しておきたい。

「此文ハ深草の元政坊の文に似たれども元政坊の文より遥に勝れり」

深草の元政坊とは江戸時代初期の日蓮宗の僧侶である。父は毛利輝元の家臣であったが、兄と姉が井伊家に仕えたため、井伊直孝に近侍、後に出家して京都深草に庵をむすんで石川丈山や陳元贇らと親しく交わり、悠々自適の生涯を送ったとされている。江戸に滞在した期間も長く、彼が草した文章はかなりの量にのぼった。

元政が遺した詩文の中で、今井清見がいう「元政坊の文」というものを探したところ、「深草元政上人壁書（草庵記）」というものがそれに近いであろうということがわかった。

全文を以下に掲げる。

不幸にして世を背而《せめて》、墨の衣にはあらで、常に髪ゆふ事のむづかしさに頭をそりて、竹の柱茅が軒に身をかるう爰にとめおき、たのしむこゝろから浮世を見るに、東西にはしり南北に行人、多々は身を思ふことわざにのみ足をむなしくなし、吉野ゝ花のあはれなるもしらず、深草の鶉《うずら》の声を聞ても焼てしてやりたひと斗《ばかり》おもひ、後には何になる事ぞや。かく静ならぬ事、人間のみにあらず。山を出る雲も雪雨を催さむと閙《さわ》がしうはしり、深山の鹿も妻こふ夜は声のかぎりを鳴あかしける。これをおもふときは、此身ほと隙にして閑なるはあらじ。恵心の作の仏一体おはせども、後世願ふ為にもあらず。持つたへたる道具なれば、御宿申まで也。極楽へ行たいとおもふたのみなければ、地獄へ落るおそれもなし。死るまで生て居やうとおもへば、年のよるもへちまともおもはず。籬《まがき》のこぼれ種の朝顔の、ゆかまふとすしろうとあんな物と思ひ、しぐれも小夜嵐も、降ふと降まいと、我一人苦にもならず。膝をいるゝ二枚敷、土釜ひとつに埒明《らちあけ》、雑煮喰ぬ身に、きかせまいといはぬ鶯の初音も山より聞、夜着もたぬ家に、さすまいとはぬ依怙《えこ》贔屓《ひいき》のない窓もる月をながめ、寝るはづの目なれば、昼もかき篭り、歩行はづの足なれば、手のやつこ、あしの乗物こゝろの行所へまとひありけど、盗せぬ身は人も咎めず。おぼへた事なければ、わすれたこともなし。としをかぞへた事なければ、いくつやらしらず。あれはくふ、なければ喰ぬ。(濁点・句読点は筆者)

『深草元政集』

『近世畸人伝』などを著した江戸時代後期の文章家伴蒿蹊《ばんこうけい》などは、深草の鶉を焼き鳥にするなどとあさましいことと批判し、この壁書は元政の手になるものではないと断じている。江戸時代には、随筆などに転載されて普及したらしい。それがかえって本文の異同を生じる一因ともなった。元政自筆草稿なども存在するようだが、文学研究者の間でも真贋の結論が出ていないようだ。

ただし、「無苦庵記」と「深草元政上人壁書」を見比べると、「深草の元政坊の文に似たれども元政坊の文より遥に勝れり」という今井清見の評価に同意したい。たしかに「無苦庵記」のいい回しのほとんどが、「深草元政上人壁書」にみられる。しかし、「無苦庵記」の表現のほうが簡潔であり、リズム感に富んでいる。両者を読み比べてみれば、大方が「無苦庵記」がよいと感じると思うが、いかがであろうか。

「無苦庵記」の元の文章を元政坊が書いたものであったとしたら、慶次がそれを目にすることは不可能だった。元政坊は慶次没後の元和九年(1623)に誕生しているためである。

「無苦庵記」の作者が慶次であるか深草の元政であるか真偽はわからないが、後者であったとしても、それが慶次の作となって伝えられてしまうところに、前田慶次という人物の強烈な個性を感じさせるのである。

兼続との共同作業で註をほどこす

慶次と直江兼続の交流を示すものとして、二人が共同で漢籍に註をほどこしたということが引き合いに出される。

> 兼続と、前田慶次郎利大と、両人評を加へし宋版の史記、今に至り上杉氏の學校に存せりと云ふ
>
> 『名将言行録』

ところが、これを実証しようという動きが過去にあったものの、果たして事実はどうなのか、という点ではなお曖昧なままである。

今井清見は「毎巻欄外に漢文でものした直江公の註が墨書せられ、又『正義曰』『正曰』と書いた同一人の筆蹟らしいのがある。これは前田慶次利貞の註である」と書いている（「今井史料雑纂」）。この「正義曰」の書き入れ部分は、唐の張守節が著わした注釈書『正義』から抜き書きしたものである。

しかし、現在、国立歴史民俗博物館の所蔵になっている直江兼続旧蔵『史記』の書き入れは、兼続および慶次のものではないとされている。

木村徳衛は「史記の欄外の書入れは、兼続及び前田利貞の書入とせられてあるが、之は誤伝であろう。写真版等にて兼続自筆の註とされてある史記をみるに、兼続の筆跡と相違して居るし、又昭和十六年五月十一日、東京大森の上杉家で開かれた史学会の展観の際、史記及び左氏伝の書入の兼続であらざることは、専門の人々の一致した意見であった」と書いている（『直江兼續傳』）。

木村徳衛は兼続の筆跡については否定しているが、前田慶次については言及していない。

もっとも、慶次は「史記」の注釈をほどこした「史記国字解」を著したというから、漢籍の知識も相当なものだったと思われる。その注釈書には「桃源抄」と名づけて、戦場にも携行していたらしい。

ちなみに「桃源抄」とは相国寺八十世桃源瑞仙が著した「史記」の講義録で、文明九年（1477）に成立している。慶次自身がこれとは別に、著したものがあるのか。それとも瑞仙の著を愛用し、これに自分で補註

をほどこしていたのかは判断がつかない。かりに瑞仙の書であったとしても、慶次の嗜好や五山との関係を知る手がかりとなろう。

また明治の作家小栗風葉は慶次に関する評伝を新聞に連載しているが、この中で、慶次の樊噲《はんかい》評を記している。

「慶次は斯く読書の嗜みありしが故に、其言ふ所自ら尋常武士と異なるものあり。曾て樊噲の勇を論じて、人或は噲が攻城野戦に臨み剽悍なるをもて勇者と為すも、噲が真の勇気は全く顔を犯して高祖を諌むるの点に在りと云ひしことあり。林道春が井伊直孝を諌めたる言に似たり」

樊噲は漢の高祖（劉邦）に仕えた武将で、鴻門の会で項羽と渡り合い、劉邦の身を救った逸話が著名である。しかし、慶次が樊噲を評価したという「全く顔を犯して高祖を諌むる」というのは、次のような場面である。

高祖は、内乱がおこっているにも係らず、病気と理由をつけて家臣たちを遠ざけていた。そこで、樊噲が門を押し開けて宮中に入り、宦官の膝枕で仰臥していた高祖に向かい、涙ながらに意見した。

「兵をあげて天下を平定された頃の陛下は意気軒昂でありましたのに、今は群臣を遠ざけて、このまま宦官にみとられて世を去ろうというおつもりか」

これには高祖も苦笑いして立ち上がるしかなかった。

現在、慶次の「史記国字解」の内容がどのようなものであったかわからない。小栗風葉が「其言ふ所自ら尋常武士と異なるものあり」と書いた通りであるとすれば、あるいは、樊噲評はその一端を示しているのかもしれない。

和漢の古典に通暁

直江兼続が漢詩を専《もっぱ》らとするのに対し、慶次は和歌が圧倒的に多い。ただし、『前田慶次道中日記』では、慶次は和歌も漢詩も作っている。しかも、『万葉集』『古今和歌集』『源氏物語』『平家物語』といった日本の古典、そして中国の詩文が随所に引き合いに出されている。あるいは、和漢の古典にまたがる幅広い素養、造詣の深さにおいては、慶次が直江兼続をしのぐのではないだろうか。

和歌については先に掲げた「亀岡文殊奉納詩歌百首」中に伝わっている五首のほか、

柳
春来れば栖《すみか》もみえずなりにけり　柳うへを草敷く蓑道
（「有壁書画帳」）

春が来たら道端の柳が新芽を吹き、まるで草が生い茂ったようになって
わが庵も外からはすっかり見えなくなってしまったことだよ

梅の花酒かなひとつ壷のうちに　匂ふとみれば春の奇特に
（『本朝武芸百人一首』四九）

梅の花のような香りが酒が入っている壺から匂うのは殊勝というべきで、
春の不思議といったところであろうか

といったものも残っている。

次に漢詩の代表作であるが、今清水重直の著した『明良偉蹟』に「前田利貞ノ詩」として紹介されている。

後朝戀《きぬぎぬのこい》
鶏報離情暁月残　　鶏報離情暁に月を残す
送君門外独長嘆　　君を送り門外に独り長嘆す
可知尺素墨痕淡　　知るべし尺素《せきそ》の墨痕の淡さを
別涙千行不得乾　　別れの涙千行乾くを得ず

恋する男女の別れの朝をよんだものである。「後朝」は「衣衣」とも書かれた。男女がお互いの衣を脱いで重ね、その上で共寝をしたためである。朝を迎えて別れを惜しむ情景は和歌や小説の重要なモチーフであった。尺素は手紙のことである。愛しい方との別れを思って涙があふれ、墨の色も涙で薄まって、このように淡くなってしまったのですよ、と女性の立場からみた情景をよんでいる。慶次の作といわれる中でもっ

とも熱情的な一篇であろう。
慶次が夢想で得た句であるとして、

花使東風開　　　　利貞夢中句

というのが『米沢地名選』に紹介されているほか、『前田慶次道中日記』にもいくつかが記されている。
詩歌のほか、慶次は自ら『太平記』八巻を書写している。この『太平記』については、大正三年十月十三日、米沢図書館の第一回古書展覧会に出品されたという。

慶次の遺品や作品を通じて、上杉家中で交流があった人物には次のような人々がいる。

鵜瀞長右衛門

慶次と親交があったとされる人物である。実名長弘。永禄六年（1563）生まれ、寛永十五年（1638）に七十七歳で没した。「強勇絶倫の士」といわれ、米沢の小樽橋のたもとに棲んでいた怪物を退治し、長右衛門も死後に守護神として小樽橋に墓がたてられたという。慶次同様、民間伝承中の登場人物ともなっている。
もとは越後村上城主本庄繁長に従っていた。繁長が一揆扇動の疑いをかけられ改易された後、村上城へ入った春日右衛門に従った。『文禄三年定納員数目録』によれば、本庄衆・春日右衛門の同心衆として、百六十六石三斗五升九合を知行し、軍役十人を負担している。その後、本庄繁長が上杉家に復帰した後の『本庄家軍役帳』に記されている「福島御陣人数」（慶長六年に福島城主だった本庄繁長が伊達政宗と戦った際の従軍名簿）にも記載がない。鵜瀞《うとろ》長右衛門は本庄氏との関係が解消され、直江兼続直属の与板衆に組み入れられた模様である。さらに『寛永八年分限帳』では、志田修理同心衆として五十石の身分となっている。
慶次が最上御陣で用いた「いらたかの数珠」を譲り受け、長く同家に保存されていたという。また、長右衛門の菩提寺である高岩寺には、「前田慶次郎所持品」の長刀（銘「杉戸」）が伝えられていた（『高岩寺什物帳』）。惜しくも、大正六年の大火にて焼失したというが、これも慶次と鵜滸長右衛門の交流を思わせる一事である。

倉賀野左衛門五郎

倉賀野氏は綱秀・統基の父子が左衛門五郎を称している。

慶長七年（1602）の「亀岡文殊奉納詩歌百首」には、和歌の衆に倉賀野左衛門五郎綱秀の名がある。倉賀野綱秀は山内上杉氏の家臣で、上野国倉賀野に拠った国人である。上杉謙信に味方して、家老橋爪若狭守の扶助を得て北条氏に抗した。上杉景勝の代に越後へ移り、被官化した。

慶次が滝川一益に従って上野国に入った天正十年、厩橋城に伺候した倉賀野淡路守秀景は、本来、倉賀野氏の家臣金井氏であり、没落した主君の姓を継承したものである。その頃は、本来の倉賀野氏は上野国を離れていたのではないか、と考えられる。したがって、慶次との親交もそれ以降ということになるであろう。

子の統基もはじめ左衛門五郎を称した。与板衆二百石で、一説に直江兼続の小姓頭であったという。

慶長七年の亀岡文殊奉納詩歌百首の後、慶次に関する確実な動向は不明である。

ただ、米沢の郷土史家伊佐早謙が明治四十一年七月に撰述した『稿本清覧録』には、倉賀野左衛門五郎に宛てた慶次の書簡を収録している。兼続との仲介役を担っていると思われるところから、子の統基であろうか。

貞観政要《じょうがんせいよう》之御本、兼続様へ仰せ上げられ、御借り成され候て下されべく候、病中見申し候て、罷り出候時、頓《とみ》に返上申し上げ候、腫気さし申し候て立居不自由に候間、御前へ罷り出ず候、
恐々謹言、
　　八月九日
　利貞花押

> 『貞観政要』という本を兼続様へ頼んでお貸しいただいたのですが、病床に臥せっている間に目を通し、いずれ兼続様にお会いした際にただちにお返ししようと思っておりました。ところが、腫れものが悪化して、立居ふるまいも思うようにならず、御前へ出られない有様です。

慶次は直江兼続から、中国唐の時代の名君太宗と家臣たちの問答をまとめた『貞観政要』を借り受けたのであるが、「腫気」のために立居もままならず、なかなか返せずにいると倉賀野左衛門五郎に知らせている。この頃、慶次はすでに病床に臥していたらしい。慶次は「七年の病なければ、三年の蓬も用いず」と「無苦庵記」に記しているが、実際はそういうわけにはいかなかったようである。

この書状は、年次未詳である。米沢で没した説を採れば慶長十七年、大和国で没した説に従えば慶長十年の、いずれも数年前に書かれたものということになるであろうか。

安田能元との親交

米沢における慶次と親交があった人物の筆頭は、安田上総介能元ということになろう。上杉景勝に従って新発田重家を攻め、この合戦での傷がもとで「跛《びっこ》上総《かずさ》」の異名をとった。

安田はいくつかの慶次のエピソードに登場するが、よく悪戯をしかけられる対象となっている。『一夢庵風流記』をはじめ、一般に慶次と交わりがもっとも深かったのは直江兼続ではないのか、と多くの方は思うかも知れない。しかし、意外なことに慶次の逸話の中に兼続はあまり登場しない。慶次にとって、直江兼続とは学問を通じての知己であって、あまり悪戯の相手にはしなかったのだろうか。

慶次が安田能元の屋敷で食事をご馳走になった時のこと。

慶次はあわててかきこんだ飯が熱かったので、喉を指しながら水が欲しいと安田に告げた。とりすました安田は、

「香のものを口中に放りこめばよい」

とこたえた。やりこめられた慶次は、今度は安田を堂森の屋敷に招待した。

「風呂をわかしたのでお入りください」

安田は喜んで風呂に入ったところ、すこぶる熱い。かつて、叔父利家にしかけた水風呂とは逆に、熱湯風呂を馳走したのである。

水をくれ、と安田が叫んだところ、慶次は香のものを一切れ差出した。飯も風呂も熱いのであれば、香のもので冷ませという諧謔《かいぎゃく》である。

これも民間に流布した滑稽《こっけい》譚のひとつであろう。

安田能元は、直江兼続の逸話でもしばしば引き立て役として登場する。このような滑稽譚に登場する安田能元は、上杉の武の象徴であった。武の象徴である安田がしばしば慶次のいたずらにはめられるために、おかしみが生じるのだ。さしずめ、安田能元は、一休頓智咄における蜷川《にながわ》新右衛門の役まわりといえそうだ。

実際の蜷川新右衛門が一休の道友であったように、慶次と安田能元の関係も、単に滑稽譚の世界にとどまるものではなかった。二人の連句とされるものが残っている。(巻末資料に全文を掲載している。P301参照)

無苦庵をたずねた安田と、一献酌み交わしながら興じたものだろうか。

形式にとらわれずに自由に詠み合い、時にお互いに脇句をつけ合ったりしたもののようだ。

両者の作風を比べると、慶次が徹底的に自然をうたいこみ、やや枯れた印象を抱かせるのに対し、安田能元のほうは時に恋を題材としたものも詠む。

たとえば、

露はたた萩に薄にこほれそひ　　　利貞
かきねのすみそからひ捨たる　　　利貞

と慶次が上句・下句を続けて詠んだのに対し、安田は

くちにし袖の色をみせばや　　　能元

と応じている。順番としては五七五の上句が来るはずである。ひょっとしたら、安田が慶次の「かきねのすみそからひ捨たる」という下句に異を唱えたのかもしれない。慶次が情景をうたったものに対して、安田は

「袖の色をみせてほしい」と艶のあるものに改変してみせた。つまり、

露はたた萩に薄にこほれそひ　　利貞
くちにし袖の色をみせばや　　能元

ということになり、安田の下句によって、上句の萩や薄は若い娘の小袖の模様を連想させるものへと転じてしまう。

それに対する慶次の反応は、すぐ次に続く安田の句に反映されていないだろうか。

恋しなんことを哀と誰問ん　　能元
おこたらずしも願ふ後の世　　能元

おそらく慶次は「年甲斐もなく色恋沙汰を詠むとは」と安田をからかったのであろう。そこで、安田は「年甲斐もなく恋をするのを哀れとは、いったいどこの誰が問うのだろう」と、相手を揶揄しているとも受け取れる句を詠んだのではないか。

また、二人の別離が近づいていることを暗示するような句もある。

旅なると思ひやるにも涙落　　能元
なからふとてもよはひいい程　　能元

「その年で旅に出られる苦労を思うと、涙を禁じえません。命長らえばと念じてもあなたもいい齢ですから」とユーモラスな中にも別離の悲しみが込められている。

音にそなく春を惜むか帰鷹　　利貞
おり居しままにあさる友鶴　　能元

お互いの身を詠い込んだものという根拠はないが、自分を鷹にたとえて超然としている慶次に対し、「あなたがこの地を去ってくれたら、あとは私の天下だ」と安田も急に強がり出す。別れを惜しむ心とは裏腹な

応酬が、逆に二人の交情の深さを伝えてくる。
　そして、慶次は次の句で、安田との連句をまとめあげる。

そきおとしたる黒髪のうち　　　　　利貞
おひたつやうゐかうふりの程ならん　利貞

　剃髪した頭にふたたび髪が「生い立つ」様を「追い立つ用意」にかけているのであろう。
　慶次は、米沢から姿を消したのであろうか。

伊勢湾上で娘婿を決める

　晩年の慶次に従っていたと称する野崎八左衛門知通の遺記で、『前田慶次殿伝』と題された文章がある。この中に、関ヶ原合戦後、上杉家を去った慶次が上方へのぼる途中での事件、とおぼしき記述がある。
　関ヶ原合戦がおわって前田利長が尾張の宮海から船で桑名へ渡ろうとしていた。
　慶次は主従七人にて「多年の望を全く今日に遂げん」とうかがっていたが、思いを遂げることができなかったので、宮海にあてもなく留まっていた。宮海とは、熱田の海を指すのであろうか。
　前田利長の家臣戸田弥五左衛門正邦（方勝《まさかつ》）は利長の座乗する船から海上一里ほど離れた最後尾の船に乗っていた。その船をみつけた慶次は「岸に寄せよ」と呼ばわった。
　戸田弥五左衛門のほうでは慶次一行を誰何したが、敵とも味方とも答えない。慶次は理由があるといって、失礼な振る舞いを詫びた。
　戸田弥五左衛門は慶次一行の乗船を許可した。戸田と慶次とはこの時、初対面であったという。
　慶次はいった。
「自分には多年の望みがあったが今日に至るまでその望みを達成していない。もはや望みにかける年月もわしには残されていない。望みは捨て去り、このまま死んでも悔いはない。ただ、ひとつだけ心配事がある」
　慶次の心配事とは、二人の娘のことであった。

「自分には娘が二人ある。姉にはすでに夫があるが、妹のほうはまだだ。この妹は容貌は醜くはない。我が愛娘である。しかし、彼女がまだ夫を定めていないのが我が愁いである。戸田殿は内室がいないのであれば、ぜひともわが娘を貰っていただきたい」

『前田慶次殿伝』ではこの慶次の娘は華という名になっている。

戸田が承諾したので、慶次は喜び、

「されば、自分はこれより山野に蟄居し、天命を待つことにしよう。それで、利長のやつも安心することであろうから」

と述べた。また、この時、慶次は野崎知通を自分に添えたのが前田利長であり、その理由もわかったといっている。野崎は前田家と慶次のパイプ役、俗ないい方をすれば、利長が慶次につけた監視役であったのかもしれない。

桑名で下船し、前田家一行と別れた慶次は大和国へ入った。

伊勢湾を移動中の船上で、かつて自分の都合で置き去りにした娘を「美人だぞ」と初対面の男に奨めて婿を決めるというのも、いかにも破天荒な慶次らしい行動である。

慶次はその生涯において、非道といえるような振る舞いをした記録や逸話はあまりないのだが、妻子を置き捨てて加賀を出奔した一件は弁解の余地はない。まったくろくでもない父親である。

その当の被害者である娘にとってみれば、勝手に行方をくらましたあげく、行き当たりばったりに婿を決めてしまうなど言語道断、心中おだやかではなかったであろう。

さて、戸田弥五左衛門のほうは慶次の娘を娶りたいと、なかなか利長にいい出せないでいた。それを伝え聞いた慶次は、翌年になって野崎知通を加賀へ遣わし、利長に婚姻の件を言上した。やがて、利長の許可がおりて、慶次の娘は戸田家へ嫁ぐことになったという。

しかし、結果的にこの娘は慶次の子供たちの中でももっとも幸福な家庭を築くことになるのであるから不思議なものである。

野崎知通は慶次と戸田弥五左衛門の邂逅を関ヶ原合戦直後すなわち慶長五年としているが、上杉主従が上洛するのは慶長六年夏のことである。和平交渉が本格化する慶長五年冬まで、上杉国境では厳しい人留めが行われていた。和平か合戦継続かわからない時期に、慶次のみ上洛することは考えにくい。

また、前田利長は関ヶ原合戦の折は、浅井畷で丹羽氏と戦うなど、北陸方面で活動し、美濃へは出兵していなかった。むろん、その前後に前田利長が尾張から海路、伊勢桑名へ至ったという事実はないようだ。

したがって、可能性として考えられるのは、慶長六年の夏か、あるいは慶長七年三月以降ということになるだろう。

慶次に娘を託された戸田弥五左衛門であるが、家譜などによれば当時は加藤嘉明の家臣だった。このため、野崎知通が加藤嘉明の一行を、前田利長のそれと誤記したのかもしれない。野崎の遺記は彼が七十七歳の時、関ヶ原合戦から五十年近く後になって書かれたとされているので、記憶違い等がみられる。

たとえば『前田慶次殿伝』では、娘の名を「華」としているが、ほかの系図等では「華」あるいは「花」という女性は戸田氏に嫁いだ娘とは別人になっており、はっきりしない。慶次の娘の人数も二人ととられる記述や、あるいは三人としているなど、一定していない。

ただし、実際に『前田慶次殿伝』が記すような経緯があったかどうかは不明だが、慶次の娘の一人が戸田氏の室となっていることは、事実である。

第七章

慶次の最期と残された一族たち

九品蓮台に至らんと思う慾心なければ、
八万地獄に落ちる罪もなし、
生きるまで生きたらば、
死ぬるであろうかと思ふ

慶長八年（1603）、徳川家康は征夷大将軍に就任し、江戸に幕府を開いた。冒頭でふれたが、関ヶ原合戦から三年後。ちょうど江戸、京都などで「かぶき者」が横行しはじめた時期である。

慶次の動向はすでに不明であるが、死亡場所と時期については次の二つの説が有力である。

・米沢堂森にそのまま居住して、慶長十七年（1612）に亡くなった。享年七十余歳。
・米沢を離れ、大和国に蟄居し、慶長十年（1605）に亡くなった。享年七十三歳。

本章では、この二つの説を中心に、慶次の終焉の謎を探り、彼の一族のその後を追いかけてみたい。

関連年表6

		前田慶次関連事蹟	その他の歴史的事件
慶長八年	1603	慶次、上洛？	徳川家康、征夷大将軍就任
慶長十年	1605	慶次、大和国刈布安楽寺で死去？	
慶長十七年	1612	慶次、米沢堂森で死去？	
慶長十九年	1614	前田利長死去	
元和元年	1615		大坂夏の陣。豊臣家滅亡
元和二年	1616		徳川家康、死去
元和三年	1617	前田利家室まつ（芳春院）死去	
元和五年	1619	直江兼続死去	
元和九年	1623	上杉景勝死去	
寛永元年	1624	奥村助右衛門死去	
寛永五年	1628	安楽庵策伝『醒睡笑』成立	
正保二年	1645	慶次の女婿・戸田弥五左衛門死去	
承応元年	1652	野崎知通、遺書（『前田慶次殿伝』）を著す	

慶次の死１　米沢終焉説

一代の快男児前田慶次もその最期の地については、諸説がある。

そのうち、供養塔が建てられている米沢が一般にはよく知られている。何といっても遺品・逸話が多く残り、少なくとも慶長七年には松高山大聖寺（亀岡文殊《かめおかもんじゅ》）へ和歌を奉納している、という明証がある。

現在の米沢市万世町堂森にあったといわれる無苦庵、あるいは肝煎太郎兵衛宅で、慶次は慶長十七年（1612）六月四日に死去した。享年七十余歳であったという。

享和元年（1801）、米沢藩士国分威胤《もりたね》が著した『米沢里人談』、文化元年（1804）、同じく米沢藩士小幡忠明が著した『米沢地名選』等が「慶長十七年六月四日堂森に死す」と載せているのが、ひとつの典拠となっているようである。

米沢終焉説の強みは慶次関連の遺跡･遺品が伝わっていることである。まず、遺跡であるが、第一に堂森善光寺（松心山善光寺）をあげるべきであろう。出羽善光寺の別名でも呼ばれる。寺宝の「見返り阿弥陀如来」が有名である。

境内には慶次の供養塔が建っている。

慶次供養塔

碑文

前田利貞は加賀藩主前田利家の甥、叔父利久に仕えて小田原攻めに参戦、後、己を知る天下唯一の武将として直江兼続を知りその主上杉景勝公に生涯を託した。慶長五年最上討伐には直江と共に出陣大いに戦い、殿軍をつとめ完全撤退を果して戦史に名を留めた。後この地堂森に居を賜り邸を「無苦庵」とよび悠々自適、この地を深く愛し郷民と親しみ、慶長十七年六月四日七十才の生涯を閉ぢた。慶次は天性豪放磊落《らいらく》奇行に富み文武は勿論広く諸芸道に通じ無苦庵記、道中日記、亀岡文殊奉献和歌がある。

前田邸跡慶次清水月見平に今も慶次は生きている。

昭和五十五年十月吉日

松心山光照院善光寺第中興三十五世　酒井清滋

上杉家家職　山田武雄撰並書

岩崎石材工業㈱岩崎祐吉施工

外　有志一同

堂森善光寺の裏手に慶次が生活用水として使っていたという慶次清水がある。このほか、堂森周辺には、慶次が建立したという八幡社がある。

慶次ははじめ北寺町の一花院に葬られたとされ、江戸時代までは墓が存在したらしい。

北寺町は、米沢城北に寺院が集まって形成された町である。

一花院は千坂氏が創建した寺であるが、江戸期に焼亡してしまった。この時、慶次の石塔も失われてしまったのである。景勝時代には、千坂家の当主は上杉家の京都留守居役をつとめた景親であった。伏見時代に慶次は千坂と親交があったため、ここに葬られたのかもしれない。

現在は、千坂氏の遠祖那須与市の巨大な供養塔のほか、破損した墓石が数基残っているばかりである。千坂氏の菩提寺は日朝寺であるが、一花院から関係者の墓石が移された形跡はないようである。

一方、慶次の遺品については、これまでに言及した宮坂考古館所蔵の甲冑のほか何点かが同館に伝わっている。

武具では、柄が螺鈿《らでん》造りの鑓がある。実戦に使われるものではない。

別に上杉家に伝えられている螺鈿造りの鉄炮入れがあるが、あるいは慶次も上杉景勝から拝領したものであろうか。馬の毛で編んである編み笠も遺っている。慶次ファンであれば、あるいは愛馬松風のものか、と想像をかきたてられもするだろうが、残念ながら、いわれなどは伝わっていないようである。

慶次愛用の瓢箪徳利（木彫り、高さ25.8センチ）には、

戦雲如墨疾雷雨
祝出陣神酒一盃

と彫り込まれている。さらに「利貞」の名とその下に花押のつもりであろうか、「へのへのもへじ」の図が彫られている。果たして慶次の手になるものかどうかはわからないが、最上攻めの際、「金のいらたかの珠数に金の瓢を付けたるを襟にかけ」ていたという慶次のいでたちを彷彿《ほうふつ》とさせる。

一花院跡

そのほか、慶次が使用したといわれる茶碗や皿、自作の能面などが伝わっているが、口伝のみで、その真偽を判定することは難しい。

米沢市東寺町高岩寺には、慶次愛用の薙刀「杉戸」が伝わっていたが、こちらは大正六年の火災に遭い、失われてしまったという。

そして、市立米沢図書館所蔵の『前田慶次道中日記』、亀岡文殊奉納百首詩歌の内、和歌色紙五枚は、最重要史料であることはあらためて記すまでもない。

米沢終焉説の再検討

米沢堂森での死没説に関するいちばん古い記述は、宮川尚古の『關原《せきがはら》軍記大成』であろうか。

「年経て後、堂森といふ所にて病死したりといへり」

早くも堂森の地名がみえている。よほど上杉家の内情に知悉した者が関与していなければ、小浜藩士である宮川が著作に米沢の一郷村の名を記せるとは思えない。

『關原軍記大成』は延宝三年（1675）に起稿したとされ、その後いくたびかの増補を経たらしい。

この本を編纂した軍学者宮川尚古は、明暦元年（1655）に若狭国小浜で生まれた。

小浜藩主酒井忠勝は先に『関ヶ原始末記』を著していたが、尚古はこれを参考にしたようだ。さらに、尚古は父の友人で、もと上杉家に仕えていた杉原親清（新国庄蔵）を知る。

杉原は水原常陸介親憲の一族とされるが、本姓は新国氏で会津葦名氏の遺臣である。

その杉原親清が著し国枝清軒が訂正編纂したという『東国太平記』には、

「在郷へ蟄居し、弾正（上杉定勝）代に病死せり」

と米沢での死没説がすでに登場している。

おそらく、宮川尚古は杉原の記録を参照していたであろう。『關原軍記大成』には、杉原親清父子との交流なども記されており、素材の提供があってもおかしくはない。

一方、国枝清軒は『武辺咄聞書《ぶへんばなしききがき》』の著者である。『武辺咄聞書』には、

「(景勝の) 息弾正少弼代迄長命にて罷有、米沢にて病死けるとなん」

と記されている。

つまり、上杉家に仕えて長谷堂合戦を経験した杉原親清が、若狭小浜藩に仕官し、『東国太平記』の原型となる記録をもたらした。これをもとに宮川尚古は『關原軍記大成』を著した。

ほぼ同時期、杉原の記録を訂正編纂した『東国太平記』がまとめられた。さらにわずか一ヶ月後に『武辺咄聞書』が登場した。両書ともに国枝清軒の手になるものとされているが、『東国太平記』については国枝の名を借りた越後流軍学者の関与も指摘されている。

これらの諸書とどういう関係にあるかはわからないが、洛東隠士雲庵なる人物の手になる『北越太平記』も、

「一生妻子も持たず、寺住居のごとくにて、在郷へ引込て、弾正定勝の代に病死するなり」

とあり、『東国太平記』の記述に似通っている。これもまた『東国太平記』(あるいは杉原親清の記録)を参考にしたと考えられる。

慶次の死に関する部分においては、『關原軍記大成』『東国太平記』『武辺咄聞書』『北越太平記』は、杉原親清の記録から生まれた兄弟の関係にあるといえる。慶次の米沢死没説は、杉原によってひろめられたのではないか。

ただし、杉原は慶次と同じ上杉家中に身を置いていたとはいえ、慶次が堂森に隠棲《いんせい》した後の様子は知らなかったようである。

また、慶次の慶長十七年(1612)死没説については、なお検討の余地は残されているように思う。『關原軍記大成』『東国太平記』『武辺咄聞書』『北越太平記』いずれも慶次が米沢において没したとしているが、死亡時期については、上杉定勝の時代とあるだけで、具体的な没年月日は記されていないからである。

まず、上杉定勝の代に亡くなったというが、定勝は慶長九年に生まれ、家督を相続したのは元和九年(1623)になってからである。慶次が慶長十七年に亡くなったのであれば、まだ上杉景勝の在世中である。

「(景勝の) 息弾正少弼代迄長命にて罷有、米沢にて病死けるとなん」

というのはおかしいのではないか。

杉原親清は、慶次が再び米沢へやって来て、堂森に居住したというところまでは伝聞により知っていたが、その後の情報は持っていなかったのであろう。

また、関ヶ原戦後、米沢・福島三十万石に逼塞させられた上杉家では、慶長十四年になって、なお城下の町割を行っている。この時、江戸に滞留していた執政直江兼続は、国許の奉行平林正恒に対して、詳細な指示書を書き送っている。

米沢での町割は、平林と黒金泰忠のほか、慶次とも親交のあった安田能元が担当している。直江兼続は、米沢藩で高家の扱いを受けた武田信清（信玄六男）や、村上義清の孫源五などそれなりの身分がある人々について気をつかった形跡があるが、前田慶次や組外衆の名はまったく出てこないのである。

自由気儘な境遇を好んだ慶次が、城下に屋敷を望まなかったのだという意見もあるだろう。しかし、慶長七年以降、米沢における慶次の消息を確実な史料によって辿ることはできない。つまり、この時すでに死没していたか、あるいは米沢を離れていた可能性も考えられるのである。

いずれにしても、米沢には慶次の名跡を伝える家はなく、系譜も伝わっていない。ただし、庄内藩の医師田澤氏は、前田慶次の後裔という家系伝説を持っている。同家からは明治時代、家業のため婿養子をとろうとする家に反発し、文学を志して上京して女流作家となった田澤稲舟《いなぶね》が出ている。文学者山田美妙の愛人となり、やがてその愛に殉じるかのように短い生涯を終える。

同家に伝わる「田澤家遺書代々ヲ記ス」という文書には、米沢でお家騒動があり、慶次の子為義、為清、為里の三名は庄内田澤の里へ亡命したとある。三兄弟は田澤部落に土着して、姓を田澤と改めた。兄弟のうち次男の為清が医者となり、庄内藩士田澤家の祖となったという。『庄内藩并諸家系図』には、

寛永三、　十二月十六日、前田慶治
　　　前田慶治
　　　兄行蔵　十七石ノ処十六石二人フチ
　　　　　　慶治ニ下サル

とある。これには「先祖ハ前田慶次利太トテ前田利家叔父。故有庄内ニ没落。丸岡村ニ住居。鑓指南ヲナシ郷士ヲ以テ終ル」(句読点、筆者)と記載が続く。加賀藩は庄内藩に前田慶次の末裔が存在していることをそれとなく察知していたらしい。庄内藩に対し掛け合いもされたようだが、次第に加賀藩の干渉も親しみのこもったものに変化していった。

田澤家累代の位牌が永慶寺にあり、「天徳院殿利大義勇大居士」という慶次の戒名が刻まれている。

慶次の死2　会津終焉説

『本藩歴譜』によれば、「奥州会津にて卒しぬ」とある。卒年は未詳で、死没したのは田畑村の農夫大隈の家であるという。また、小梁川伏の隠居塁東山上村戸の内に山鷺という館があり、これが前田慶次郎屋敷であるという。

ところが、国分兜山は『米沢里人談』の中で、東山戸の内山鷺館という小梁川氏の城地についてふれている。『本藩歴譜』と一致するが、この場所が会津というのは誤伝であろう。米沢市内には、戸内館という伊達家の家臣山鷺氏の館があり、外の内、中屋敷といった地名も残っている。

前田綱紀の『桑華字苑』では、奥州福島にて腹を煩い、死んだと記しており、加賀藩では会津・福島方面で没したとする説が一部でひろまっていたのであろう。

農家で亡くなったというのは、米沢死没説でも堂森の肝煎太郎兵衛宅で臨終を迎えたとする説とも符合するが、独り身の慶次を近郷の百姓たちが面倒をみていたとも考えられる。

しかし、今のところほかに所見がないため、積極的に会津終焉説を採る理由が見当たらない。

慶次の死3　大和刈布終焉説

隆慶一郎は、『一夢庵風流記』の中で「米沢で死んだと思いたい」と記しているように、慶次の米沢死没説については根強い支持があるのだが、一方で大和国で死んだとする説も一蹴することはできない。それは、野崎八左衛門知通の詳細な遺記があるからである。

それによれば、慶次は慶長十年（1605）十一月九日に七十三歳で死去している。

この遺記は、承応元年（1652）正月に七十七歳になった野崎八左衛門知通が口述したものを書きとめたものということになっている。慶次につき従っていた野崎知通は、慶次の最期を大和国で看取った時、三十歳であった勘定になる。

野崎知通によれば、慶次（『前田慶次殿伝』では一貫して利卓と記す）は年老いて病身となり、養生のために大和国を経て上洛した。この時も洛中で種々の横着な振る舞いをし、世間を騒がせたという。このことが加賀の前田利長の耳にも入り、京都を追われて大和刈布というところに蟄居させられた。

上方へやって来た理由が、養生のためというが、これは慶次が倉賀野左衛門に宛てた書状中に「腫気」とある点が思い合わされる。野崎の遺記には米沢に滞在していた当時のことは記していないので、詳しい経緯もわからない。

納得できないのは、大和国を経由して、上洛して横着な振る舞いをしたために、前田利長の逆鱗にふれたとする点だ。

隆慶一郎はじめ多くの人が「にわかに信じることはできない」としているのも、この点がひっかかるためであろう。

大和刈布へ蟄居させられた時、慶次は龍碎軒不便斎と号していた。つき従っていた浅野、多羅尾、森の各士を加賀へ帰国させたが、野崎知通については「自分の最期を見届けるように」と命じ、手もとに留め置かれた。

慶次の周囲に侍するのは、野崎知通のほか給仕として召し使う下人二人ばかりとなった。

亡くなったのは、慶長十年十一月九日巳の半刻、享年七十三歳であったという。

野崎知通は、慶次を埋葬した様子を詳細に記している。

則刈布安楽寺に葬る。其林中に一廟を築き、方四尺余高五尺の石碑

を建つ。銘に、
　龍碎軒不便斎一夢庵主
と記せり。俗の姓名ならびに落命の年号月日は謂あって記さず。利卓公の死する所を知る者なしと云わんか。大和国刈布《かりめ》村と云う所は同国の旧跡当麻寺の山を左に西へ二里行って里あり、茂林《もり》と云う。夫より南へ一里なり。

すなわち刈布安楽寺に利卓公を葬った。林中に廟を築き、幅四尺高さ五尺の石碑を建てた。銘には、
　龍碎軒不便斎一夢庵主
と記した。生前の姓名および没した年号月日はわけあって記さなかった。利卓公の死んだ所を知る者はいないだろう。大和国刈布村という所は、同国の旧跡当麻寺の山を左に西へ二里行った茂林という里があり、それより南へ一里の位置にある。

野崎知通は慶次の従者として大和に在住していたが、慶次が没すると加賀に戻った。後には慶次の女の嫁ぎ先である戸田家（富山藩士）に仕えている。

ただし､遺書に登場する茂林という地名や安楽寺もほかの文献にはまったく出てこない。当麻寺から先へ我々が進もうにも、まるで拒まれているかのように手がかりが得られないのである。現在、地図をひろげてみても、野崎知通の書いた距離を移動していけば、大和国の外へ出てしまいかねない。

米沢で死んだとする説に対して、こちらは遺品や伝承もなく、やや旗色が悪い。

慶次の故地を推理する

慶次が米沢で死んだとする説については、米沢関係の資料にとりあげられ、いくつかの論考もある。一方、大和国刈布で死んだとする説については、管見のかぎりでは具体的な検討がなされていないようである。そこで、ここでは野崎知通の遺記に従って、一歩でも半歩でも踏み込ん

だ検討を進めておきたい。
結論めいたことからいってしまうと、推測であると同時に、課題の提示というレベルでしかないのだが、筆者はやや大和説のほうに傾いている。
はじめに、慶次が葬られたとする刈布安楽寺とはどこにあるのか、あるいはあったのか。
野崎知通の詳細な遺記には、なおいくつかの手がかりがある。
第一に「同国（大和国）の旧跡当麻寺の山を左に西へ二里」という記述である。
当麻寺については問題はなかろう。当麻寺がある山とは二上山のことであるに違いない。ここで注意すべきことは、北を上にした地図上で検討する場合である。つい京都方面から入った指先は、当麻寺の方向へ進んだ後、二上山の右を通過して二里（八キロメートル）西進し、大阪府へ飛び出してしまう。
しかし、当麻寺のある二上山より西に安楽寺はない。
地図をみると、二上山麓が東に向かって開けているのがわかる。だが、実際の当麻寺は南面しており、地形の影響によって、金堂よりも東西の塔が高い位置に来てしまっている。
野崎はここで、方角を錯覚したのではないだろうか。
野崎の視点になって考えてみたい。山麓が開けているほうを南と勘違い（実際は東）し、当麻寺の西側（実際は南側）を通過すると思ったのではないか。
地図上では、西からアクセスを試みることになる。すなわち、大阪方面から生駒山を越えて、現在の国道一六六号線を進む。竹内街道といわれる日本最古の街道である。
すると、左に二上山がみえてくる。その東麓にあるのが当麻寺である。
手がかりの第二は当麻寺の山を左に西へ二里を行きて「里あり茂林と云」という記述である。『前田慶次殿伝』ではモリとふりがながふられている。
野崎が当麻寺の南側の街道を西側と錯覚していたとすれば、「西へ二里」を「南へ二里」と読みかえてみよう。
しかし、地図で当麻寺の南側を確認しても、あるいは竹内街道をそのまま東進しても、茂林という地名は見当たらない。
だが、正確な地図がない当時、距離感というものは曖昧なものだったのではないか。あるいは、二里進んだ地点に別の手がかりがあったのを、野崎が記憶していなかったか、口述筆記という史料の性格上、筆記者が聞きもらした可能性もある。あるいは、後年筆写の際に欠落した、とも考えられる。
そこで当麻寺から二里という範囲に限定することなくモリという字を探したところ、宇陀郡榛原町母里という地が目に入った。当麻寺からは二十キロは離れている。この母里は『太平記』巻三二に、

> 昔大和国宇多森に鬼人ありて人を害す。頼光朝臣の従者渡辺綱之を打取鬼の手を斬りたる事見ゆ。今高塚の辺に大字母里あり。此即宇多森にあらずや

とある。
次の手がかりは安楽寺があるという刈布村の地名であるが、母里の北方に比布という字が残っている。はじめは比布を刈布と誤写したのではないかと考えた。
しかし、比と刈の草書体は明らかに違う。かりに誤写の可能性を考慮しても、野崎知通の遺記には、刈布村は「夫《それ》（茂林）より南へ一里なり」と記されているので、これでは正反対の方向になってしまう。
ここは野崎知通が書き遺した通り、「茂林より南へ」に従って母里から南下すると菟田野町《うたのちょう》へ入る。母里と菟田野町中心部の距離は、ほぼ一里とする野崎の記述と一致する。
菟田野町は、古い歴史を持つ。町の南には宇賀志という字が残るが、これは神武東征の話に登場する兄ウカシと弟ウカシが拠《よ》った地である。弟ウカシは反抗的な兄ウカシを殺して、神武に帰順した。
肝心の刈布、あるいはその痕跡を残す地名には行き当たらないが、しかし、菟田野町に至れば、我々は次の手がかりというよりは、その先の終着点を容易に見出すことができる。
それは、宇陀郡宇陀村古市場（現・宇陀郡菟田野町古市場）にある安楽寺である。実際はそこから少し南に下ったところにある駒帰廃寺跡の

ほうがはるかに有名で、これは伝・安楽寺跡ということになっている。
榛原町の母里を通過し、菟田野町へ入ったところで国道一六六号線と再び合流。合流地点が古市場である。駒帰廃寺跡はそこから少し国道一六六号線を南下したところである。
現在、安楽寺は菟田野町のほぼ中心にあたる古市場にあるが、中世以前はやや南に入った駒帰というところにあった。国指定史跡となっている駒帰廃寺跡は安楽寺の遺構であるという。かつては「安楽寺・駒帰村本尊阿弥陀如来七堂伽藍あり」という規模を誇った。
古市場という地名は、天文年間に本郡城主秋山氏が市場を松山に移したことによって生じたと考えられている。古くは西殿と称したらしい(『奈良縣宇陀郡史料』)。
慶次が没したとされる慶長十年にはすでに安楽寺は駒帰にはなかった。同寺がいつ頃から古市場に移っていたのかはわからない。仏像などは近世の作であり、駒帰から古市場に移る間に何ヶ所かの移動を経ているのではないだろうか。おそらく慶次が葬られていたとしても寺伝などは残されていないと思われる。
さて、まだ問題が残されている。刈布という地名である。
野崎知通の遺記を筆写した森田平次は刈布に「カリメ」というルビをふっているが、筆者は前出の「比布」という地名を「ヒフ」と読むように、刈布も「カリフ」と読むのではないかと考える。
菟田野町の安楽寺が、慶次を葬った寺だとしたら、刈布という地名がその周辺一帯に見出せるだろうか。
『大和菟田野の民俗』に収録された地名資料の中で、古市場の北方、大沢地区にカリウ、見田地区にカリウ、カリウ屋敷、カリウ上、カリウ中、カリウ下という地名が記されている。見田（御田）は宇陀でも屈指の米の産地で、見田は美田から来ているという説もある。カリウとは、西日本で焼畑を行って開墾することを指す。
カリウの地名が散見する見田地区は大和政権直轄の屯田であり、一方、古市場は古くは玉造と呼称された郡家支配の中心であった。菟田野町の見田・大沢・古市場一帯を、かつては刈布、あるいは刈生と認識されていたのではないだろうか。
また、狩屋殿という字が隣接する榛原町に残っていると『菟田野町史』

は記している。

刈、苅という字がつく土地は草木を刈り払った場所、そして狩猟にちなんでいる。同じく布、生という字がつく場所は、草木が生い茂ったり、ある物（貴金属など）が産出する所を意味する場合が多い。実際、このあたりは水銀が採れる。

菟田野町は古代、薬草狩り（薬猟）のため貴族たちが頻繁に訪れた地であった。行幸もたびたびあったようである。男は薬とする若鹿の角を狙い、女は薬草を集めたともいわれている。刈布の「刈」とは薬草狩りに通じるのではないだろうか。

宇陀野（菟田野）には「御狩場」と呼ばれた一帯がある（『奈良縣宇陀郡史料』）。この御狩場という呼称が、刈生、さらには刈布へと変化していったのだろうか。

明治になって編纂された『加賀藩史料』では、野崎の遺書が採録され、前田家では一貫して慶次は大和刈布で死没したという立場を唱えている。

刈布安楽寺の推定地

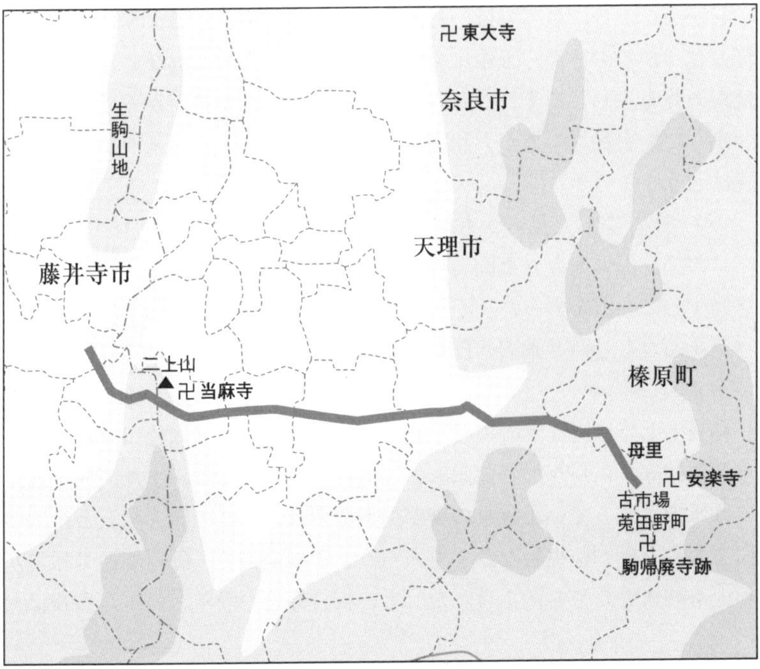

現在では、米沢で没したとする説が一般に広まっているようである。

筆者の考えでは、遺品など物証面で米沢かと考えられるが、文献的には大和説のほうにやや分があるのではないだろうか、とみている。

前田利長との確執が、後代になって挿入された話であったとして、なぜ大和国であったのかという疑問は相変わらず残る。

山鹿素行は『武家事記』の中で、「其比慶次及び福島掃部共に風流を為す。掃部初め長島にて三万石を領す。後、勢州に蟄居す」と書いている。

福島掃部は正則の弟高晴（正頼）のことであろう。関ヶ原合戦の後、大和国宇陀郡を領した。現在の菟田野町もその支配下に入っていたかもしれない。慶次とは三十歳以上も年がはなれているが、山鹿素行が風流の士として二人の名をあげているように、お互いの存在を意識したことがあったのだろうか。京洛を追われて、慶次が身をおくべきところは、風流に理解を示す福島高晴の領地しかなかったのかもしれない。

また、宇陀は「国の始まり大和、郡の始まり宇陀郡」といわれるほど歴史ある土地柄である。『前田慶次道中日記』の中で『万葉集』の歌を頻繁に引用している慶次にとっては、格別な土地であろう。

しかしながら、すべては、野崎知通の遺記を裏付けるように、菟田野町のどこかの山林か、土中にでも埋もれているかもしれない「龍碎軒不便斎一夢庵主」と刻まれた石碑が出現するかどうかにかかっている。

かりに慶次終焉の地が大和国刈布であったとしたら、米沢の堂森終焉説はどうなるのか。

いささか、穿《うが》った見方かもしれないが、慶次は慶長七年（1602）二月、高畠の松高山大聖寺（亀岡文殊）に奉納された詩歌百首を詠んだ後、時を経ずして米沢を去った。かつて堂森に暮らしていた前田慶次という人物が死んだらしいと米沢へ伝えられたのが、慶長十七年だったのではないか。

慶長十七年は直江兼続の養子だった本多政重（実父は徳川家康の重臣本多佐渡守正信）が加賀前田家に迎えられた年である。また、同年六月には米沢に残っていた政重の妻が引き取られた。この間、金沢と米沢の間を人や文書が往復したことであろう。その過程で、野崎知通の報告が何人もの人を介して伝えられた。その折、葬地や没年といった情報は欠落し、ただ、堂森で庵を結んでいた前田慶次という男が亡くなったらしい、とそれだけが慶長十七年のある日、堂森にもたらされたのではないだろうか。

堂森善光寺の供養塔に刻まれた慶長十七年六月四日。その日が堂森の人々にとっては、慶次の命日となったのである。

室前田安勝娘

慶次の室は前田安勝の次女といわれる。名は伝わっていない。慶次との間に一男三女（あるいは五女）をもうけたとされているが、その生涯はおろか慶次出奔後の消息、葬地についても不明である。あるいは、実父前田安勝とその一族が眠る七尾の長齢寺に葬られているのであろうかと考えたが、『富山藩士由緒書』に次のような記載がある。

> 瑞竜院様御代、前田安太夫母江被下置候領知百五拾石被下之

これは、慶次の娘が嫁いだ戸田弥五左衛門の先祖書の部分である。これによれば、前田利長の代に前田安太夫の母つまり慶次の室に対し、百五十石の知行を与えていたとある。慶次出奔後に残された家族については、前田家も相応の保護を加えたと考えられるが、その一端が右の内容ということができるだろう。

「被下之《これをくださる》」とは、おそらく慶次後室が亡くなったために、その女婿である戸田氏に与えられたことを示していると考えられる。詳細は次節の安太夫正虎の項で記す。

慶次には、前田氏以外の側妾は知られていない。エピソードにおいても、女性がからむものが少ない。その中で史料的価値は低いが、江戸時代末期に出版された『本朝武芸百人一首』の記述が目をひく。

> 前田偪登斎《ひょっとさい》
> 始めの名慶次郎といふ、兄より大禄を請て在しが、性来武道を好み馬を愛すといふ、その兄無双の名馬を持てり、よりてゆずらせんことを望むといへども許さず

しかれどもそれを執心するの思ひ絶えず
ある時その兄かの名馬に乗て来たる。慶次郎悦び歓待て大いに砕けしめ、その透をうかがひてかの馬に乗り家禄を捨て何方ともなくゆけり、
越後へいたり或家に便りてありしが､そこなる婦人と契りて懐胎す。さてあるべきにあらねばその婦人懐胎のまま人に与え、その身は薙髪して俑登斎となのるとぞ。

前田俑登斎
はじめの名を慶次郎といった。兄から大禄を受けていたが、生来武術、馬術を好んだ。その兄が無双の名馬を所有していた。たびたび譲ってくれと願い出ていたが許されなかった。
しかし、なおも慶次郎はあきらめきれなかった。
ある時、兄がその名馬に乗って慶次郎の宅へやって来た。慶次郎はよろこび、兄を歓待して大いに楽しませた。その隙をうかがって、かの名馬に乗り、家も身分も捨ててどこへとも知れず走り去ってしまった。
越後国に来た時、ある家に厄介になっていたが、その家の女性と契りを交わしたところ、相手が身ごもっていることがわかった。慶次は驚いて、あってはならないことだ、とその身重の女性を人に与えてしまい、自分は剃髪して俑登斎と名乗った。

兄に相当するのは前田利家のことであろう。また、水風呂こそ出てこないが､利家を油断させてその名馬を奪って出奔する経緯は同じである。ただし、その後の越後での女性を懐胎させたまま、人に与えてしまうという話は、原話を確認するに到っていない。
また、慶次は『道中日記』の中で次のような歌を詠んでいる。

氷る夜やかたはらさびしかり枕山河の雪に残しおく人

旅の仮寝は傍に思う人もなく、さびしいものであるが、ことに寒さが身にこたえる夜には、雪深い山河の彼方へ残してきた人のことが気にかかるものである

旅の仮寝で、雪の北国に残してきた大切な人を思い淋しさをつのらせる慶次だが、あるいは能登に残してきた家族のことを思い浮かべていたのであろうか。

嗣子・安太夫正虎

慶次が加賀を出奔した時、妻（利家実兄安勝の女）と一男三女（一男五女とも）があとに残された。ただ一人の男子安太夫（康太夫、保太夫とも）正虎は利長に仕え、二千石を領した。能登国鹿島郡松尾村に慶次旧宅があったとされ（『能登志徴《しちょう》』）、おそらくはその遺領の一部を相続したものか。

慶長年間、京都で傷害事件をおこし、処断されようとしたところを利長に引き取られ、「浪士をもって能州七尾に終われり」という（『前田慶次殿伝』『本藩歴譜』）。慶長九年閏八月二十五日、利長から能登のうちで二百石を給されているが、これは堪忍分であろう。

京都での傷害事件の詳細はわからないが、慶長七年（1602）七月十四日には前田利長と津軽為信のそれぞれの家臣たちが乱闘事件をおこしている。

また、慶長十年五月二十三日には利家の娘豪姫の従者と近衛家の小姓が傷害事件をおこし、京都所司代によって裁かれるという事件が発生した。こうした「かぶき者」に関係する傷害事件の当事者となったのではあるまいか。

安太夫正虎の人となりについては、本阿弥光悦の書風を学び能書として知られたというが、このあたりは父の才能を継承しているようである。

元和元年（1615）までの記述がある『前田家之記（前田安大夫筆記）』という家譜を著した。これは能登畠山氏から前田氏時代までの歴史を略述したもので、慶次に関する記述はみられない。また『前田家之記』の末尾に付されている系図には、安太夫正虎を前田利家の末弟秀継の嗣又次郎継治の次男としており、慶次との関係についてはなお検討を要する。あるいは、慶次の養子か、慶次の出奔後にその名跡を継承した人物だった可能性もゼロではない。

没年は不明。正虎に嗣子はなく、前田慶次の嫡系は絶えたことになる。

女婿・戸田弥五左衛門方勝

しかしながら、戸田弥五左衛門方勝《まさかつ》が慶次の娘婿となり、義兄および姑の知行を継承しており、彼が事実上、名跡を継いだと考えてもよさそうだ。諸書により実名が方勝、政邦、方秋と一致していないが、ここでは『富山藩士由緒書』の「方勝」に従っておきたい。

戸田弥五左衛門は本姓磯村といい、父五郎兵衛は近江国で五千石を領していたという。知行地がどこかはわかっていない。弥五左衛門はその嫡男で、幼少の頃に加藤嘉明に召し出された。没年から逆算すると、天正四年（1576）の生まれである。十六歳の時に文禄の役に従軍し、戦功によって五百二十七石を給されたという。慶長五年（1600）、関ヶ原の合戦に出陣。戦後、加藤家中の戸田三郎四郎の名跡を継いだ。しかし、遺領継承の条件に不満があったため、やがて加藤家を致仕して、金沢へ移った。

戸田家では、前述した伊勢湾上で慶次から婿にと申し込まれたとする『前田慶次殿伝』とは違った経緯を伝えている。

> 前田修理慇懃ニ語合、前田慶次郎娘ヲ以、弥五左衛門妻ト仕、大坂御陣之時、浪人ニ而修理一手ト相成罷越申候
>
> 『富山藩士由緒書』

> 前田修理が、あらたまって戸田に話をし、前田慶次郎の娘をもって弥五左衛門の妻にするよう命じた。大坂の役に出陣の際、弥五左衛門は牢人の身分であったが、前田修理の一手に加わるべく参陣した。

前田修理は利家の三男知好である。知好は前田安勝の子利好の養子となり、利好が慶長十五年に亡くなった後、七尾を領した人物である。したがって、慶次の妻の実家を継いだわけで、『富山藩士由緒書』に記されている慶次の娘と戸田氏との縁組をまとめるような動きがあっても不思議ではない。

『前田慶次殿伝』はいささか作り話めいているが、慶次と戸田が会した船が加藤家のものであったとすれば、辻褄はあうことになる。今のと

ころ、加藤家を退去した戸田弥五左衛門が前田家を頼るほかの理由が見出せないため、慶次の推挙というのも無碍に退けられないところである。

戸田弥五左衛門は大坂の陣には前田知好の一手として働いた。冬の陣ではまだ浪人の身分であったが、翌年の夏の陣では、「運送方御用」を勤めた。

略系図Ⅳ

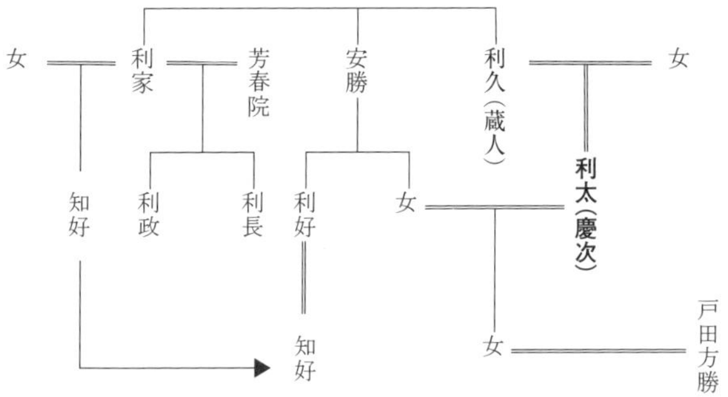

次に、前田慶次関係者の知行が戸田弥五左衛門に継承される経緯について述べる。

まず、安太夫の知行二百石については『富山藩士由緒書』に次のように記されている。

> 其後、安太夫病死仕候付、右安太夫江被下置候御知行弐百石被下置候

これは、先に慶次後室の項で記した戸田氏の先祖由緒書の直前の記述である。記載事項の順序でいえば、安太夫正虎が病死して、その知行二百石が義弟・戸田弥五左衛門に与えられた。

続いて、前田利長から安太夫の母（慶次後室）に下し置かれていた百五十石についても戸田氏に与えられ、都合三百五十石の加増となったものである。

慶次の後室、嗣子の順に記述したため順序が逆になったが、

其後、安太夫病死仕候付、右安太夫江被下置候御知行弐百石被下置候
(中略)
瑞竜院様御代、前田安太夫母江被下置候領知百五拾石被下之
先知都合三百五拾石被下置候、

その後、前田安太夫が病死したため、彼の知行二百石が戸田弥五左衛門に与えられた。
瑞竜院様(前田利長)が、前田安太夫の母へ与えた知行百五十石が戸田弥五左衛門に与えられた。
これによって、戸田弥五左衛門は、先に与えられていた二百石とあわせて都合三百五十石を知行することになった。

という流れになる。『元和之侍帳』には、御羽織衆の一人として「三百五十石　戸田弥五左衛門」の名が記載されているので、この時点で安太夫正虎および慶次後室の知行は戸田弥五左衛門に継承されていたことがわかる。安太夫正虎は元和のはじめ頃に没したのであろう。

戸田弥五左衛門は寛永十六年(1639)、富山藩が成立すると初代藩主前田利次に付けられ、足軽二十人を支配した。正保二年(1645)十二月、七十歳で病没した。

慶次の娘・娘婿・孫たち

三人とも五人ともいわれている慶次の娘であるが、『前田慶次殿伝』には、次の記載がある。

女　名華　　方秋(邦)妻
女　名坂　　北条主殿嫁
女　名佐野　山本勘解由嫁

野崎知通は、華という名の慶次の娘が戸田弥五左衛門尉方勝に嫁いだ関係で、後に戸田家に仕えている。『前田慶次殿伝』では慶次が「我二

女を持つ」と戸田弥五左衛門に語っており、華は妹であるらしい。慶次が能登時代にもうけた娘であるとすれば、誕生は天正十三年から天正十八年の間ということになる。慶次が在京していたと考えられる天正十六、十七年および出奔した十八年は可能性が低い。かりに天正十四年誕生とすると、慶長六年の折、十八歳ということになり、弥五左衛門はこの時二十六歳であるから、釣り合いが取れよう。

戸田弥五左衛門に嫁いだこの娘は、慶次の子供たちの中ではもっとも幸せな家庭を得たといえるかもしれない。『富山藩士由緒書』には四男一女が記されている。

弥五左衛門の長子右衛門政代は新知をもって前田利常に仕え、加賀藩へ復帰する形となった。この系統は元禄年間に断絶している。

二男の左馬助方秋は父弥五左衛門の知行三百五十石のうち、二百石を継承した。彼は戸田一族の中でも加増を重ねて累進し、寛文五年（1665）には六百五十石手廻組となった。藩主の信任も厚く、参勤交代の供をしたり、加賀藩主前田利常の接待も任されるほどだった。弥五左衛門の知行のうち、残る百五十石は三男理兵衛が継承した。三男・四男の事蹟は詳しく伝わっていない。

このほかに幾佐という娘がいる。慶長十四年に八歳で春香院（前田利家の七女千世）のもとへ召し出された。逆算して慶長七年の生まれであるとすれば、最初に生まれた子供であろうか。春香院の没後、幾佐は一年ほど小松に移り、隠居していた前田利常に近侍した。さらに幼少の綱紀（後の五代藩主）つきとなるため、江戸へ赴き、今井局と名を改めた。おそらく利常の指示であったろう。加賀藩歴代の中でも名君と評価される綱紀の養育にあたったのが、慶次の孫娘であるというのも不思議な因縁である。前田綱紀の代に慶次の逸話や事蹟が集められた背景には、今井局の存在が大きな要因としてあったのではないだろうか。

戸田夫婦にはほかに、長谷川安入妻、吉田又右衛門妻となった娘があったというが詳細は不明である。

二人目の坂という女性が嫁いだ北条主殿は『三壺記』に北条采女と記されている人物であろう。小田原北条氏の一族北条氏邦の子である。氏邦は豊臣秀吉の小田原攻めの際、鉢形城に籠り、前田・上杉らの軍勢と戦い、降伏した。氏邦の人物を惜しんだ前田利家が金沢へ連れ帰ったといわれている。

氏邦の子主殿は、はじめ紫野大徳寺の喝食であったが、慶長二年に氏邦が卒した後、利家が呼び戻し、還俗させ、父の遺領千石を与えた。主殿と坂のあいだには男子がなく、絶家となったらしい。娘が一人あり、前田利常に仕えていたが、後に寺西十蔵という者に嫁いだ。

三人目の佐野に相当する女性は『加賀藩史料』所載の系譜では、「お花之方と號す」となっており、戸田氏に嫁いだ女性を「華」と記す野崎知通の遺書との間で混乱が生じている。

『加賀藩史料』では、有賀左京に嫁ぎ、後に大聖寺藩士山本弥右衛門に再嫁したとある。山本弥右衛門と勘解由が同一人物であれば、三姉妹の名前以外は『前田慶次殿伝』と整合性はとれることになる。

ところが、『三壺記』の記述では、慶次の娘は次の三人になっている。

北条釆女妻
戸田弥五右衛門妻
山田弥右衛門妻

最後の山田弥右衛門の妻になった女性は、「お花殿」といい、それ以前は前田利長の妾であったという。後に山田弥右衛門が妻として拝領したらしい。山田弥右衛門は山本弥右衛門の誤記かもしれない。

これとは別に、慶次には五人の娘があったとするのが『本藩歴譜』『前田氏系譜』である。

山本弥左衛門室
北条釆女室
長谷川三右衛門室
平野弥次右衛門室
戸田弥五左衛門政秋室

五女説を採る『本藩歴譜』『前田氏系譜』によれば、山本弥左衛門室となった女性が花ということになっている。前田利長の妾であったが、後に有賀左京直治に嫁し、山本弥左衛門に再嫁したという。この山本弥左衛門も前出の山田弥右衛門もしくは山本弥右衛門に相当する人物とみてよいであろう。

三女説には記載がないのは、長谷川三右衛門室、平野弥次右衛門室である。

略系図V

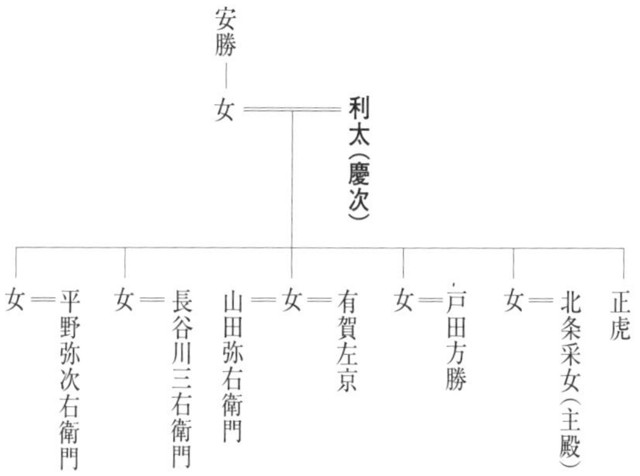

第八章 慶次の逸話について

化粧たる妻戸の妻の顔の上に
塗り重ぬらし紅坂の山

男伊達の世界と慶次伝説

前田慶次は、天性のいたずら者と呼ばれている。

いたずら者は、現在の意味とは少し違う。悪戯者と書くと悪ふざけの意味にとられやすい。

「徒者」という字が使われたように、徒党を組んで京都中を徘徊し、民衆に対して暴力をふるったりする嫌われ者であった。

この風潮は公卿社会にも伝播し、やがて官女密通事件（猪熊事件）という朝廷をゆるがすスキャンダルにまで発展する。しかし、民衆は時に彼らの被害に遭いつつも、共感を示し、芝居などにとりあげるようになった。これによって、「かぶき者」は「徒者」（後には、旗本奴・町奴など）と、民衆の欲求に応じて登場した「歌舞伎」すなわち芸能に携わる者とに二分されていく。

したがって、次に掲げる慶次に対する評も、各史料が編纂された江戸時代に棲息していた「かぶき者」のイメージに影響されていると考えなくてはならない。

「天性徒ものにて一代の咄《はなし》色々あり」（『可観小説』）

「方々修行いたし、我ままを好む、風顛漢と云ひつべし」（『山鹿語類』）

「隠れなき兵なれども不断の行跡おどけ者ゆゑ、加州を立除き浪人たり、此者の事語るに言なく記すに筆も及ばざる事どもなり」（『東国太平記』）

「滑稽《こっけい》にして世を玩《もてあそ》び、人を軽んじける」（『常山紀談』）

前田孝貞という人は後に「世間に伝わっている通りの変わり者である」と述べたという。孝貞は利家の娘婿前田与十郎長種の曾孫にあたる。あるいは、彼の家に慶次に関する話が伝わっており、そういったことを踏まえて「世間の評判通り」といったのかもしれない。

慶次の逸話は、『加賀藩史料』に採られているものだけでも十数編をかぞえる。未刊の史料もあわせれば、もっとあるかもしれない。

これらの中には、当然、慶次の武功やその言動を賞賛するものもあるが、それ以上に多いのが機知、愚かしさ、反骨精神、反体制等を主題とするものである。

総じて爽快なものや教訓めいた内容が多い中、後述する『桑華字苑』が記す逸話は異色のものであろう。

慶次が「自分が死んでもお前は追い腹を切るまい」と、ほんの戯れに口にした一言で、秘蔵の小姓が腹を切ってしまうという、快男児・前田慶次の逸話の中では痛快さに欠けるものである。

また、この逸話には衆道を想起させるものがある。慶次が「自分が死んだら腹を切るか」と小姓の誠を問うのは、念友同士の関係を思わせるし、悲劇的な結末も男伊達の世界と通じるものがある。

切腹という手段をとった殉死について、山本博文氏は、あふれる愛情を表現しようとすれば、我が身を傷つけるしか方法がない。腹を傷つけることへの恐怖を超越して、自らを寵愛してくれた主君への一体化が目的だったと述べている（『切腹　日本人の責任の取り方』）。

それは、勇気を試す「男伊達」の世界と表裏のものである。

宮本武蔵の逸話に、朋輩たちと合戦に赴く途中、崖下のそぎ竹に向かって飛べるか否か問答する話がある。武蔵は飛んでみせて、竹で足の甲を傷つけてしまう。『桑華字苑』に載せた慶次と小姓の話と、武蔵のエピソードとは、根底に流れているものが同じではないかという印象を持つ。

「畿内系」および「加賀系」慶次伝説

慶次の逸話に関する記述で、比較的早い時期に出たものが『武辺咄《ぶへんばなし》聞書《ききがき》』、さらに『關原《せきがはら》軍記大成』『東国太平記』『北越軍記（北越太平記）』といった軍記ものであろう。いずれも増補を重ねてはいるが、原本は十七世紀末頃までにまとめられたと考えられる。近世軍記ものの中でも比較的成立が早いものもあるが、だからといって、信憑性が高いとするわけにはいかない。しかし、少なくとも慶次伝説の萌芽をみてとることは可能である。

上杉氏に関する軍記については、大方の指摘がある通り、紀州藩士宇佐美定祐（大関氏）および越後流軍学者たちによる創作部分が多い。実は前田慶次の逸話についても、同軍学の影響を受けている可能性が高いのである。

まずは国枝藤兵衛入道清軒が編集した『東国太平記』および『武辺咄聞書』である。国枝清軒はその事蹟がほとんどわからない。自序によれば、近江国大津に住した上杉浪人で、上杉氏を顕彰する目的で『東国太平記』を編集したという趣旨のことが書かれている。

しかし、宇佐美と同時代に紀州藩に仕えた儒学者榊原篁洲によれば「北越太平記・東国太平記は、紀州の宇佐美竹隠がつくりて、其名をばかくしけり」と早くもその素性が暴露されてしまっている。また、越後流軍学の門流には国枝氏を称する人物も何人かみられることから、宇佐美氏の筆名であったか、あるいは越後流軍学者の一人であったとも考えられる。井上泰史氏は宇佐美流（越後流軍学）の一派が大津三井寺を拠点としていたことを指摘している（「歴史の捏造―東国太平記の場合―」国語国文六九巻五号）。

『東国太平記』の成立は、自序に延宝八年（1680）十月となっているが、同年十一月には同じ国枝清軒の『武辺咄聞書』が成立しており、両書の関係性を強く示唆している。

しかし、井上氏によれば『東国太平記』には元禄十一年（1698）刊行の『石田軍記』から借用された部分が多く含まれており、「（『東国太平記』の序は）全く眉唾の存在」と指摘している。

上杉関連の挿話においても『東国太平記』と類似するところが多い『武辺咄聞書』の場合はどうだろうか。やはり、同様に元禄以後の作ということになるのだろうか。

国枝清軒はその跋に「わが祖父は松本木工という上杉譜代の士であり、羽州最上口長谷堂で戦死を遂げた」と記している。しかし、国枝自身の事蹟がまったくわからない以上、やはり『東国太平記』と同じ断を下さざるを得ないのではないだろうか。

ただし、『武辺咄聞書』の成立事情には、興味深い特色がある。それは「咄」を集大成したものだからである。

国枝清軒は大津に住し、ここで諸家の牢人が参会し、家々の伝説を語り合うのを筆記したという。それは、まさに「咄」の名手たちが集まるイベントである。書物として広範に流布する以前、慶次をはじめ戦国時代の武士たちの逸話は、こうした集まりを介して諸国にひろまっていったのだ。

一方、加賀は「天下の書府」といわれた。好学であった五代藩主前田綱紀が積極的に蒐集した結果である。また、綱紀自身も『桑華字苑』という事典を編纂したのをはじめ、彼の代に藩関係者の手になった本も多い。『三壺記』は別名『三壺聞書』とも称し、宰領足軽山田四郎右衛門の編著ということになっている。成立は宝永年間のことであるという。以後に現れる『重修雑談』なども『三壺記』を参照している。

『可観小説』は室鳩巣の弟子で、加賀藩士の青地礼幹が編纂したものである。正徳五年（1715）成立といわれる。

これらの史料に採られている慶次の逸話を集めると、名馬「松風」や利家を水風呂に入れるといった、代表的な逸話が揃う。しかも、『武辺咄聞書』にはみえない滑稽譚に類するものが一部含まれている。一方で、後述する米沢堂森に慶次が隠棲《いんせい》した頃の逸話はまったくみえないのが特色である。

以下、慶次の主要な逸話について、原文を史料の成立順に抽出していこう。各逸話のはじめには、初出史料をもとに意訳したものを掲げた。

原文は句読点・濁点の追加、新字に改めるなど適宜手を加えてあることをおことわりしておく。また、小見出しは初出史料の原文中から適当なキーワードをひろって、付与した。

○名馬松風

前田慶次は「松風」という名馬を所有していた。京にいた慶次は、夏になると、毎夕、馬丁に命じて「松風」のからだを冷やすため、川岸へひいて行かせた。馬を冷やす光景が評判となり、行き交う大小名の目にもとまるようになった。あまりに見事な馬なので、中には引き返して「これはいったい誰の馬か」と聞く者もいた。すると、馬丁は腰にさげた烏帽子をかぶり、足拍子を踏みながら、

「この鹿毛と申すは、赤いちょっかい皮袴、茨かゝれ鉄甲、鶏のトッサカ立烏帽子、前田慶次が馬にて候」
と幸若の節回しで舞った。以後も、人々が尋ねるたびに同じように舞い謡った。

『武辺咄聞書』延宝八年（1680）成立。（自序による）
前田慶次は松風と云名馬を持、京にて夏の比、毎夕川へひやしに遣す。馬取の腰に烏帽子を付させたり。路にて往還の大名小名に逢。見事成る馬なれば、立戻り、誰の馬にて有ると尋るに、彼馬取、其儘烏帽子をかぶり足拍子を踏み、此鹿毛と申はあかひちよつかい皮袴茨かゝれ鉄甲、鶏のとつさか立烏帽子、前田慶次か馬にて候と幸若を舞。牽通る人の尋る度々に件の如し。

『可観小説』正徳〜寛保頃（1711〜1743頃）成立。
松風の名馬を、京にて夏の比毎夕河原へ冷やしに出ける。其馬捕の腰に烏帽子を付けさせたり。路にて往来の大名小名に逢ふ時、見事なる馬なれば立戻り、誰の馬ぞと尋るに、彼馬捕、其儘烏帽子引かぶり、足拍子を踏んで、此鹿毛と申は、あかいちよつかい革袴、茨がくれの鐵冑、鶏のとつさか立烏帽子、前田慶次の馬にて候と、幸若を舞、通る人尋る度に此の如し。

『常山紀談』明和七年（1770）成立。（二十五巻に附した跋文による）
京にて夏の比、馬を川入にやりけり。馬取の腰に烏帽子を付けさせたり。道にて往来の人立ちどまり、ふとくたくましき馬なれば、誰の馬にて候、と問ふ。則烏帽子を著、足拍子をふみて、此鹿毛と申すはあかいちよつかい皮ばかま、茨がくれ鐵甲鶏のとつさか立ゑぼし、前田慶次が馬にて候、と幸若の舞を謡ひて引き通る。見る人の問ひし度ごとにかくしけるとなり。

○脇差をさして風呂に入る

ある時、慶次が銭湯へ出かけた。頬かぶりして忍び入り、下帯に一尺ほどの脇差をさしたまま風呂に入った。あとから風呂場へ入ってきた者たちは、脇差をさしたままの慶次をみて曲者かと驚いたが、
「ここで風呂に入らなかったとあっては、彼の者を恐れたといわれかねない」
と思い、自分たちも脇差を帯びたまま風呂に入った。数刻して、慶次が体を洗うために板の間に出て、件の脇差を抜くと、何とそれは竹のへら

であった。それで足の裏の垢をこそげ落としている慶次の様子に、風呂に入っていた者たちは「さては騙されたか」と腹をたてた。彼らの脇差は柄も下緒も湯に浸かって、刀身は汗をかいてすっかりなまくらになり、怒りのあまり皆取り捨ててしまったとか。

『武辺咄聞書』
或時、慶次、銭湯の風呂へ入。ほふかぶりして忍び入、下帯に一尺計の脇差をさして風呂へ入。入込の輩、すはや曲者よ、爰にて風呂に入らざれば、恐れて入らずといわれんとて、皆脇差をさして風呂に入。数刻入て慶次は板の間へ出、彼小脇差をすらりと抜たるを見れは、竹の篦也。則足の裏の垢をこそける。入込の人々腹を立て、扨も――出し抜に合て大事の脇差共を風呂へさして入。柄も下緒も役に不立。身は汗かきなまりて皆捨たりと憤りたるとかや。

『武辺咄聞書』
※同じ話が重複して収録されているが、字句が異なっているため掲げておく。後に増補した際に混入したのではないかと考えられる。

江戸へ景勝供して参り、銭湯へ小脇差を下帯にさして入る。惣様の入込なれは、徒ら者こそ小脇差をさして風呂へ入たれとて、皆々脇差をさして風呂へ入。数刻有て、板の間へ出、慶次、下帯にさしたる脇差をするりと抜たるを見れば、竹篦也。則足の裏の垢をこそげる。外の者共、脇差さして風呂に入たれば、汗かきさびくさり柄も下緒もすたりけれは、皆々たばかられぬとて怒りけると也。

『三壺記』宝永年間頃（1704～1710）
聚楽にてせんとうの風呂屋へ行、小風呂の内へ小脇指をさし入りたまへば、人々気遣して皆出にけり。慶次郎殿板の間へ上り、小脇指をずばとぬき、あかをかき給ふ。見れば竹刀にてぞ有ける。

『可観小説』
或時慶次銭湯の風呂に入、頬かぶりして忍入、下帯に一尺計の脇刺を指して入る。入込の輩、すはや曲者よ、爰にて風呂に入らざれば、恐れて入らずといはれんとて、皆脇指を持て風呂に入けり。数刻過ぎて、慶次は板の間へ出、彼小脇差をすらりと抜たるを見るに竹のへら也。足の裏の垢をこそげるを、風呂へさして入、柄も下緒も役に不立、身は汗かきなまりて、皆捨たりとて憤りたるとかや。

○我が主は景勝のほかは一人もなし

関ヶ原合戦の後、上杉景勝は百万石の身代を没収され、三十二万石に減らされて米沢へ所替えとなった。この時、家中の多くの者が暇を願い出た。上杉家に寄食していた前田慶次は、もともと武功の士で知られていたが、今度の最上口で「鑓の功名」をたて、その名は天下にひろまった。七、八千石で召抱えたいという大名も多かったが、慶次は「天下にわが主は景勝ただ一人だ」とうそぶいた。

「今度、石田治部に心を寄せた者たちが、関ヶ原で西軍敗戦となった途端、徳川に人質を出し、伝手を頼って降参する姿は実に浅ましいかぎり。この連中を主人とするのは絶対嫌だ。また、家康公の譜代衆にも大名になった者がおるが、すこし前まで陪臣だった。その家来になるのはもっと嫌だ。越前中納言様（結城秀康）か、あるいは尾張の下野様（松平忠吉）ならば考えてもいいが、やはり景勝のほかにわが主人はいない。景勝は関ヶ原で西軍が敗れても、少しも弱気をみせず、降参することはなかった。翌年四月まで合戦を継続した様子は、大剛一の大将である。主人にはこれより上の者はいない」
といって、上杉家にとどまった。景勝の息子弾正少弼の代まで長命を保ち、米沢で病死したという。

『武辺咄聞書』
関ヶ原御陣過、上杉景勝百万石召上られ、只三拾二万石に成、米沢へ所替、家中大方暇出る。慶次は元来覚の者、殊に此度最上口の鑓にて高名の誉天下に聞へ、七八千石にて抱度といふ人数多也。慶次が云、天下に我主は景勝の外は壱人もなし。其子細は石田治部一味の大名小名、関ヶ原口上方負に成候と否や、人質を渡し便を求降参して立足もなく浅間敷次第也。此衆を主に取る事は堅くいや也。又、家康公御譜代衆は近比迄又者也き。それを主には猶いやなり。越前中納言様か尾張の下野様か、扨は景勝より外、主人はなし。関ヶ原にて味方敗亡しけれ共、少も弱気を見せず一言も降参をも乞はず。翌年四月迄にひたと合戦せられしを見れば、大剛一の大将は景勝也。主には上有るべからずとて、景勝家を出ず。息弾正少弼代迄長命にて罷有、米沢にて病死しけるとなん。

『常山紀談』
上杉家禄知削られし後、士多く暇を取て立去けるに、慶次を七八千石、一萬石を以て招く大名あり。慶次、われ此の度の乱に諸大名表裡の心見限りたり。景勝ならでわが主君となすべき人なし。

○源氏物語の講釈・伊勢物語の秘伝

前田慶次は文学、和歌の道、乱舞にも長けていた。また、源氏物語の講釈をしたり、伊勢物語の秘伝を受けるなど、文武両道の侍である。

『武辺咄聞書』
学文歌道乱舞に長し、源氏物語の講釈、伊勢物語の秘伝迄伝へて、文武の兵也。

『關原軍記大成』正徳三年（1713）
紹巴《じょうは》法橋が門弟となりて、連歌を學びて歌書を伺ひ、源氏物語を講釈して文義分明なり。

『可観小説』
武功度々申すに及ばず、学問歌道乱舞に長じ、源氏物語の講釈、伊勢物語の秘伝をうけて、文武の士と云。

『常山紀談』
民間に引込、風月を楽しみ歌学に心を寄せ、源氏物語を講じて世を終れり。

○前田利家に水風呂を馳走

前田利家から世を憚《はばか》らない言動を厳しく注意され、不満に抱いた慶次は「前田家には長くはおるまい」と考えた。

「一万戸の人民が住む広大な土地を支配する領主であっても、自分の気持ちにそぐわなければ、浪人の境遇とまったく同じだ。去るも留まるも、その場所にいて楽しいと思えることこそ大切なのだ」

そこへ持ち前の悪戯心がおこり、「ただ立ち退くのは悔しい」と、一計を案じて利家に茶を差し上げたいからと伝えた。慶次の誘いに、利家は「慶次が心を入れかえて、わしに茶をたててくれるのか」と悦び、さっそく慶次の屋敷へ出かけた。一方、慶次は水風呂に冷水をたっぷり汲んで利家が来るのを待っていた。茶のもてなしが終わると、慶次は横山山城守を通じてお伺いをたてた。

「本日はまことに冷えます。私はあいにく風呂を持たないので、湯風呂の支度をしておきました。お入りになりますか」

利家は快諾し、風呂屋へ向かった。慶次が「湯加減もよろしゅうござる」と告げると、利家は裸になり、風呂へ飛び込んだところ、中は冷水である。利家は、

「そのいたずら者を逃がすな」

と叫んだが、すでに慶次はかねて裏門に繋いであった名馬松風に飛び乗り、そのまま行方も知れず駆け去ってしまった。

『武辺咄聞書』

利家は慶次郎が世を憚らさるをひたと叱給ふを、慶次不足に存、此家に久敷居るべからずと思ひ、大息をついて独言しけるは、万戸侯の封といふ共、心に叶はざれば浪人に同じ。只心に叶ふを以万戸侯といふべし。去も止も所を得るを楽と思ふ也。所詮、立退べしと思ひしが、又持病の徒ら心発り唯立退ん無念也と思ひ、利家へ御茶を上んと望む。利家聞給ひ、慶次が心直りて我に茶をくれんと申候と悦び給ひて、慶次が方へ参られける。慶次は水風呂へ冷水をたぶ〳〵と汲入置、茶済て慶次申候は、今日は殊外寒く申候。私、風呂を持申さずに付、湯風呂を申付候間、御入成さるべきやと横山山城守を以て伺しかば、利家則風呂屋へ至り給ふ。慶次、湯加減を見て

成程能と申上る。利家はだかに成、たふと入給ふに冷水也。利家きつと驚き、其徒らもの適なと呼給ふに、慶次は松風と云早馬を持ければ、兼て鞍置、裏門に立置しが、其儘打乗て行方知れず成にけり。

『可観小説』
利家慶次が世を軽く存候をひたと叱り給ふを、慶次不足に存、此家に久敷居るべからずと思ひ、大息ついて獨言しけるは、萬戸侯の封をいふとも心に叶はざれば浪人に同じ、只に心に適ふを以萬戸侯と云べし。去るも留るも其處を得るを楽しと思ふ也、所詮立退くべしと思ひしが、又持病の徒心起り、只立退かんは無念也とおもひ、利家へ御茶を上んと望む。利家聞給ひ、慶次が心直りて我に茶をくれんと申候と悦び給ひ、慶次が宅へ入給ふ。慶次水風呂に冷水をたぶ〳〵と汲入、茶濟て後慶次申候は、今日事の外寒じ候、私爐を用ひ申さず候に付、風呂を申付候間、御入成さるべき哉と、横山山城守を以伺ひしが、利家則浴室に入り給ふ。慶次湯加減を試みて、成程能候と申上る。利家裸に成て、たぶと入給ふに冷水也。利家屹度驚き、其徒もの適すなと呼び給ふ。慶次は松風といふ早馬を持ちければ、兼て裏門に立て置きたりしが、其儘打乗て行方しらず成にけり。

『常山紀談』
滑稽にして世を玩び、人を軽んじける故、利家教訓せらるゝ事度々に及べり。利大大息ついて、たとへ萬戸侯たりとも、心にまかせぬ事あれば匹夫に同じ。出奔せん、と獨言せしが、ある時利家に茶奉るべきよしいひしかば、悦びて慶次が許に来られしに、慶次水風呂に水を十分にたゝへてかくし置き、湯風呂の候。入り給はんや、と横山山城守長知をもていへば、利家、よかりなん、とて浴所に至る。慶次自ら湯を試みて、よく候、と言へば、利家何の心もなくふろにゆかれしに寒水をたゝへたり。利家、馬鹿者に欺れしよ。引き来れ、といはれしに、慶次、松風といふ逸物の馬を裏門に引き立てさせて置きたりしに打乗、出奔しけるとぞ。

○林泉寺で碁の相手をする

ある時、志賀与惣右衛門、栗生美濃守などが「殿様の御帰依僧というのは恐れ多いことではあるけれども、あの林泉寺の憎らしげな面は一度張り飛ばしてやりたいものだ」と話し合っていた。

「されば、わしが参って林泉寺の顔を張ってこよう」

そういって、慶次はさっそく巡礼に化けて林泉寺へ向かった。寺では築山をみたいと願い出て、ゆるりと見物しながら、五言絶句の詩などを即興でつくって方丈へ差し上げた。それをみた住職は感心して、

「巡礼は詩作に長けていらっしゃる。唱和などお願いできますかな」

と方丈へ案内し、さまざまにもてなした。

馳走になった慶次が、ふと客殿の縁に碁盤が置かれているのに気づいた。慶次が碁の話をはじめると、

「ほう、巡礼は碁もたしなまれるか。一番いかがですか」

住職はさっそく慶次に勝負を申し出た。慶次は「お相手いたしましょう」と応じ、さらに勝った方は負けた方の鼻へシッペイをする約束をして、勝負を開始した。

最初の勝負に、慶次はわざと負けた。

「されば、お約束通り、わたしの鼻へシッペイを当ててください」

「そういう約束ではあったが、修行の身で人を痛めるのはいかがなものか」

「それでは面白くありません。ぜひ、シッペイを」

慶次が重ねていうので、住職は沙門の身で不似合いだけれどもと断りつつ、申し訳程度に慶次の鼻を爪弾きした。二戦目は慶次が実力を発揮して思い通りに勝った。

「さあ、拙僧にシッペイを当てられよ」

と住職がいうと、今度は慶次が固辞した。

「僧侶にシッペイを当てるのは、仏の身に痛めつけるのに等しく、後生が恐ろしゅうござります」

「それでは約束が違う。そのほうへシッペイを当てておいて、拙僧が免れては道理に合わない。ぜひ、シッペイを」

「仕方がありませんな。恐れながら……」

と、慶次は拳を握って力をこめ、住職の目と鼻の間を割れよとばかりに

張った。

気が動転した住職が、吹き出る鼻血に「これはいったいどうしたことか」とあわてふためく間に、慶次の姿は方丈から消えていた。

この顛末を聞いて、栗生・志賀の両名も、みな面白がったということである。

『武辺咄聞書』

或時志賀与惣右衛門、栗生美濃守の申けるは、殿様の御帰依僧なれ共、林泉寺が顔は憎体にて一拳はり度顔は世になひといふ。慶次、されば我等参て林泉寺が顔をはらんと云て、巡礼に化け林泉寺へ行き、庭の築山所望して見物し、五言の絶句の詩を即時につゞりて方丈へ進参す。林泉寺出て、巡礼は扨々作者かなとて唱和など給はり、中々馳走也。客殿の縁に碁盤あり。慶次見て、碁の話をする。方丈聞給ひ、巡礼は碁が成るか。一番打んと有り。慶次は去ば御合手に仕候はんとて、負候はゞ鼻梁へしつへひを当る筈に極めて碁を始る。慶次、態と負る。さらは御約束の通、私鼻へしつへいを御当候へと云。林泉寺は約束の事なれ共、沙門の身にて人をいためんはいかゞと有。慶次、左候へば面白くこれ無しとて、しつへいを望。林泉寺は沙門の不似合事なれ共、態と当候とて、爪弾を漸々当たり、扨二番目は慶次思ふ様に碁に打勝。去らば我にもしつへひを当候へと、林泉寺望まる。慶次わざと申候は、御僧様へしつへひ当候事、仏の身を破るに同しく、後の世恐れ候と云。林泉寺、それは其筈にてなし。其方へはしつへひ当、我は請けずば道理違たり。是非しつへひを請んと有。慶次、左候はゞ恐れながら当申さんと拳を握り力を出し、林泉寺の目と鼻の間をわれよ砕けよとはつたりける故、気を取失ひ、衄血出、是は〳〵と云内に、慶次が行方知れず逃去けり。扨此由を栗生・志賀に語りしかば、皆ゑつぼに入しと也。

『可観小説』

志賀與三左衛門・栗生美濃守等云は、殿様の御帰依僧なれ共、林泉寺が顔ほどにくていにて、一拳はり度き顔は世になしと云。慶次さらば我等往て林泉寺が顔をはらんと云て、巡礼にばけ、林泉寺へ行、庭の築山所望して見物し、五言絶句の詩を即刻に作り、方丈江進上いたしければ、和尚出会ひて巡礼は奇特也、扨々作者哉とて唱和など給はり、中々馳走ありけり。客殿に碁盤あり、慶次見て碁咄しをする。和尚問、巡礼は碁が成る様、一番打たんとあり。慶次御相手仕候はん、但負候はゞ鼻梁へしつぺいを當る筈に極めて碁を初る。慶次態と負たり。さらばお約束の通私へしつぺいを御當て候へといふ。和尚約束之事なれども、僧の身にて人を痛め候はん事如何とある。慶次左候へば面白からずとて続いて所望す。和尚は沙門には不似合事なればとて、態とあて候とて爪弾を當らるゝ。さて二番目は慶次思ふ様に勝ち、さらば我等にもしつぺいを御當て候へと望まる。慶次申候は御僧様へしつぺい當て候事は、佛身を破るに同じ、後生にも恐れ候と云。和尚それは其筈にてなし、其身へはしつぺい當、我はしつぺい不當は道に違ひたり、是非受けんとあり。慶次左候はゞ恐れながら當て申さんとて、拳を握りすまし、力に任せ和尚の目と鼻の間を、したゝかにはつたり。和尚は気を取失ひ、衂ながれ、是は〜〜と云内に、慶次は行方しらず逃去れり。扨此よしを栗生・志賀等へ語りしかば、皆ゑつぼに入りて笑ひけり。

○大ふへんものの旗指物

関ヶ原合戦の頃、慶次は白ねり衣の四半に「大ふへんもの」と書き付けた指物を用いていた。皆がこれをみて、

「武勇で知られた上杉家にあって、大武辺者と目立つように書き付けた旗指物を用いるとは慮外である」

と咎めた。慶次はからからと笑い、

「さてもさても、揃いも揃って田舎者。かなの清濁さえ知らないとみえる。われら長年の浪人暮らしで手元不如意のため、大ふべん者と記したのだ。そもそも読み方が間違っておるのに、この旗指物を咎めるのは誤った行為であるぞ」

といい放った。

『醒睡笑』寛永五年（1628）成立。（著者安楽庵策伝の奥書に拠《よ》る）

※前田慶次の名はなく、単に「ある侍」としている。『武辺咄聞書』より

半世紀あまりも古い点で、あるいは慶次の逸話の根元に関係する文献と思われ、ここに掲げた。

ある侍の指物に、ふへん者と書きたり。家のおとなたる人見付け、「これはさし出たる言葉さうな」と咎めければ、「いやとよ。私の心持、かくれもなき不べんしやと、述懐の旨を書きて候」とぞ。

『武辺咄聞書』
関ヶ原御陣の初、慶次さし物は白練の四半に大ふへんものと書付たり。皆々人申され候は、上杉武勇の家なるに、かく推出したる大武辺者とは思も寄らざる旗指物也と咎しかば、慶次から〳〵と打笑、扨も〳〵皆々は田舎人かな。かなの清濁をさへ知給はざりけり。我等浪人にて金銀なき故、大不弁者と申事也。読様悪敷して、かく宣ふは誤也と申ける。

『關原軍記大成』
慶次郎が背旗に、天下一の武へん者と書きたるを、景勝の家臣甚憎み、彼が何程の勇功ありて、斯くは書付けたるぞ、其意趣問究め、返答に依つて、彼背旗を踏折るべしとて、慶次郎が居宅に至り、貴殿は如何なる手柄ありて、天下一の武篇者と、背旗には書かれたるやといひけるに、慶次郎から〳〵と打笑ひ、扨も田舎衆の習はしにて、文字の清濁判れざると見えたり。我等は極めて貧者なる故に、ふべん者と書きたるを、武篇者と讀みてご不審あるやと答へければ、皆人興を催したり。

『可観小説』
関ヶ原軍の時、慶次奥州の指物は、白の四半に大ふへんものと書付たり。人々申は、上杉家武勇なるに、かく押出し大武辺者とは思寄らざる指物也と咎めしかば、慶次から〳〵と打笑ひ、扨も〳〵何茂は文盲かな、仮名の清濁だに知らず。我等事久々浪人にて金銀なきゆゑ、大ふべん者と申事なり。読み様あしくかくの給ふは誤也と申けり。

『常山紀談』

慶次指物ねりに大ふへん者と書たりしに、人々、あまりの事よ、といへば、慶次、汝たちは武辺とよみたるや。われ落ぶれて貧しければ、大不辨者といふ事なり、と戯れしとかや。

○朱柄の鑓

慶次が会津へ出仕した時分、皆朱の鑓を持ち歩いた。昔から皆朱と玳瑁《たいまい》造りの鑓は武功秀でた者のみが許されるものと決まっていた。慶次と同じ組の者たちがさっそくこれを咎めたが、慶次は「これはわれら先祖代々の鑓である。ほかの鑓と取り替えるわけにはいかない」と答えた。

これを聞いて、水野藤兵衛・薤塚理右衛門・宇佐美弥五左衛門・藤田森右衛門の四名が訴え出た。

「長年当家に身をおいて忠勤に励み、望んでも得られなかった皆朱の鑓を、新参者である前田慶次が持つことは口惜しいかぎりでござる。どうか我等にも皆朱の鎗を所持する許可をいただきたい。だめというのであれば、慶次にも皆朱の鎗を携行することを差し止めていただきたい」

この結果、四名の者にも皆朱の鑓が許され、慶次にも改めて許可する旨、裁許が下りた。

後に慶長五年九月二十九日の最上陣洲川という所にて、慶次と、水野・薤塚・宇佐美・藤田ら皆朱の鑓を許された五名が勢揃いし、稀代の珍事となった。

『武辺咄聞書』

会津へ出ける初より、皆朱柄の鑓を持せありく。昔より皆朱と玳瑁の鑓とは武辺勝れねは持する事を免れず。相組の者共、咎ければ、我先祖代々の鑓也。替る事成らずと答ふ。そこにて水野藤兵衛・韮塚理右衛門・宇佐美弥五左衛門・藤田森右衛門等訴て曰、多年望存候得共、我々には朱柄の鑓御免なく候。新参の慶次、朱柄の鑓持する事、遺恨に候間、我々にも朱柄の鑓御免候へ。左無く候へば、慶次に朱柄を御止候へと色々に訴る。直江山城守兼続、頭なれば色々内意にて異見すれ共、両方堪忍せず。これに依り、慶次にも改て朱柄の鑓御免、藤田・韮塚・宇佐美・水野にも朱柄の鑓御免有しが、慶長五年九月廿九日最上陣洲川と云所にて慶次を始、右四人一所、朱柄にて鑓を合、稀代の珍事也。

『關原軍記大成』
慶次郎常に皆朱の槍を持たせけるに、薤塚理右衛門・水野藤兵衛・藤田森右衛門・宇佐美彌五左衛門、是を見咎め、謙信公の御時より、朱柄の槍は人皆遠慮する家風なるに、慶次郎朱柄の槍を持たせ候事憚なきに似たり。差止めらるべしと訴へけるに、景勝の曰く、慶次郎は利家の身近き一族といひ、新参の者なるを、卒爾の下知如何なり。汝等も心任せに朱柄を持たすべしとあるにより、彼輩訴論を止めたり。

『雜記』成立年代不詳
此慶次常に朱柄の鎗を持するより、人皆是を笑ひ、きやつが生若き身にて、度々の誉も有るべからず。先主謙信の時さへ粉骨有し輩も、朱柄は憚る家風なり。さればとて私に朱柄を制禁すべき様もなし。あはれ御下知あれかしと、よる〳〵囁きけるを景勝聞給ひ、家中の批判も理りながら、慶次は加賀大納言の猶子なり。當家に暫あればとて、我等は家来とも云ひ難し。殊更兵具の類に於ては、猥に下知を加へ難し。所詮朱柄の鎗においては、心任せにせよといはれしと也。

『可観小説』
会津へ出仕の時分、皆朱の柄の鎗を持たせありく。昔より皆朱の鎗と玳瑁の鎗とは、武功勝れねば持たする事を許さず、相組の者共これを咎む。是は我等先祖以来の鎗也、かふる事ならずと云。そこにて水野藤兵衛・薤塚理右衛門・宇佐美彌五左衛門・藤田森右衛門等語て云、多年奉公候得共、我等には皆朱之鎗御免これ無く、新参之慶次朱柄の鎗持する事遺恨に而候間、我等も朱柄の鎗御免成さるべく候。左無く候はゞ慶次に朱柄を止候様に仰付下さるべく候といふ。直江山城守兼続、其頃なれば内意にて色々異見すれども聴かず。これに因り慶次にも改而皆朱柄御免とあり、藤田・薤塚・宇佐美・水野にも御免ありしが、慶長五年九月廿九日最上陣洲川と云所に而、慶次と薤塚・宇佐美・藤田・水野の五人、一所に朱柄にて鎗を合す、稀代の珍事也。

『常山紀談』
朱柄の鎗を持たせしかば、何ゆゑぞ、と咎むるに、父祖より持せ来りし、といふ。水野藤兵衛、韮塚理右衛門、宇佐美弥五右衛門、藤田森右衛門、年久しく朱柄の鎗持せん事を望み申せども許されず。然るに慶次を制禁なくば、四人ともに許され候へ、と訴へて許されけり。

○負傷者に小便を与える

長谷堂から退却する折、味方の兵が深手を負った。朋輩が彼を助け起し、薬を与えようとしたが、あいにく近くに水がない。仕方がないので、小便で薬を口中に流しこむということになったが、小便がでる者は一人もいなかった。そこへ、前田慶次が進み出て、草摺《くさずり》を引き上げて小便をした。

「このような激しい戦場では、上気して小便が出にくいものだ。しかしながら、それがしは普通の者とは違う。今後も小便の御用があれば、それがしに申し付けられよ」

こうして、怪我人に薬を与えることができた。

味方の兵たちは、戦場でも落ち着いている慶次の様子をみて、勇気がある者だとすっかり彼を見直したのだった。

『關原軍記大成』
長谷堂の引口に、傍輩手負ひたる者ありけるに、各々駈寄せ、薬を用ひんとすれども、水なきによつて詮方なさに、小便を薬の香汁にすべしといひしに、小便する者一人もなし。時に慶次郎草摺を巻き上げて、小便をたれながら、斯様に厳しき戦場にては、人皆気上りて小便通じ難きものなり。我等に於ては少しも上気せざる故に、小便下り易し。此後とても斯様の険しき所にて、小便の御用あらば、我等に申し聞けられよと放言するに依つて、彼是共に慶次郎は勇ある者なりとて、人皆目を注け易へたりとなり。

『雑記』

松川合戦の時、福島の城兵深手負しが、彼手負故有者にて有けん、朋輩彼を助け起し、薬を用ひんとせしに、折節あたりに水なければ、小便にて薬を用ひよとて、誰彼と云所に、前田慶次がいはく、かゝる稠敷戦場にて、人の心逆上して小便通じ難きもの也。然共某に於ては尋常の者に替るべしとて、草摺を引きたぐり、立ながら小便をする。則是を香汁にして薬を與へけると也。

○慶次秘蔵の子小姓、証しをたてる

奥州福島の地で、腹中を煩い、助かる見込みがないと知った慶次は、日頃寵愛している子小姓にいった。

「そなたはわしが死んだら、追腹を切るのが筋であろうが、おそらく切らないだろう」

これを聞いた子小姓は、

「何と口惜しいことを申されますか。わが心中の証しをお目にかけましょう」

と、その場で諸肌脱ぎ、腹十文字にかき切って、喉ぶえを突いて死んでしまった。これをみた慶次は、

「これはいったいどうしたことか。戯れにいったのに、子供心に悪くとってしまい、不愍なことをした」

と嘆いたが後の祭りであった。慶次は一両日嘆き悲しんだあげくに亡くなったという。

『桑華字苑』成立年代不詳（前田綱紀作、十八世紀初頭か）

奥州福島にて腹中を煩、十死一生なる時、ひぞうの子小姓に、其方は我死にたらば追腹を切るべきが、定て切るまじきとのたまへば、子小姓は口惜き事をのたまふ物かな、我等心中御目にかけんと云まゝに、押はだぬぎ、腹十文字に切て、ふえをかき當座に死す。慶次殿こはそも何事ぞ、たはむれにいひたれば、せがれの心にて悪く心得、ふびんなる次第とてなげかれけるが、一両日の内になげき死にしなれけるとなり。

○天下御免の傾奇者

ある時、京都において豊臣秀吉が、前田利家の甥に傾奇者がいると聞いて、さっそく召出すようにいいつけた。その際、たいそう変わった姿形で御前に伺候するようにと注文がつけられた。はたして、前田慶次は髪を頭の片方に寄せて結い、虎の皮の肩衣、異様な袴を着して登場した。衆目が集まる中、慶次は秀吉の面前で拝礼する際、頭を横に向けて畳につけた。その時に髻《もとどり》の部分がまっすぐ上を向くように、横に結っていたのである。秀吉はすっかり上機嫌になり、

「さてもさても変わりたる男かな。もっと趣向があるであろう。そのほうに馬一頭をとらせる。直々に受けるがよい」

と声をかけた。秀吉の面前で礼を受けるにはそれなりの礼儀が必要である。慶次は忝《かじけな》い旨申し上げ、いったん退出した。慶次は普通の衣服に改め、髪も結い直し、礼法にかなった装束･所作で再登場した。そして、礼を尽くして秀吉から馬を拝領したので、秀吉をはじめとして、居並ぶ諸将たちをも驚かせた。秀吉はいよいよ慶次を気に入って、

「今後はどこでなりとも、思うがままに傾いてみせるがよい」

と天下御免であることを許した。以後、慶次は思いのままに傾奇者としての生涯を送った。

『重輯《じゅうしゅう》雑談』成立年代不詳（宝永年間に成立した『三壺記』よりも後代）

或時京洛にて、高徳公の甥御に衡着在由、太閤秀吉公聞召て、随分替りたる形にて罷出べし､御目見仰付けらるべしとの事なるに因て、慶次殿髪を片方へ寄て結、虎の皮の肩衣に、袴も異様なるを着し、拝礼の時頭を畳へ横に付平伏せらる。此の為に髪を片寄て結て、髻の拝礼の時直になる様に拵たるものと見ゆ。太閤の御意に応じて、偖も〳〵替たる男哉と御笑有て、定て彌替りたる仕形仕るべしと思召、御馬一疋下され候間、御前に於いて拝領候へと仰出さる。慶次忝由御請申し、退出して装束を直し、今度は成程くすみたる程に古代に作り、髪をも常に結直し、上下衣服等迄平生に改め、御前へ出で御馬を拝領し、前後進退度に當り、見事なる体也。これに因り太閤は申すに及ばず、末々迄目を驚しける。愈太閤の御意に叶ひ、向

後何方にて成とも、心儘に衡き候へと御免の御意を奉りて、以後種々思儘なる衡き事をして一生を送られけると也。

○大なでつけに鎌髭で伺候

慶次が伏見城で豊臣秀吉に謁見する際、ざんぎり頭に鎌髭、左右にのびた口髭という異相に、長袴を着して次の間に控えていた。これをみた浅野弥兵衛・猪子内匠らが、

「これは何たることじゃ。お目見えする時は長髪ではいかん」

と注意した。その場に畏まった慶次がつけ髪・かけ髭を取り外すと、その下から髷《まげ》も結い髭も剃った顔があらわれた。慶次が秀吉の不興を買うだろうと内心ほくそ笑んでいた諸国の大名たちはこれをみて、またもや慶次のいたずらに乗ぜられていたことを覚り、すっかり興ざめした。

『三壺記』

伏見の御城にて太閤様へ御目見の時、大なでつけにかまひげ・上ひげ長々として、長袴にて御次まで出たまへば、浅野彌兵衛・猪子内匠など是を見て、是はいかなる有様ぞ、長髪にて御目見えは叶ふまじきと有し時、畏ると云まゝにつけ髪・かけひげをおつとり給へば、剃立たる有様なり。国々の大名衆見て興をさまして居られけり。

○呉服店の亭主の足を買う

古い紙衣を着て、しなの木の皮にて編んだ帽子をかぶり、脇差一本差した慶次が、京都室町通を歩いていた。目にとまったのは、呉服店である。店先で大男が足を投げ出し、脇にいる人と雑談をしていた。慶次はするすると近寄って、男の膝をおさえつけ、

「亭主、この足はいくらで売ってくれるか。ぜひ買いたい」

といった。

亭主は百貫ならば売るといって、足をひっこめようとしたが慶次が膝の皿のあたりを押さえつけているので動かせない。慶次は供の小姓や小者と呼びつけ、

「この膝、百貫で買ったぞ。誰か屋敷へ戻って金子を取ってまいれ」

と怒鳴った。町中が大騒ぎになって、関係者は慶次に詫びを入れ、つい

には町奉行が動いて手打ちということになった。それからというもの、京の町では道に足を投げ出すことは禁じるという法度が出された。

『三壺記』
京室町通りを、古紙衣にしなの皮にてあみたるぼうしを着し、脇指一こしにて通りたまふ。或棚を見給へば呉服だな也。肥躰成大男かた足を見せばなへなげ出し、わき成ものと雑談して居たりけり。慶次郎殿する〳〵と立より、膝の上を押へ、亭主此足は何程に賣れ申ぞ、買申度と仰せれらければ、百貫に賣申すべしと申て、足を引申すべしとすれども、ひざ皿を押つけてひかせ申さず、供廻を呼給へば小姓小者参畏る。此ひざ百貫に買たるぞ、金子を取て参れと仰せらる。それより町中寄りて御わび事いたし、町奉行あつかひにて相済無事に成。夫より京中に、足をなげ出す事禁制に成にけり。

○謎の「そっぺら」

豊臣秀吉による小田原攻めが終わると、前田利家は出羽・陸奥両国の検地を命じられ、慶次もこれに同行した。慶次は南部・秋田あたりまで巡検したが、ある家で楊枝木を束ねたようなものを商っているのをみつけた。よくみると楊枝でも箸でもなく、粗朶《そだ》を集めたもののようである。これはこの地方の庶民が下の用を足す際に鼻紙のかわりに使うもので「そっぺら」というものであった。他国者の慶次は「これは何だ。何に使うものか」と主人に尋ねた。主人は「そっぺらと申します」と答えた。

「何に用いるものか。使い方をみせてくれ」

と慶次が求めると、主人はそっぺらを一本取って、洟《はな》をクンとかみ、「そっぺら」のへらの部分でそれをこそげて捨てた。慶次はそれをみて気に入り、いくつか買取って朝夕懐に入れていた。

前田主従が逗留している庄内の家老たちが利家らにお茶を差し上げたいと申し出た。座敷・庭ともに贅沢なつくりで精一杯のもてなしに努めた。濃茶も終り、座がくだけて四方山《よもやま》話に移った頃、慶次は懐から例の「そっぺら」を取り出し、洟をかんで庭先へ投げ捨てた。

それをみた亭主役が、

「さては慶次殿。南部の者どもに誑かされましたな？　事もあろうに、慶次殿の鼻を在家の者どもの尻といっしょにするとは」
と嘆じた。しかし、慶次は落ち着いていった。
「この『そっぺら』とは鼻紙の代用品であろう？　鼻紙はいろいろなことに使える。その鼻紙の代用であれば、これで洟をかんだとて構わないだろう」
この話は今も南部・秋田地方において、語り伝えられているということである。

『三壺記』
関東御陣の後、出羽・奥州へ利家公御検地に御座成られ、南部・秋田の方迄慶次殿走廻り、或家の見せにやうじ木のごとくたばねたる木有、楊枝にもあらず、はし木にもあらず、亀相成木成。是は下々用所達す所に置、鼻紙の代にいたすそつぺらと云物也。慶次殿立寄て、是は何と云ぞ、何の用ぞと尋ねたまへば、是はそつぺらと申候。何につかふぞ、つかうて見せよと仰せられければ、賣主一本取て、はなをくんとかみ出し、へらにてこそげてすてければ、慶次殿少買取、ふところに朝夕入ておはします。庄内の家老共利家公迄御茶上申すべしとて、座敷庭等も善盡し申請奉る。こい茶も過、御咄に成、慶次殿ふところより件のへらを取出し、はなをかみ路次になげたまへば、亭主申けるは、さては慶次殿、南部のものどもはかりけるよ、其方様の鼻を在家のもの共の尻と一つにいたしたりと申されければ、慶次殿仰せらるは、鼻紙は何にも遣申す間、苦しからずと申されたり。今も南部秋田に、此物がたりかくれなくいたし候。

ここまでが、『醒睡笑《せいすいしょう》』『武辺咄聞書』といった初期の史料にみられる慶次関係の逸話、そして、加賀藩の関係史料にみられる逸話を集めたものである。
特に加賀藩の儒者青地礼幹の著『可観小説』は『武辺咄聞書』で採録されている逸話と重複が多く、掲げた原文をご覧いただければわかるように、細部を除けば、字句もだいたい同じである。一方が参照した結果と断じてよいであろう。
また、加賀藩との関係は認められないものの、『武辺咄聞書』の字句をよく受け継いでいる『常山紀談』も影響下にあると考えてよいのではないだろうか。

特に前半の九話がもっともポピュラーなものといえる。この九話の中には、後に述べる「米沢系」の慶次伝説にも登場するものもある。写本・版本による流布、具体的には『常山紀談』といった比較的よく読まれた本の存在が理由としてあげられよう。

京都でまとめられた『醒睡笑』、『武辺咄聞書』が代表であるので、前半九話については便宜上「畿内系」と名づけておこう。

このうち「我が主は景勝のほかは一人もなし」が『武辺咄聞書』にみられるにも関わらず、『可観小説』以下、加賀藩の史料にみられないのは、編纂者が内容を憚って採録しなかったのであろう。（同話は『常山紀談』では採られている。）

加賀藩の場合は、前田綱紀による書籍蒐集が「畿内系」慶次伝説を吸い上げることに寄与したことは想像に難くない。綱紀自身の手になる『桑華字苑』に慶次がおのれの失言から秘蔵の小姓を死なせてしまうエピソードを紹介しているのをはじめとして、『重輯雑談』『三壺記』『雑記』など、『武辺咄聞書』および『可観小説』にはみられない逸話が収録されている。これらについては、あるいは加賀藩関係者のみが知り得る環境、たとえば家中に伝わる聞書などの存在を検討してみる価値がある。

したがって、後半の五話については特に「加賀系」と名づけておく。「加賀系」の慶次伝説は十七世紀初めからなかばにかけて畿内で誕生した諸本を参考として、十八世紀なかば頃までに形成されたと考えられる。

「米沢系」慶次伝説

次に、主に米沢を舞台にした慶次の逸話群が登場する過程をみていきたいが、これについても便宜上「米沢系」と名づけておこう。

「米沢系」慶次伝説にも、「畿内系」と共通する逸話として次のようなものがみられる（対比しやすいように、先に掲げた「畿内系」の小見出しを用いて示す）。

・大ふへんものの旗指物

・我が主は景勝のほかは一人もなし
・前田利家に水風呂を馳走
・林泉寺で碁の相手をする

これらはいずれも「畿内系」に属するものなので、『常山紀談』あるいはそれより早くに成立した『北越軍記』『東国太平記』といった越後流軍学者の著作等が、米沢藩江戸詰めの藩士や関係者たちによって、米沢へ伝わったものと考えられる。

元文五年（1740）成立の『米沢雑事記』には、天正年間から寛保頃までの事件・雑話が集められている。中には滑稽譚に類するものがみられる。

一般的に、時代が下るにつれて、次第に武士階級はこうした滑稽譚の筆記には手を染めなくなった。かわって、町人が筆をとるようになると、主役も庶民が中心となる。しかし、江戸中期にいたっても、米沢では、娯楽としての「咄」が武士階級との関わりを保っていたことがうかがえる。

著者である米沢藩士山田近房が活躍した時期の藩主は、五代上杉吉憲、六代宗憲、七代宗房に相当するが、いずれも短命で、倹約令をはじめとする政策もじゅうぶん浸透せず、藩政は厳しい状況下にあった。特に七代宗房の代から藩士の給与を半分借り上げるという「半知借上げ」が恒例化されるようになった。山田近房が家計の足しにと著作活動を開始したとも考えられる。

しかし、『米沢雑事記』には、前田慶次について加賀中納言の従兄弟とする言及はあるものの、彼の逸話はまだみえていない。享和元年（1801）に国分威胤《もりたね》が著した『米沢里人談』には、前田慶次の故地として堂森や慶次清水が紹介されているものの、滑稽譚に分類される逸話は記載されていない。ついでながら『米沢里人談』は「慶長十七年六月四日堂森に死す」と慶次の没年月日が明記されているもっとも早い事例である。

「米沢系」慶次伝説が最初に登場するのは、その三年後の文化元年（1804）に出た『米沢地名選』ということになろうか。

さらに、江戸時代も末期の嘉永二年（1849）に至って、米沢藩士相浦弥悦により『鶴城叢談《かくじょうそうだん》』が編まれ、ここに「米沢系」慶次伝説がほぼ集大成された。

ちなみに、慶次の逸話は、上杉家へやって来た頃から堂森に隠棲した後半生に集中している。特に多いのが堂森時代のもので、それらは、加賀出奔から滞京時代のものとはやや性格が異なる。

堂森時代の逸話は、武辺話が影をひそめ、上杉家中の侍や城下の人々、堂森に棲む村人らを相手にした滑稽話が中心である。

人が集まり「咄(はなし)」をするというのは、昔はりっぱな娯楽であり、「咄」の名手は芸能者でもあった。戦国時代の空気がまだ色濃く残る安土桃山期は、世間に合戦経験者も多く、武辺にまつわる題材が「咄」の中心だった。しかし、時代が下るにつれて、合戦に出たこともない人々が多くなり、題材の主役は「笑い」にとって代わられたのではないだろうか。

隆慶一郎が「米沢での慶次郎の逸話はほとんど知られていない。もう傾《かぶ》くこともなかったのではあるまいか」と書いてるのは象徴的である。作者は米沢で『前田慶次道中日記』をみたと告白している。米沢に残るほかの史料に目を通さなかったとは考えにくい。

作者は爽快なヒーローに仕立てた慶次が、滑稽話の主人公になっては魅力を損なうことを危惧したのかもしれない。

それほど、加賀藩や江戸初期の逸話集に書かれる慶次の姿と、米沢側のそれとでは印象が大きく違う。

吉四六は大分県中南部を中心にひろまっている「吉四六話」という笑話群（おどけ話）の主人公である。柳田国男が学界に紹介したこともあり、全国的に知られるようになった。

一休と蜷川《にながわ》新右衛門、曽呂利新左衛門などのように、全国に残る「おどけ話」の主人公はいずれも実在した人という説がある。吉四六は大野郡野津町で酒造業を営んだ初代広田吉右衛門のことであるといわれている。吉右衛門は豪農で村役をつとめたこともあり、「おどけ話」中の百姓吉四六とは身分の格差があり過ぎる。そのため、実在のおどけ者に、広田吉右衛門の名が借用されたのではないか、とも考えられている。

「おどけ話」の主人公は狡猾さと愚かさの二面性を具えており、米沢における前田慶次もその条件に合致する。

慶次は明らかに、一休さん、吉四六さん、太郎冠者、西洋の悲喜劇に登場するトリックスター（道化者）とは精神的な兄弟関係にある。特に米沢側の資料はその特徴を強く印象づけている。そこには、いつの時代にも古びない人間賛歌が横たわっているから、慶次もまた長く人々を惹きつける魅力を備えているのである。
以下、「米沢系」慶次伝説をみていくことにする。なお「畿内系」「加賀系」と重複するエピソードについては、割愛しておく。

○諸大名の膝に腰掛ける

ある日、慶次が諸大名参会の席上で興が乗ったあまり、小舞を舞った。慶次はふざけて居並ぶ諸大名たちの膝へ腰掛けて反応をうかがった。しかし、上杉景勝のみはおごそかで、あたりを払うような威儀をまとい、悪ふざけもできない雰囲気があった。

慶次が座をさがっていうには、

「ああ、日本国中にわが主といえるのは、ただ一人、上杉景勝公のみである」

その後、慶次は前田家を出奔して、上杉家に仕えた。

『米沢地名選』文化元年（1804）成立。（自序による）
或日慶次諸大名の会に合観の餘り小舞を舞けり。慶次戯れに尽く諸大名の膝へ尻掛て試るに、独り覚上公のみ犯すべからざるの尊気あり。慶次退て歎じて曰く、嗚呼此日本国内に吾主とする者は独景勝殿のみと云て、遂に来り仕へし者と云。

『鶴城叢談』嘉永三年（1849）成立（自序による）
前田家にて一日、諸大名参会の折から合歓の余、猿の舞を舞ける。戯に悉く諸大名の膝へ尻懸けして試るに、唯上杉公のみ尊気犯すべからず。利貞退て歎じて日、嗚呼日本国中我主とすべき者は独上杉公のみ也と。其後、利家を招請し水風呂の馳走をなし其内に利家の馬を盗取来奔し、遂に公に仕へけり。

○大ふへんものの旗指物（逆バージョン）

腰差（腰につけて相印とした小旗）を背負ってくる慶次をみた人が、「不便者」と読んで、「貴方は如何なるところが貧士なのですか」と尋ねた。慶次は「違います。近くに寄ってよくみてください。ふに点があるでしょう。これは大武辺者と読むのです」と答えた。

『米沢地名選』

腰差を負来る。人是を不便者と読て足下なる貧士ぞやと問ける。慶次、いやとよ、能見玉へと云にぞ、近く見るにふの字を武と濁て点をせり。是、武辺者なり。

『鶴城叢談』

大不便者といふ腰差を負ふ。人、是を不便ものと読むて、貴辺は如何なる貧士ぞやと問ふ。利貞、いやとよ。能くふの字に点あり。是、大武辺者なりといふ。

○虱の紋

主だった家中が上杉景勝の前に伺候するため、慶次も正装して罷り出ることになった。しかし、慶次の素襖《すおう》には紋がない。これに気づいた景勝が理由を聞いた。慶次は「紋ならばついております。よくご覧になってください」と答えた。景勝も家臣たちももう一度よくみたところ、小さく虱《しらみ》の紋がついていた。厳粛な場であったけれども、一同、こみあげてきた笑いに堪えきれず、烏帽子を傾けて笑いころげる者もいた。けれども、慶次のみは笑おうとはせず、威儀をただし続けていた。

『米沢地名選』

素袍を着て朝す。見れば無紋なり。覚上公其故を問玉ふ。慶次、又見玉へと云にぞ、能見玉へば僅《わずか》に虱の紋あり。一座咄と烏帽子を傾け笑壺の会なり。然れども慶次一向笑はず。

『鶴城叢談』

一日、素袍を着し登城す。見れば無紋なり。公其故を問ひ給ふ。利貞、能見給へといふにぞ、よく見玉へば僅に虱の紋なり。一座、堂と烏帽子を傾け笑ける。然共、利貞は厳然として色を正し少も笑わず。

○呼び続けられると仏も迷惑

慶次が召し使っている者がたいそう信心深く、朝な夕な仏の名を唱えている。ある日、慶次は召使いの名をひっきりなしに呼び続けた。呼ばれっぱなしではさすがに堪えかねて、主人にいった。

「用もないのに、なぜわたしの名を呼び続けるのですか。少しは呼ばれる身にもなってください」

慶次は答えた。

「さればよ、お前も一日中、仏の名を呼んでおるだろうが。今のお前と同じように仏もやかましいと思っているはずだ。仏の名を唱えるのはもう少し控えろ。そうすれば、仏もお前もほっとするだろうよ」

『米沢地名選』

其蒼頭、佛を信じて朝暮に唱。或日、慶次、蒼頭が名を呼て止まず。蒼頭堪へ兼て其故を問。慶次、去ばとよ、汝も佛の名を呼て止まず。佛も亦喧しき筈なり。以て少しく呼ぶことを止めよ、と。

『鶴城叢談』

召仕佛を信ず。朝暮、佛名を唱ふ。一日、利貞、召仕の名を頻に呼ひ止まず。召仕、堪忍かね、其故を問ふ。利貞曰く、去ばとよ、汝も朝暮佛名を呼ひやまず。佛もやかましき筈なり。少しく呼ぶことを止めよ、となり。

○牛に乗って馬揃え

米沢城内桜馬場において、馬揃えがあった。家中の士は皆、美々しく飾りたてた馬に騎乗している。その中へ、前田慶次が牛に乗って現れた。見物する者たちは、びっしりついた牡蠣《かき》のように片寄せあって大笑いした。慶次はいっこうに悪びれた様子もなく、

「わしは不肖者なので、馬を飼っておけない。かわりに牛を飼いならして馬のかわりができるように躾けておるのだ」

その言葉通り、慶次は巧みな手綱さばきでその牛をまるで馬のように進退させてみせた。

『米沢地名選』

櫻馬埒に役馬のありけるに、諸士大夫華かに馬飾して騎る中に、慶

次郎、牛に騎て出けり。見る者堵墻の如し打支連て笑合へり。然れども慶次、一向に悪びれせず。我は元より不肖者にて馬は持たぬ者なり。去に依て牛を騎り付け置けりと云ふ。騎りけるに、随分馬の如く仕付置けり。

『鶴城叢談』
桜馬場に役馬ありけるに、皆花麗に馬飾して騎りける内、前田利貞独り牛江騎りて出けり。見るもの堵墻の如し打支連て笑あへり。然と利貞一向悪耽の風見へず。我等は元より不肖者にて馬は不持ものなり。依て牛を騎り仕付置けりといふて、騎りけるに、随分馬の如く仕付置けるとぞ。

○安田上総介の使者来る

ある日、安田上総の使者がやって来ることを伝え聞いた慶次が、小姓に「安田の使者が来たら、菓子には焼米を出しておけ」といいつけた。間もなくその使者がやって来た。小姓はいわれる通り、焼米を出した。慶次は安田の使者が焼米を食っている最中、頃合を見計らって障子を開け、だしぬけに「いかに、安田が御使者か」と呼ばわるつもりだった。大抵の者であれば、驚き慌てて焼米を喉につまらせ、むせ返るであろう。その様子をみて可笑しがる趣向だったのだが、この使者は思いのほかひとくせある者で、慶次が驚かしても、悠然と焼米を咀嚼《そしゃく》して飲み込んだ後、顔を整えて両手を前にそろえて「左様でございます」と挨拶し、主からいわれた口上を述べた。それを、慶次は白けた顔をして聞いていた。

『米沢地名選』
或日、慶次、安田上総が使来る由、空聞して小姓に言様は、安田か使来らば菓子には焼米を出せよと謂ひ付け置く。間もなく使者来る。小姓言の如く菓子として焼米を出したり。安田が使、焼米を食ふ最中、慶次、能く見済し突と障子を開き、如何に安田が使かと云ば、普通様の者なりせば、驚き周章て咽返り杯して笑しかるべかりしを、安田が使者思の外一と曲ある者と見へて、含たる焼米を稍暫く嚼食て後に貌を整ひ手を揖して最と静かに使命を申けるにぞ。慶次、以ての外、白げられて入にけり。

○満つれば欠ける

堂森の豪農の家が新築祝いをやるというので、慶次も招待された。家のかまえも田舎には稀《まれ》なほど贅美を尽くしたものだった。上座に座った慶次は、亭主にいった。

「なるほど、普請もりっぱに出来上がったな。末繁昌するように、わしが仏の加護を祈ってやろう」

亭主が大いに喜んで、ぜひお願いいたしますといった。慶次は斧を持ってきてもらい、それを手に立ち上がった。

「されば、これより加持をいたすぞ」

慶次はいきなり美しく削りたてた木目も新しい床柱へ、いきなり斧を打ち込んだ。これをみて一同は驚き、さすがに亭主も怒りだした。しかし、慶次は悠然と構えて笑いながらいった。

「これで加持は済んだ。亭主、皆もよく聞けよ。天道は満つるを欠くという言葉を存じておるか。天地の間に存在するものはすべて絶頂を極めたところから、凋落がはじまる。わしがみるところ、この新しい屋敷はおまえの分限にはふさわしくない。そこで、わしが真新しい床柱へ斧を打ち込んだのだ。この加持によっておまえの家は末長く繁昌することであろう」

それを聞いて、亭主をはじめ集まった面々も感心して、まさに慶次がいった通りであるとほめそやした。その通りこの家は、年久しく繁昌し、慶次の言葉通りとなったという。

『鶴城叢談』

堂森在住の折柄、村の豪民新宅の祝をするとて、利貞を請待しける。家の結構、田舎に稀成美麗を尽せり。利貞、上座にすわり亭主に申けるは、成程普請甚た律波に出来たり。我等加持をしてやろふは如何とありければ、亭主大に悦び、何卒奉願と申ける。利貞、斧を取寄せ、さらば加持をしてやろふとて起上り、床柱の美事にけづりし処へ思ふ儘に斧をのしあげて斬り付ける。於是一座皆驚き、亭主も憤を発せり。利貞、従容として笑て曰、是ニ而加持畢れり。汝等よう聞け。天道は満を虧くといへり。此新造之宅は汝等が分限に応ぜず。我等が此加持に依て行末目出度繁昌すべし、とありしかば、亭主初各感服して、其理に当るを歎美す。然るに此宅、年久く繁昌せしこと、利貞の詞の如くありしとぞ。

○安田上総介の来訪

慶次が堂森に住んでいた頃のことである。安田上総介ら仲間数人と参会を申し合わせた。約束の刻限が迫ったので、上総介たちは堂森へ赴いた。村の入口に至ると、遠くの空を石つぶてが飛んでいくのがみえた。近くへ寄ってみると、投げたのは慶次であったので、一同は驚いた。なぜ石つぶてを空へ打っているのかと聞くと、慶次は答えた。

「諸君がやって来るので、おもてなしをするべく鳥を捕まえて差し上げようとしたのだ。そこで、こうして鳥がやって来るのを待っておる。捕まえたらわしもすぐに戻るので、皆々様は先にわが草庵へあがってゆるゆると御休息いたされよ」

またいつもの奇矯な振る舞いよ、と一同笑って、慶次の家へ先行した。ところが屋敷の様子が静まりかえって、もてなしの酒器や皿さえも用意していない。手持ち無沙汰のまま、慶次の帰りを待てども戻らない。

「さてはあやつに誑かされたか。このままここに居るよりも帰ったほうがましだ」

一同は怒って帰り支度をして、慶次の家を出た。帰途のなかばでまた慶次に出会った。

「やや、待ちかねましたか。それはそれはお気の毒なことである。わしもせめて一匹でも進上したいと思っておりましたが、しきりに待っていても鳥が参りません。手柄もなく、皆様の御不興を蒙り、さて、どうしたものか。まずまず、お戻り下され。わしも同道いたしますから」

と先に立って歩き出したので、安田たちも仕方なく慶次の後に続いた。安田上総介も、また騙されるよりも、せっかくここまで来て何もしないで帰るのは馬鹿馬鹿しいと思ったので、しぶしぶと元来た道を引き返した。

慶次はわざと帰は別の道を選んだ。間もなく、行く手の谷間で幕を張って多勢の婦人たちが物見遊山を楽しんでいる光景がみえた。慶次は、

「何者であろうか、あれにみえるのは。方々もともにお出であれ」

と一同を引き連れ、幕の側へ近づいた。

「そのほうどもは何者じゃ。いったい誰に許可を得て、われらの領分に入り込み、酒宴をいたしおるか」

と慶次が怒鳴ったので、婦人たちは驚いて蜘蛛の子を散らすように逃げ去ってしまった。

幕内をみると、酒肴がそのままに残されている。

「ちょうどよい。わが庵で差し上げるものより上等だ。さあ、方々、わが庵よりはまずこちらへお出であれ」

案内されて幕内へ入った安田上総介たちはずっと空きっ腹を抱えていたので、投げ出されたままの酒肴に釘付けとなった。慶次に対する不満はどこかへ吹っ飛び、さっそく全員で宴会を催した。実はこの幕中の酒肴は慶次がいいつけておいたものである。しかし、慶次自身は安田たちを普通に案内しては面白くないと思い、支度をする女たちを驚かす挙に出たのであった。

『鶴城叢談』

堂森に住し時、安田上総介等三五輩、参会を申合。期に到、総州を初堂森へ行く。村外に至りしかば、遠く礫飛ぶが見ゆ。近くよりて見れば利貞なり。各愕然たり。利貞に向ひ其故を問ふ。利貞、諸君の御饗に鳥を取て進上せんと存じ、如此して鳥の来るを待なり。鳥を取て帰ニ付、先〳〵草庵江御入ありてゆる〳〵御休息下されたしと申ける故、又例の滑稽なりとて、一同に笑て、各、利貞の館へ赴ける。館の様子静謐《せいひつ》にして饗具も見へず。又、利貞を待ども待てども帰らず。扨は此人に誑されし。兎角留守宅に馬鹿〳〵敷して居より帰らんと、何も怒気を含み帰支度して出ぬ。然に途中にて又利貞に逢へり。利貞曰く、嘸哉御待兼にて候。半それは〳〵御気の毒千万、我等も責めて一疋手柄して進上せんと頻に待候えども、手柄なく諸君の御不興を預り、何んとしたものか先〳〵御戻り下されたく、我等も御同道致すとて、先きに立、総州も又、誑されんと存候へども、爰迄来り空敷帰るも本意なければ、しぶ〳〵と引戻す。此度は利貞別道より案内せしに、向の谷間に幕張立、婦人多く出入し、如何様遊山の容子なり。利貞が申けるは、何方の者やら彼方に見ゆるは。心元なし、いざ試みに諸君も御出あれとて、其幕の辺に至り、利貞高聲に何者なるぞ我等領分に案内もなく酒宴せしと呼わりければ、婦人共大に股慄し蜘蛛の子を散す如く逃失ぬ。其處に到り利貞曰、扨こそ気味の能したるものぞ。我等庵の馳走にませしぞ。草庵よりは先〳〵此方へとて、右の幕中にありし酒肴飯等取出し饗しける故、各も腹もすき時分もよろしければ、大に興を生し歓を尽せしとぞ。此幕中の饗具は一二利貞の工夫なれども、人並の事を嫌ひ、異様の事なしたるなり。

○熱いものには香の物

慶次が招かれた安田上総介の屋敷にて、食事をしていた時のことである。口にほうりこんだ飯がたいそう熱いので、慶次がそのことを安田にいった。すると、安田は「香の物を口中に入れれば熱いのがやわらぐぞ」と答えた。その後、今度は安田上総介が慶次方に招かれることがあった。慶次が風呂を沸かして、安田に入るように勧めた。安田が入ったところ、熱湯である。安田が、たまらず「水、水」というと、慶次は香の物一切れを差し出してみせた。いつかの熱い飯を馳走した折のことを思い出し、安田は大いに困ってしまった。

『鶴城叢談』

利貞、総州江行て飯の内甚熱しと申せしかば、総州、香の物を入候様いふ。其後、利貞、総州を招き据風呂を立、馳走す。熱湯なり。総州、水〳〵と申せしかば、香の物壱切差し出由。総州、大に困る。

○景勝に大根とかて飯を馳走

慶次の屋敷に上杉景勝の御成があった。そこで、慶次はいろいろと饗応につとめ、大根とかて飯を差し上げた。景勝は大いに喜び、これは何と申すかとたずねた。慶次は、景勝の御意にかなったのであろうと思い、「かてめしと申す、田舎の飯でございます」と答えたという。

『鶴城叢談』

覚上公御成あり。種々御饗仕、大根・かて飯、差上。公、大に悦び玉ひ、其名を尋ね給ふ。利貞、御自分御宣ひゆえ、思召に叶へしなるべし、かてめしと申田舎の飯の由、申上候よし。

以上が「米沢系」に分類される逸話である。なおも「兜をむくる」「鼻毛をこらす」といった逸話がある。中村忠雄氏が『米沢史談』で紹介しているが、同書に掲載しているほかの逸話は脚色の度合いが大きく、「兜をむくる」「鼻毛をこらす」についても元の形がどのようであったのかわからない。惜しいことに、出典や参考文献を明らかにしていないため、原文を探すことはできなかった。そのため、ここには採録しない。

いずれにしても、さらに渉猟すれば、「前田慶次咄」とでも名をつけられそうな笑咄の一群が発掘できそうである。

最後に「畿内系」「加賀系」「米沢系」のいずれにもみられない逸話を付記しておく。米沢で採取されているため、あるいは「米沢系」に含むのが妥当かとも思われたが、原典とその文章の確認まで至っていないので、別扱いとした。なおいずれも原文は今井清見の写しに拠った。

○古道具屋での失敗

慶次が市中を散策していると、古道具屋に珍しい銘が入った鐙《あぶみ》が片方だけ売りに出ていた。店に立ち寄った慶次は、それを気に入り、主人に「もう片方はないか」と尋ねた。古道具屋の主人がないと答えると、慶次は「惜しいことだが、致し方ない」とこぼして立ち帰った。この古道具屋の主人はかなりの曲者で、何とか商品を売ろうと企み、ひそかにほかの支店へ件の鐙を置いた。その後、慶次が町を歩いていて、この鐙に気づいた。以前、古道具屋でみかけた鐙と寸分も違わぬ品物だったので、すっかり舞い上がり、鐙の右か左かも確かめずに高額で買い取った。その足ですぐさま前の古道具屋へ向かい、「前に売りに出していた鐙を買いたい」と告げた。しかし、主人は「最近になって欲しいという方があり、売ってしまいました」と答えた。慶次は心底残念がったという。

※原文を確認できなかったため、今井清見による写しを紹介しておく（以下、同）。

慶次或時市中を過られしに、古道具屋に珍敷銘作の鐙片方出し置けり。慶次立寄り、其の片方なきやと尋けれバ、道具屋なき由を答ふ。慶次、惜しい事乍ら是非なしと立て帰れり。彼道具屋忘れものにて仕方ありと独笑して竊に他の市店に資を置けり。其後、慶次其市中を通られしに、道具店に以前の鐙に分厘違はさる鐙のありけれバ、さすがの慶次、右か左かも心付ず、一對の鐙なりと大に歓び高金に買取り直に先の鐙見かけたりし道具店に行き、以前の鐙を買んと云けれバ、近頃望人ありて遣せしと答へけれバ、慶次初て心付残念がられしとかや。

○数寄者高野道安

前田慶次が加賀国にいた頃、同国に高野道安という隠士があった。もっぱら茶の湯を好み、ある時などは「たとえ飯を食わずとも、茶さえいただければ十分です」と人に語った。それを伝え聞いた慶次が、ある時、自宅へ道安を招き茶をすすめた。そのうち日も暮れてしまい、道安は空腹になってきたが、一向に料理が出てくる気配がない。仕方がなく、側に控えている小姓に尋ねると、慶次がその様子を物陰でうかがっており、不意に姿を現していった。

「先日、足下が飯はいらず、茶さえあればよいと人に物語されたのを聞きましたので、茶ばかり差し上げて、飯は出さなかったのです」

道安は呆れて、早々に暇乞いして逃げ帰った。

前田慶次加州にありし時、彼国に高野道安と云隠士あり。専《もっぱ》ら茶の道を好み、或時の物語にたとへ飯ハたべずとも茶さへ給候へバあきたり候と語る。慶次、或時道安を招き、茶を勧めて緩々饗し、最早日入になり空腹に及ひしかども、料理の出る様子なし。道安側に居たる小姓に忝ながらと尋けるを、慶次物陰にて聞、つと立出、いや先日足下の御物語に云々候故、茶斗差出、飯は差出さず候といひける故、道安大にあきれてそこ〳〵暇乞して逃帰れり。

○会津の医師町野玄法

会津へ出仕した頃のことである。町野玄法という医師がいた。その施術ぶりは古今無双と自身の療法を自慢するので、世間では嫌われ者であった。慶次はこの医師を心憎く思い、ある時、一計を案じて玄法を招きよせた。玄法がやって来ると、慶次は大蒲団《おおぶとん》に大夜着を重ねて臥せっていた。慶次は「しかじかの病気のようです」といって、診療してもらった。玄法は慶次が仮病を使っているのにも気づかず、これはと思う治療をほどこそうとしたところ、たちまち慶次が起き上がった。仮病も見抜けなかった玄法は、大きな恥辱を受けて慶次の家を後にした。

> 慶次会津へ出たる頃、町野玄法と云医師あり。其術の行はるゝ事、双びなしぞ。其身療法の自慢し世上を厭はるゝ者也。慶次、心にくゝ思ひ、或時玄法を招き床上に臥し大蒲団大夜着を重ねてしか〳〵の病気に候とて様子を見せけるに、玄法も詐なるを知らず、此処とに思ふ所を演けれバ、忽起直り大に辱めて玄法を帰しける。

○インチキな卜筮者

玄録法印という卜筮者があり、人々の信仰を集めていた。慶次は下級武士の装いで出かけ、玄録法印の家を訪ねた。

「それがしには子が三人おります。嫡男は去年の夏、病気になりましたが薬も効き目がございません。次男は主人の命に逆らい、禄を召し上げられ、蟄居しております。末の娘は出奔して行方知れず。このようによくないことが次々におこり、朝夕悲しみに堪えません。どうか占ってくださいませ」

玄録は慶次の言葉を聞き、しばし考えていたが、

「そなたは以前、山林の神の怒りを受けたのであろう。心を入れ替えてこれを信仰しなさい。娘がおるところは戌亥の方角だが、百日経たないと姿を現すまい。しかし、命に別状はないので安心しなさい。それよりも嫡男の病気のほうが大切。良い医者に相談しなさい。次男の件は心配するには及びません。遠からず、ご主君から赦されるでしょう」

これを聞いて、慶次はにわかに態度を改めていった、

「山林の神の怒りはともかく、わしには一人の子もおらぬ。お前を試してみたのだ」

慶次は大笑いする前で、法印は面目を失い、ただ無言で立っているば

かりであったという。

玄録法印と云ふト筮者あり。人々信仰せしが、慶次、徒士の躰ニ出にて、彼家に至り、某と子三人あり、嫡子ハ去年夏煩ひ医薬効なく、次男ハ君命を犯し禄を放たれ拙家に隠れ居る、末女ハ出奔いたし行末存知ず候。かく凶事打続き朝夕悲しみに堪えず候。御占い下されと云ふ。玄録言葉を聞き考ていふ様ハ、御身兼て山林の神の咎あり。宜く信仰しのぶべし。娘のありかは戌亥の方ぞ、百日を経ざる間ハ出がたし。しかし一命ハ恙なし。嫡子の病気ハ尤大切ぞ、良医を撰みのぶべし、二男の事労するに足らず。遠からず其事解すべしといふ。慶次聞、山林の神の怒ハ兎に角、我に一人の子なし。汝を試ししぞとて大に笑ひしかバ、法印面目なく無言にて立入しとぞ。

○托鉢で人の心を試す

慶次は会津にいた頃、剃髪して、托鉢僧の真似をして市中の民家を歩いていた。ある家では、慶次がはじめ粗末な衣を着てやってきた際には、米や銭を与えなかった。後日、りっぱな衣に着替えて行くと、米や銭をくれたばかりか、明日は佛の忌日にあたるというので、朝早く来るようにと伝えた。慶次は約束の通り翌朝、件の家へやって来た。主人が出てくるなり、慶次は一喝した。

「衣の良し悪しによって志に差が生じるとは不信心者めが。わしは実は僧ではない。武士だ」

主人は肝をつぶすほど驚いた。

慶次剃髪して会津にあり。市中又民家をたく鉢僧の真似してあるきけるに、或家にて慶次はじめにみにくき衣にて行ける時、米銭を与へず。後によき衣きて行たりしに米銭を与へ、其上、明日佛の忌日に候へバ、朝はやく来給へと云ふ。慶次、約束の如く翌朝其家に至り、衣の善悪によつて志に厚薄ある事を罵り、我実は僧にあらず、武士ぞといひけれバ、亭主肝をつぶしけるとぞ。

終章

前田慶次拾遺

吹く風に入江の小舟漕きえて
かねの音のみ夕波の上

前田慶次とは何者だったのか

これまで前田慶次の生涯を追ってきたが、これは多分に虚実ないまぜとなっている。その中で多少、史料の厳密性ということを考慮した場合、だいたい確実ではないだろうか、と思われる事蹟は次のように絞られてしまうであろう。

・前田慶次は滝川一益の甥であり、滝川儀大夫益重とは従兄弟の関係である。後に益重の妹（前田利久室）の養子となったため、叔父甥の関係も発生した。
・荒子城主前田利久の養子となり、利久の弟安勝の娘を妻とする。一男五女（あるいは三女）あり。
・永禄十二年（1569）、織田信長の命により、慶次が家名を継ぐことを許されず、前田利家が家督を継承した。利久・慶次はそのまま荒子に住んだ。
・天正九年（1581）六月、熱田神宮に太刀を奉納する。
・天正十年二月、九条稙通から源氏秘伝を授かった松永貞徳を祝うため、「光源氏物語竟宴之会」に出席する。連歌における慶次の号「似生《じせい》」の初見。
・天正十二年九月、佐々成政に囲まれた末森城救援のため、前田利家に従って出陣。
・天正十三年、七尾衆の一人として、能登へ移る。
・天正十三年、越中阿尾城主となり、佐々方の神保氏張と戦う。
・天正十六年から十七年にかけていくつかの連歌会に出席し、自らも興行。この間に親交があった者は、細川幽斎、山中長俊、山名禅高、宇喜多忠家、大村由己《ゆうこ》、溝江長澄、里村紹巴《じょうは》、同昌叱《しょうしつ》ら。
・天正十八年三月、豊臣秀吉の小田原攻めに従軍。
・天正十八年七月、豊臣秀吉から検地を命じられた前田利家・利政らに従って奥羽へ赴く。
・天正十八年末頃、前田家を出奔する。
・慶長三年（1598）十月、この時以前に上杉景勝に仕え、組外衆筆頭となり千石を知行。

・慶長五年（1600）九月、直江兼続に従って最上攻めに従軍。
・慶長六年、上杉景勝主従に前後して上洛。
・慶長六年十月二十四日、京都伏見から米沢へ向かう。この道行きを後に『前田慶次道中日記』に著す。一行には朝鮮人従者が数名いたこと、宇都宮の特権商人庭林《ていりん》氏と懇意であることなどがうかがえる。
・慶長七年二月、直江兼続の主催「亀岡文殊奉納詩歌百首」で和歌五首を詠む。
・（慶長七年夏頃か）腫物を患い、直江兼続から借り受けた『貞観政要《じょうがんせいよう》』の返却が遅れている旨を、倉賀野左衛門五郎に書簡で伝える。

なお、生没年や死没地の問題については、決定的な判断材料がないので、本書では諸説を併記するにとどまった。

概観してみると、発給・受給文書、つまり差出人として署名したり花押を据えている文書、あるいは宛名に指定されているようなケースが前田慶次の場合は皆無であるため、政治的活動の裏づけが乏しい。慶次が研究の対象にならない理由の第一であろう。文書の少なさは、慶次の政治的地位にも関わる問題であろう。本来、前田家の家督を継ぐべき利久の養子という立場が、周囲からは「敬して遠ざける」といった配慮が働いたのかもしれない。そういう前田家にあって、養父利久が拠《よ》りどころであり、妻の父安勝のみが政治的中枢との橋渡しであった。天正十三年八月十七日、「慶二者共」を含めた七尾衆に対して津幡への参陣を求める利家書状の宛名が安勝になっているのも象徴的である。なぜ「慶二」とだけしなかったのか。同書状において「織部者共」と書かれた織部は高畠定吉のことであるが、この人物も利家の正室芳春院の甥である。しかも妻は利家の妹であった。慶次および高畠定吉は前田一族であり、この時期の利家にとっては、どちらも直接命令を下しづらい人物だったのではないだろうか。

軍事についても同様で、前田家時代の末森城後詰、阿尾城の攻防戦、小田原攻め、上杉家に身を寄せた時期の最上攻め以外に戦歴らしいものがみあたらず、最上領からの退却時に奮戦したということが武功といえるぐらいである。これさえも確実な文書に記載があるわけではなく、江戸時代に編纂された軍記の記述に拠っている状況である。

これに対して、連歌会に代表される慶次の交友面は、ある程度までその活動を語ってくれている。『玄旨公《げんしこう》御連哥《れんが》』が翻刻されて、慶次の文芸活動の一端が記されていることが判明したように、今後、こういった未刊史料から慶次の名を見出すことは十分期待できる。

明治になって再発見

現代において、前田慶次の名はひろく知られるようになった。とはいっても、歴史上の人物としてはまだまだ知名度が低い方であろう。

ところが、明治初め頃には前田慶次という名はかなり有名であったと思われる形跡がある。たとえば、菊池真一氏は明治五年（1872）七月十一日の「東京日日新聞」に掲載された狂歌について言及されている。

いまだ半髪長刀を採守する者あるを見て或人狂歌に

仇をもちいくさをするでもなが刀さして用なき物としらずや
菜切にも牛にもかへぬ物ならば前田慶次に借してこそやれ

「前田慶次に借してこそやれ」の部分から、風呂に入った慶次がさしていた脇差が実は竹のへらであったことや、「大ふへん者」を大不便者であるとうそぶいた話が思い合わされよう。

現在でもそうだが、新聞などに投稿されている小話や時事川柳は、大衆の共通認識がある程度要求されるものだ。内輪受けではまずいのである。

前田慶次の逸話に材を採った狂歌が新聞に掲載されたことは、当時の前田慶次というキャラクターの知名度を推し量る上で興味深い傍証となり得るだろう。

時代は徳川幕府崩壊間もない頃である。価値観が目まぐるしく変わった明治維新期、絶対的な存在などない、という風潮が権力におもねらない自由人・前田慶次の存在を人々に想起させたのではないか、と考える。

これからは前田慶次のように、心のまま悠々自適に生きたいものだという願望も少しは加味されていたことであろう。

すでに明治時代に慶次を評価していた人物もあった。

明治八年、坂谷素《しろし》は『洋々社談』に「前田慶次郎自賛」と題した文章を載せている。

慶次の自賛というのは「無苦庵記」として知られているもので、これに関する印象を記している。

かつて、友人である旧米沢藩士清水彦介のもとを訪れた坂谷は、清水宅の壁に掛けてあった画図に惹かれた。老僧が縁側に坐して酒杯をかたむけながら、空を眺めている図である。その上部には自賛が書かれてあった。坂谷は非常に感心して、清水彦介に聞いたところ、

「これは前田慶次郎の自画賛を模写したものです。原図は今でも置賜県の某氏が所蔵しております」

という答えが返ってきた。

坂谷はますます感心して、当今の西洋かぶれの傾向を痛烈に批判する。そして、読む人の心を爽快にするこの自賛を記した前田慶次郎こそ、西洋のどのような英雄に比しても劣ることはないといい切っている。

何も西洋のものばかりありがたがらなくても、日本にはこのような素晴らしい人傑がいる（日本古来の文化にもよいものはたくさんある）ということを、坂谷はいいたいのだ。

森有礼らが中心となって発刊した『明六雑誌』が、明治八年の新聞条例によって廃刊に追い込まれたが、その後を受けるように登場したのが日刊雑誌『洋々社談』である。時事論よりも史伝・語学等の内容に傾斜し、大槻文彦、那珂通世、小中村清矩らが執筆している。

この文章を書いた坂谷素は備中国川上郡日里村の造酒屋の三男に生まれ、藩政時代は大坂、江戸において漢学を修めた。維新後は下級官吏として陸軍省、文部省、司法省、太政官、内務省などで働いた。明治六年、明六社を設立し、明治八年には洋々社の設立にも関わった。

文中に登場する旧米沢藩士清水彦介は「直江会」の発起人として直江兼続の復権・顕彰に尽力する一方、米沢に関する多くの著作をのこした人物である。地誌『米沢風土記』などには、慶次に関する事柄も記されている。これらの調査過程で、清水は慶次の自画賛を見出したのであろう。

慶次の関連史料のうちで画像といえるものは「堂森秋月」図ぐらいな

ものである。平成十四年に宮坂考古館で開催された「前田慶次展」においても展示されたが、『洋々社談』に紹介された自画賛のほうは出品されていなかった。

「堂森秋月」と題する図は、米陽八景の一を描いた風景画で、慶次がお気に入りの場所だったという月見平とおぼしき地形も描きこまれている。なお、次のような歌が添えられている。

山もよき　ひかりある名の　しるかれや
寺井の秋の　木の間もる月

この歌の作者は元禄期の米沢藩儒者矢尾板三郎（号拙谷）ではないか、といわれている。絵のほうは作者不明である。

坂谷のいう「一豪老僧」が縁側に坐して酒盛りする様子は描かれていない。坂谷がみたものは、明らかに別の図であろう。今も米沢のどこかに、原図かあるいは清水彦介が写したものが残っているかもしれない。

昭和初期、米沢市史編纂の準備中であった今井清見が遺したノートに「神保蘭室・前田画像及無苦庵頌」と題した紙片が挿入されている。「無苦庵記」の全文が書き写されており、横に人物の素描が添えてある。あるいは、これが『洋々社談』に記された「一豪老僧」なのかもしれない。

この自画賛については、現況に関する情報を筆者は持ち合わせていない。

明治三十四年（1901）四月、作家小栗風葉が読売新聞紙上に『前田慶次』を発表した。これは断続的に六回にわけて掲載された評伝である。

当時の読売新聞は、小型でルビ付き・口語文体の大衆新聞（いわゆる「小新聞」）として部数を伸ばし、都下最大部数を誇っていた。

小栗風葉は早くから文学の道を志し、十六歳で当時の人気作家尾崎紅葉の門下となり、泉鏡花とともに双璧とされた。『前田慶次』を読売新聞に連載したのは、二十六歳の時である。

小栗風葉がなぜ慶次を書いたのか。冒頭の執筆動機を思わせる一節を掲げてみよう。

名聞を求めず、利達を希《こいねが》はず、人間を塑像《そぞう》の如く心得て一生を了するもの、世其人に乏しからず。されど身は武門に生まれ、剣戟《けんげき》の間に人と為りしものに於いて之を見るは、極めて稀《ま》れ、況《ま》して時は是れ現世紀の国際競争が其極端に達したる日とて、斯《か》くまで殺伐の光景を現すまじと想《おも》はるる、我元亀天正時代に當り、而《し》かも其競争の真先に立ち、あはれ抜群の功を奏して、大将の御感《ぎょかん》に預からんと、旦夕《たんせき》冀《こいねが》ふ武士に於て之を見るは、絶て無くして僅《わずか》に有りし其人は名さへ飄斎《ひょうさい》と稱《しょう》せし前田慶次利貞なり。（筆者註：一部字句をあらためた）

小栗のいう「現世紀の国際競争」とは、前年の日本を含む八ヶ国連合軍が北京を解放した「義和団事件」に代表される大陸をめぐる権益の主張や、各国がしのぎを削る建艦競争などを指したものであろう。

小栗はそうした国際競争以上に戦国時代を「殺伐」と位置づけ、人間性の見本として前田慶次の名を提出しているのである。

『史記』の滑稽《こっけい》列伝に東方生《とうほうせい》、名は朔という奇人が出てくる。斉の人で、漢の武帝に仕えた。古今の書物に通暁し、すぐれた才能を持っていたが、奇行で有名だった。

帝の相伴にあずかった際、東方朔は食事の残りを懐中にして帰るので、彼の衣服は汚れっぱなしだった。また、次々に若い女性をかこっては、下賜の金品をすっかり与えてしまう有様だった。

そのようなわけで、帝に近侍する人々はみな彼を馬鹿にしていたが、武帝のみは東方朔の力量を高く評価していた。

ある郎官が東方朔に、悪い評判がたっていると忠告すると、

「わたしのようなのは、いわゆる『世間を朝廷の中に避ける』というものである。伯夷・叔斉などいにしえの人は深山に避けたものだが」

と平然と答えた。

東方朔は、酒宴になると次のような歌をうたった。

浮世を陸沈《しず》む金馬門　宮殿《ごてん》の中に身を隠す
身を隠すのは深山《おくやま》の　賤《しず》が伏屋とかぎるまい

小川文夫・小川武夫訳『史記』

前田慶次は自ら注釈をほどこしたというほど『史記』についてはエキスパートであったが、この東方朔に自身をなぞらえ、

「東方朔は世間を金馬門に避けた。わしは戦場に避けるのだ」

とうそぶいた。

煩わしい世間を避けるに戦場を選ぶとは、東方朔が聞けば呆れたに違いないだろうが、前田慶次の面目躍如といったところであろう。

巻末資料

主要参考文献・参考資料解題

◆史料・稿本

※前田慶次について言及されているもの、あるいは本書執筆にあたって特筆すべき箇所を有しているものについては解題を附した。

「天正十六年七月二十二日初何連歌《はつなにれんが》」 天理大学所蔵

連歌師紹巴が発句、前田慶次がこれに脇をつけている。

「天正十七年二月二十六日何人百韻《なにひとひゃくいん》」 国文学研究資料館所蔵（マイクロフィルム）

前田慶次が参加した百韻連歌の記録。

『慶長五年直江山城守支配長井郡分限帳』市立米沢図書館所蔵

八百名あまりを記載した上杉家分限帳。万石級の重臣はなく、三千石から五十石の中級クラス以下の家臣中心。組外衆の項に「千石　前田慶次」と記載がある。同様の史料として「会津御在城時代分限帳」「上田士籍」などがある。

『本朝武芸百人一首』松亭金水編・清水芳玉女画

百人一首の形式を模倣して編まれたもの。嘉永四年（1851）に米林堂から板行された。幕末の女流浮世絵師清水芳玉が描く前田慶次の肖像を収録。

『前田慶次殿伝』（「秘笈叢書《ひきゅうそうしょ》」所収） 森田平次・写　石川県立図書館所蔵

前田慶次の従者野崎八左衛門知通が承応元年（1652）に遺した記録で、遺書と題されている。慶次が大和国刈布安楽寺に葬られた顛末を記載。明治時代に森田平次が書写したものが秘及叢書におさめられているほか、一部が『加賀藩史料』に活字化されている。

『前田家之記（安太夫筆記）』（「秘笈叢書」所収） 森田平次・写　石川県立図書館所蔵

前田慶次の子安太夫正虎の著とされる加賀前田家の記録。能登入部から元和年間までを記載。森田平次による写しが秘及叢書におさめられている。

『壬子集録《じんししゅうろく》』 金沢市立図書館所蔵

『乙酉集録』 金沢市立図書館所蔵

尾張時代からの前田家の動向を記す。収録されている荒子城図に、前田慶次屋敷跡の記載がある。

『源氏《げんじ》竟宴《きょうえん》之《の》記《き》』（「墨海山筆」所収）　国文学研究資料館所蔵（マイクロフィルム）
天正十年二月、松永貞徳が前関白九条稙通から源氏物語の秘伝を受けた祝いとして催された連歌会の記録。似生という号で前田慶次が参加している。

「米沢名臣《よねざわめいしん》嘉善録《かぜんろく》」（「鶴城叢書」所収）　清水彦介　市立米沢図書館所蔵

「今井史料雑纂」　今井清見　市立米沢図書館所蔵
旧米沢市史編纂担当だった今井清見が史料採訪した際の記録や所蔵者への問合せ、書簡などを綴じ込んだもの。現在行方不明とされる前田慶次の書状や自画像、逸話、史跡などに言及しており、興味深い記事が多い。

「稿本清覧録」　伊佐早謙　市立米沢図書館所蔵　1908
米沢の郷土史家伊佐早謙による手稿を和装綴じしたもの。現在確認できる唯一の前田慶次書簡の内容が収録されている。

『（国史叢書）關原軍記大成』一～四　黒田眞道校訂　国書刊行会　1916
軍学者宮川尚古が執筆・編纂した関ヶ原合戦に関する軍記。何度か増補を経て江戸中期頃に完成。上杉家周辺の事情にも通じており、前田慶次の消息も記載されている。慶次が米沢で死没したとする説の初見か。

『前田氏戦記集』　日置謙校訂　石川県図書館協会　1935
「村井家伝」「荒山合戦記」「奥村伝書」「末森記」「末森軍記」「大聖寺攻城並浅井畷軍記」「能美江沼退治聞書」などをおさめる。1971年に復刻。

『常山紀談』　森銑三校訂　岩波書店　1938～
岡山藩士湯浅常山が編纂した戦国時代の武家に関する逸話集。岩波文庫版全三巻のうち、中巻に「前田慶次が事」という項があり、主要な逸話が紹介されている。

『山鹿語類《やまがごるい》』（『山鹿素行全集』所収）　広瀬豊編　岩波書店　1940

『名将言行録』　岡谷繁実　岩波書店　1943～
岩波文庫版で全八巻。第二巻に直江兼続の項があり、前田慶次と共同で『史記』の註をほどこした記事が収録されている。

『戴恩記』（古典文学大系『連歌集』所収）　岩波書店　1960
連歌師松永貞徳が著した記録。タイトルのとおり、貞徳本人が連歌をはじめとする恩恵を受けた人々の逸話などを記したもの。前田慶次に関する言及はないが、慶次も参加した「源氏竟宴」の連歌会について記されている。

「翻刻・玄旨公御連哥《げんしこうごれんが》」（「文学研究」六〇）　中村幸彦　九州大学大学院人文科学研究院　1961
細川幽斎の連歌関連の覚え書き、および作品を集めたもの。前田慶次が和泉式部と通称されていた誠心院において連歌を興行したという一文がある。

『加澤記』（『群馬県史料集』三所収）　群馬県文化事業振興会編　1966
沼田藩士加澤平次左衛門が著した真田家の記録。滝川一益の手勢に前田慶次がいたとされる記事がある。天正十年はじめに慶次が関東にいたとする唯一の傍証である。

『北条五代記』（『北条史料集』所収）　萩原龍夫校注　人物往来社　1966

『上杉将士書上』（『上杉史料集』下所収）　井上鋭夫校注　新人物往来社　1969
上杉二十五将の列伝。慶長三年、会津移封時に上杉家へ召抱えられた牢人衆のうちに前田慶次が記載されており、特に慶次について逸話が紹介されている。

『信長公記』　奥野高広・岩沢愿彦校注　角川書店　1969

『新編武家事記』　山鹿素行　新人物往来社　1969

『前田慶次道中日記』（『日本庶民生活史料集成』八所収）　三一書房　1969
慶長六年に京都伏見から米沢までを旅した前田慶次の道中日記。原本は市立米沢図書館所蔵。もっとも早い時期に活字化され、細かい注釈がほどこされた。翻刻に誤りがあるのが難点。

『能登志徴』　森田平次　石川県図書館協会（複製）　1969
能登七尾松尾村の項に、前田慶次の住居跡の記事を収録。

『越中史料』一　名著出版（複製）　1972
「大日本史料」に範をとり、綱文と典拠史料で構成した編年史料集。天正十三年、越中阿尾城主となった前田慶次の記事を収録。

『越登賀三州志』　富田景周　石川県図書館協会　1973

『前田慶次道中日記』（『新編信濃史料叢書』一〇所収）　信濃史料刊行会　1974

『北越太平記』（『越佐叢書』五所収）　今泉鐸次郎・今泉省三・真水淳編　野島出版　1974

『米澤古誌類纂《よねざわこしるいさん》』　米沢古誌研究会　1974
「米沢事跡考」「米府鹿の子」「米沢地名選」の三史料を収録したもの。このうち「米沢地名選」には前田慶次の逸話が載っている。

『「萬川集海」解説』（『萬川集海』別冊）　石田善人　甲賀町　1975

『新編藩翰譜』一～五　新井白石　新人物往来社　1977
甲府藩主徳川綱豊の命を受けた新井白石が、大名家の系譜および伝記を集成したもの。一万石以上の大名三百三十七家を収録。

『（続史料大成）多聞院日記』一～五　竹内理三編　臨川書店　1978
奈良興福寺多聞院主たちの日記で、写本四十六冊が伝わっているが、大半は長実房英俊の手になるもの。『前田慶次道中日記』に出てくる「王の袖は二尺五寸」という言葉に関する逸話が紹介されている。

『新編東国記・東国太平記』　歴史図書社　1978
『東国太平記』は上杉家臣水原親憲の一族と称する杉原彦左衛門による軍記といわれるが、紀州藩士宇佐美氏の作という説もあり、なお検討が必要。前田慶次の記事も収録。江戸時代に伊達家からクレームがつき、発禁処分になったといわれる。同系統の史料に『会津陣物語』がある。

『（続史料大成）家忠日記』　竹内理三編　臨川書店　1979

『関ケ原合戦史料集』　藤井治左衛門編　新人物往来社　1979
関ヶ原町長などを歴任した藤井治左衛門氏が関ヶ原合戦前後の動向を諸史料にあたりながら、時系列に編集した労作。

『加賀藩史料』第一編　清文堂出版（複製）　1980
前田家が郷土史家日置謙に委嘱して編纂した加賀前田家に関する編年史料集。第一編の慶長十年十一月九日の項に、前田慶次卒伝条が設定され、以下の史料を収録している。
考據摘録（野崎八左衛門知通筆記）、桑華字苑、雑記、重輯雑談、三壺記、可観小説、無苦庵記、本藩歴譜、前田氏系譜

『邑鑑《むらかがみ》』（『米沢市史資料』所収）　米沢市史編纂委員会編　1980

『武家事記』　山鹿素行　原書房（複製）　1982

『醒睡笑《せいすいしょう》』　安楽庵策伝著・鈴木棠三校注　岩波書店　1986
京都所司代板倉氏の求めに応じて安楽庵策伝が著した笑い話集。「大ふへん者」と大書した旗指物の逸話が見られ、前田慶次関連の逸話としてもっとも早い事例。

『慶長十年富山藩侍帳』（『越中資料集成』一所収）　高瀬保編　桂書房　1987
加賀藩から分藩された富山藩士の名簿。前田慶次の娘婿戸田弥五左衛門の記載あり。

『富山藩士由緒書』（『越中資料集成』二所収）　新田二郎編　桂書房　1988

『上杉家御年譜』三　米沢温故会　原書房　1988
元禄年間から編纂が開始された米沢藩の家史。第三巻は上杉景勝の後半部分にあたり、最上攻めの項で前田慶次が奮戦したことが記されている。

『綿考輯録《めんこうしゅうろく》』一〜三　石田晴男ほか編　出水神社　1988〜1989

『武辺咄聞書《ぶへんばなしききがき》』　菊池真一校訂　和泉書院　1990
江戸時代初期、国枝清軒という人物によって編纂された武家逸話集。前田慶次の主要な逸話が集められた最初の事例か。

『歴代古案』一〜五　続群書類従完成会　1993〜2002

『（史籍雑纂）当代記・駿府記』　続群書類従完成会　1995

『鷹筑波』（『日本俳書体系』所収）　日本図書センター　1995
松永貞徳が語る形式の連歌の記録。貞徳が唯一、前田慶次に言及している。

『覚上公御書集《かくじょうこうごしょしゅう》』　東京大学文学部蔵　臨川書店　1999

『前田慶次道中日記』　市立米沢図書館　2001
原本を所蔵する市立米沢図書館から刊行された。本文への朱書も含めて原本をそのまま復刻した和綴本と、翻刻および写真版を収録した資料編から構成される。従来の「道中日記」では言及されなかった細部への注釈も充実している。前田慶次の小伝および逸話も収録している。

『前田慶次道中日記』（改訂版）　市立米沢図書館　2005
旧版での翻刻のミス、解釈などを訂正している。現在のところ、「道中日記」最良のテクスト。

※その他系譜類
『干城録《かんじょうろく》』第七　戸田氏栄ほか編　人間舎　1999
『系図纂要』第十四　名著出版　1973〜1999
『寛永諸家系図伝』　続群書類従完成会　1980〜1997
『寛政重修諸家譜』　続群書類従完成会　1964〜1967

◆**自治体史等**

『山形県史』資料篇第三・第四　1960
「鶴城叢談」に前田慶次の逸話が多数収録されている。『加賀藩史料』とならぶ基本史料であろう。

『福島県史』資料編第一・第二　1966
『菟田野町史』　1968
『山形市史』史料編一　1973
『萬世郷土史』　萬世郷土史編集委員会　1977
『宇都宮市史』二〜四　1980
『群馬県史』資料編七　1986
『米沢市史』近世編一　1991
『県指定史跡阿尾城跡』　氷見市教育委員会編　1993
『小田原市史』史料編中世三　1993
『新編弘前市史』資料編一・二　1995
『能代市史』中世二　1998
『氷見市史』資料編一　1998
『仙台市史』資料編十一　2003

◆**単行本**

『直江兼續傳』　木村徳衛（私家版）　1944
『加《か》能《のう》郷《きょう》土《ど》辞《じ》彙《い》』　日置謙編著　北国新聞社　1956
『藩制成立史の綜合研究』　藩政史研究会編　吉川弘文館　1963
『前田利家』　岩沢愿彦　吉川弘文館　1966
『大和菟田野の民俗』　倉田正邦ほか著　「菟田野の民俗」刊行会　1968
『米沢史談』　中村忠雄　置賜郷土史研究会　1975
『日本城郭大系』第七巻・第十一巻　新人物往来社　1980
『米沢善本の研究と解題』　内田智雄編　臨川書店　1988
『武州松山城』　長沢士朗　吉見町　1994
『連歌総目録』　連歌総目録編纂会　明治書院　1997
『正伝直江兼続』　渡邉三省　恒文社　1999
『前田利家関係蔵品図録』　前田育徳会尊経閣文庫　新人物往来社　1999
『田澤稲舟研究資料』　細矢昌武　無明舎出版　2001
『図説前田利家』　菊池紳一　新人物往来社　2002
『連歌師紹巴 伝記と発句帳』　両角倉一　新典社　2002

◆**論文・雑誌記事**

「前田慶次郎自賛」（「洋々社談」）　坂谷素　洋々社　1875
「前田慶次道中日記解説」（「置賜文化」三二）　中村忠雄　1963

「天下の奇将　前田慶次」（「えぬのくに」一四）　前田銀松　1969
「宇都宮庭林氏の研究」（「栃木史学」七）　鴨志田智啓　1993
「加賀藩初期の“かぶき者”の構造」（『歴史の中の都市と村落社会』所収）田中喜男　1994
「王の袖は二尺五寸の御利口」（「宗教民俗学」六）　平山敏治郎　1996
「安土桃山～江戸初期に於ける『かぶき者』とその系譜に連なる者達」（「常民文化」二三）　長谷川照　2000

◆その他

東京日日新聞一二七号（明治五年七月十一日）　1872
「前田慶次」（読売新聞明治版ＣＤ－ＲＯＭより）　小栗風葉　読売新聞社　1901
週刊朝日百科「日本の国宝」〇五〇　朝日新聞社　1998
『上杉の鎧と火縄銃』　財団法人宮坂考古館　1999
「上杉家の至宝展」展示図録　米沢市上杉博物館　2001
「前田慶次展」パンフレット　財団法人宮坂考古館　2002
「前田慶次展」パンフレット　財団法人宮坂考古館　2003

次ページより縦書きのため、巻末からの掲載になります。
以下のページよりお読み下さい。

刻享年七十三にて卒したまへり。すなはち刈布安楽寺に葬る。その林中に一廟を築き、方四尺余高五尺の石碑を建て、銘に
　龍砕軒不便斎一夢庵主
と記せり。俗の姓名ならびに落命の年号月日は謂あって記さず[64]。利卓公の死する所を知る者なしといはんか。大和國刈布村といふ所は同国の旧跡當麻寺の山[65]を左に西へ二里を行って里あり、茂林[66]といふ。それより南へ一里あり。
右に遺言する事は　利卓公に添へられて、一生のありましを知り卒したまへるの儀も知れり。他に知る人なし。戸田氏すでに我が主となれり[67]。まさに彌五兵衛殿の外祖たり。巡忌及び旧忌この家にて蒙らずはあらん。我死して汝知らずといはば、知通何を勤めたりといはるなり。ここに久しき苦心の勤めを空しくしてあまつさへ他の嘲りを需めん。又利卓公の骸にも異笑をつけん事はなはだ口惜し。よって十分一といふともただその屍《しかばね》を葬せし地、落命の月日を一息一言して残す。旧忌追善の程と思ふのみ。
利家卿　利長卿に命を奉りてより右皆秘すべき謂あれば、汝能く思ふべし[68]。今の遺言子の耳に口をあてて必ず伝ふべし。彼の地に至るの事あらば、誤って乗打ちすべからず[69]と後より後へ秘して伝ふべし。　以上
野崎八左衛門知通
承應元年正月　　七十七才述書[70]

※本文中の□は判読できない文字を表す。

64　理由があって碑文には俗名・没年月日を記さなかった。
65　二上山
66　森田平次の写本ではモリとルビがふられている。
67　野崎知通は慶次の娘於華が戸田弥五左衛門に嫁ぐとこれに従って戸田家に仕えた。
68　遺書と題するように、汝とは野崎知通の子を差すのであろう。
69　慶次の埋葬地へ行くようなことがあれば、馬で乗りつけないように。
70　野崎知通が承応元年（一六五二）に七十七歳であるということから、慶次の死を看取った慶長十年には三十歳であったことになる。

其品を承知して、野夫いまだ宿の妻なし。御心易く思しめせと安く諒承せり。船桑名に至りて　利卓公は今は心易しと方邦に別れて直に高須の道を経て大和へ越したまへり。方邦凱陣の後、彼の息女を迎へ入れん事を案ずといへども　利卓の女なる故を　利長卿へ申しかねて時節をはばかり、婚姻の沙汰をいはず、心外に延引せり。　利卓公方邦がはばかりて延引するの心を察知して、翌年、知通を加州へ越し　利長卿へその旨を告たまへ、なお茨木刑部は方邦に縁ある故、頼みたまへる由をも仰せつかはされたり。　利長卿にも早く御許容あり、御妹君の御盃ありて方邦の方へ遣わされたり。

利卓公は実は瀧川左近将監一益の弟なり[59]。　利久公[60]養子としたまふ。　利卓公心たくましく猛将たり。謂あって浪人となりたまへり。故に一ツの望みあり。意趣は秘してここに語らず。

然れども世も末、行ひし次第を徒労の理によりて、秀の日なし。もしくは　利長卿にも背きたまはずば然るべけれども、ただ望みを遂げんとそれにも従ひたまはず。あまつさへ戦を好みて後々は景勝などの陣中に至り、上杉と心を友にし、望みも後は恨みに変じ、種々の業を尽くしたまへり。よって　利長卿より詈度々なり。　利卓公年歴て痞病[61]発せり。時に病を保育すと号し、大和に越し、洛に至り種々の犯惑《おうちゃく》を振る舞いたまふ。ゆえに世人皆憎みて加州に告げたり。　利長卿より詈つよきによって洛の居叶《かな》はず、大和の刈布[62]へ蟄したまへり。　利卓公年歴て病いはなはだし。ゆえに入道して自ら　龍砕軒不便斎と号したまへり。

不便斎この時に至り、浅野・多羅尾・森この三人[63]加州へ戻したまへり。知通は纔利長卿より添渭へる謂あるべければ、我が死後を見届けべしと留めたまへて知通と纔にしもべ二人と給仕して月日を経たり。　不便斎病い次第に盛にして治らず、慶長十年十一月九日巳の半

59　慶次を滝川一益の弟とするのは誤り。

60　前田利久。利家の兄で慶次の養父となった。

61　痞（つか）えの病い。

62　明治時代の森田平次写本ではカリメとルビあり。

63　慶次の従者。

前田慶次殿伝（野崎知通筆記）

遺書

利卓公[55]御息女於華様戸田彌五左衛門尉方邦《まさくに》へ契約なりたまへるは、慶長五年尾州宮海の渡り船中にての御事なり。今ここに関ヶ原御合戦の時、軍散じて　利長卿[56]尾州宮海を渡らせ勢州桑名へ越させたまへり[57]。この時、戸田方邦は殿なるゆへ、御陣の御船には一里程隔て、遅く漕がせり。利卓公、この陣中に主従七人紛れとどまり、多年の望みを全く今日に遂げんと伺ひたまふに、思い成らず空しくて、同じく宮海に臨みたまへり。船を需《もとめ》たまふに、皆沖に出て渡るに便なし。ここに鐵蕀《てついばら》の験《しるし》さして戸田方邦の船のみ近し。よって船を岸に寄せよと声々呼はれり。方邦敵味方をわきまへざれば鑓をさげ、舟端に立てはなはだ怒れり。

利卓公謂有って験を隠せりと理を説きて卒爾《そつじ》なる由を述ぶ。なお使船を乞ひたまへり。戸田諾して隔たる舟を漕ぎよせ、終に同船したまふ。　利卓公と方邦と寛々対面する事、今日はじめてなり。　利卓公方邦が勇猛勢なるにはなはだなつんでいはく、我望みありと言へども今日に極めざれば、最早望みに年なし。年ここに去れり。死もってとも悔いず。あはせて吾れに一ツの愁ひあり。我二女を持つ[58]。一ツは夫あり。今妹貌《みにく》からず。よって吾が愛子といはんか。彼未だ夫を定めず。吾望み尽きて死を定めんとするに、只彼を愁へり。方邦なほ婦人無くば彼を定めたまはるべし。利長にも難面棄てたまへる程にもあるまじ。方邦吾が言に諾したまはば、吾悦びに過ぎず、山野に身を蟄し、自ら落命を待って利長の心をも安んぜん。　利長の我に知通を添たる意も疾く知ればなりと、深く哭《こく》してのたまへり。戸田方邦

55　前田慶次の実名を利卓とする唯一の史料である。
56　前田利長。
57　前田利長が慶長五年、関ヶ原合戦直後に尾張から伊勢へ渡った記録はない。
58　系図によれば、慶次には一男三女（もしくは五女）あり。

あずさ弓板谷越しする雁羽哉[52]

石仏にて、

忍辱の柔和の姿引きかへて石仏こそ誓ひ堅かれ[53]

また深雪無酒という心を、

山風深雪時、寒日寄我思、
無酒□□□、堪悲失客衣

十九　石仏より米沢に二十里、

米沢もそこなれば、

乃瞻衡宇載欣載奔[54]

52　梓弓は枕詞で、弓を射たの「い」、および板谷峠の「い」にかかる。

53　石仏という土地の名から、外見は迫害に耐えて柔和なお姿でありながら衆生済度の誓いが堅い石仏である。

54　中国六朝時代の詩人陶淵明の「帰去来ノ辞」の一節。すなわち衡宇をみ、すなわちよろこび、すなわち奔る。

とにもかくにも笑ひのたね、又ただの人にもなしや

これより信夫の郡なり、

十六　本宮より二本松に十五里、二本松より八丁ノ目に十五里、八丁ノ目より大森に十五里、以上四十里、

二本松より、八丁ノ目に来て、しばし休みつつ、大森に着きて焚火にあたるとて酒なし、上はあたたまりて

不調肺膽、酒為百薬長[51]

十七　大森より庭坂に十五里、

雪の深ければやうやう奥道廿里も来らず、庭坂に着く。

十八　庭坂より板谷へ三十里、板谷より石仏に廿里、以上五十里、

忍ぶ文字摺りの石のある所、佐藤庄司が館の南殿の桜、月の光、星の光と日の光、水の底にて年を経る蛙の声も雪中にて見えず、跡もなし。板谷の坂を越ゆるとて、

51　焚き火にあたって体は温まったが、酒がないので臓腑の中まで温まらない。酒は百薬の長である。

い常ならず、いかなる塚ぞと問へば、石田治部少とやらん云ふ人を、今年の秋のはじめより、都より送り来たり、送らざる所にては物憑きなどになる人多く、悩む事侍るとて、国々に武具を帯して、二、三千ばかりにて地蔵送りなどするようにして、送りつけたる所にては、塚を築き侍るといふ。都出し時はひそかなりしが、事は大義になりて、下野あたりにては治部少夢など見し人を襲ひ、われをばかくの如くして送れと言ひて、藁にて人形を作り、具足・兜を着せ、太刀を佩かせ、草にて馬を作り、金の馬鎧を前後に懸け、治部少と胸元に書きつけをし、又女二人、赤き帷子を着せ、札を下げさせ、治部が母、治部が妻と書きつけ、以上その人形六人青き草、柳葉にて拵へ、舟と御造り、五色の兵を立て、先に松明百丁灯し連れ、鉄砲二百丁、弓百丁、竹槍、指物まで、赤きに蘇芳染め、紙をして袋としつつ、上書きに治部少と書きつけ、武具のなき物は、紙など木の葉などにて武具の態をして、大きなる杖、刀など差し連れ、馬乗りは〳〵、徒歩立ちは〳〵と小路を分けて歩ませ、輿の側には唱名念仏申上げ、鐘・太鼓をたたき、竹の筒を吹きつれ、所々の巫子、山伏など出会ひつつ、夜番、日番を調へ、いけにえ・盛り物供へ上てとどまる。山伏は湯立ちをすすめ、巫子神楽を上て□□ふれば、物憑き口走り、今年慶長六年田畠の荒れたるはわが技にあらずやなど言ふ。

涙夫芻狗之未陳也、盛以筮衍、巾以文繍、戸祝斎戒、以将之及其己陳、行者践苔首脊、蘇者取爨之而己、将復取而盛以筮衍、巾以文繍、遊居寝臥其下、彼不得夢、必且数眯而己[50]

といへり。

50　祭りで用いられる藁で作られた犬は、祭りが終わるとぞんざいに扱われる。しかしその藁の犬の下で寝起きするとしばしば夢にうなされる、という意味であるが、出典不明の謎の一文である。

かつ見る人にこひやわたらん[47]

と詠みしはこの沼のかきつばたなり。されば、この浅香山は、歌の道に心あらん人、詠みおかずといふ事なし、

心あらん人に見せばやみちのくの浅香の山の残るかつみを

まことや、

筑波嶺の蔭を思ひ[48]

浅香山の浅からぬ数奇の人、浜の真砂はよみつくすとも、この道は尽くべからず。過ぎし昔は言ふに及ばず、末の世々までも、残るべきはただ歌の道なり。その言葉は残るとも、いずくの里人かひとりとして残りとどまるべき。よき人も悪しきも、有髪まじき身なれば、浅香山のあさましき縁に、ふりはつるわが身の有様の、今と来し方行方思ひ続けて、野行水はとどまらず、

世の中にふり行く物は津の国のながらの橋と我が身なりけり

と古事今さらの涙なり。ようやくそこを立ち離れて、しばらく来たれば、大きなる塚あり[49]。装

47　古今和歌集の「みちのくのあさかの沼の花がつみかつ見る人にこひやわたらむ」の一部分。

48　古今和歌集の「筑波根のこのもかのもに蔭はあれど君が御蔭にます蔭はなし」を踏まえたもの。筑波嶺のあちらとこちらの蔭よりも愛しいわがあなたの庇護にまさるものはございません。

49　石田三成の怨霊を送る奇習。（第五章参照）

り、この石のほとりにては、失せにし親など見る事ありと言ひ伝へたれば、

切紙招亡親、酌酒祭霊鬼

やや安らひつつ、藪木の里までと思ひつるに、とどまるべき宿もなくて岩瀬に行く、

問はば人に岩瀬の波のぬれぬれて渡る宿つげよ夢の浮橋

奥州田村郡の内なり、
十五　岩瀬より笹川に十里、笹川より郡山に二十里、郡山より高倉に十里、高倉より本宮に十里、以上四十里、
須賀川を出、笹川・郡山・高倉の此方の野の中に、まわり十丈あまりの沼あり。その中に小島あり。里の長に問ひ侍れば、これなん浅香の沼なりと語る。又そこに高さ七、八丈の山あり、これを浅香山といふ。山の井はと問へば、

浅香山かげさへ見ゆる山の井の[46]

と詠み侍るは白河の郡なり。山はこの浅香山なり。

46　万葉集の「安積山陰さへ見ゆる山の井の浅き心をわが思はなくに」の一部分。

雪霜にあかがり腫る丶あしの哉[44]

これより奥州の内なり、

十四　芦野より白河に三十里、白河より大田川へ十里、大田川より藪木二十五里、藪木より須賀川に廿里、以上七十五里、

白沢を過ぎ、白河の関路にかかる、思えば遠くも来にけり、

秋風ぞ吹く白河の関[45]

と詠みしは理にや、

白河の関路は越しつ旅衣なお行末も人やすむらん

奥州白河郡なり。

小田川・大田川といふ所を越し、踏瀬の観音堂に着く。ここに岩かべあり、その面に広さ五尺、長さ三尺、深さ二尺ほどに岩を切り入れ切り入れして、五百羅漢を彫りつけたり。ほりのたがひめに、寺などは新しけれども、羅漢石のあたりは、星霜降りつつ苔地につづくさざれ水、石間石間を流れきて、その落合、さながら御手洗となる。ありがたくもめでたき地形なり。実にや五百羅漢は、筑紫にも侍るなり。それも大師の御作、これも大師の御作な

44　あかがりはあかぎれの意。あかぎれができた足に芦野の地名をかけている。雪や霜のせいであかぎれが腫れた足でようやく芦野に着いたことよ。

45　後拾遺集の能因法師の歌「みやこをばかすみとともにたちしかど秋風ぞふくしらかはのせき」を踏まえている。

その日、はじめて雨降り、昼過ぎより佐久山まで行く。道半ばより雪になり、風さへ誘ひて、騒がしければ、佐久山にて雨つつみを俄に拵へぬ。人皆いくさ見て矢作る[40]と笑ひぬ。寒夜にて寝られず、万さびし、

凍る夜や片腹さびしかり枕
山河の雪に残し置く人
つかねても重き真柴は負かへて

百句と思ひ侍るが、ことごとに眠くて、そのまま枕につく。

十三　佐久山より大田原へ十里、大田原より鍋懸に廿里、鍋懸より芦野に廿里、以上五十五里、[41]

大田原を過ぎ、鍋懸にて、

大たはら米はあれどもそのままに煮てや噛ままし鍋懸の町[42]
ひだるさよ寒き夜飯の火を焚きてあたりあたりも鍋懸の町[43]

それより、夜半に芦野の町に来て、

40　『晏子春秋』にみられる諺。（第五章参照）

41　五十里の誤りか。

42　土地の名は大田原（大俵）というぐらいで、米はあるのだろうけれども、そのまま通り過ぎて、鍋掛の町へやって来たが、鍋を火にかけ米を食ってやろうか。
43　ああ、ひもじい。寒い夜なので、飯を炊いてその火にあたる。その町の名も鍋掛である。

と詠みしは、この佐野にてはなし。それは上野なり。この佐野は下野なり。

これより下野の内なり、

十　犬伏より栃木へ廿五里、栃木より壬生へ十五里、壬生より宇都宮に二十里、以上六十五里、

富田・栃木・壬生を通り、宇都宮に着く。予が旧友に庭林といふ者あり[38]。彼の宅にて酒くれて、風呂焚かす。

十一　宇都宮より氏家へ十五里、氏家より狐川へ十里、以上三十里、

これより那須の内、国は下野なり、

宇都宮出る時、予いにしへの友、反乱よき鷹、犬の子を酬いる。庭林、宇都宮の鷹の鈴は上野の縄の鈴よりよしとて酬いる。鬼怒川を渡り、氏家の里を過れば、大藪の彼方なる狐川に着く。甲斐のはだよしという杉原漉く者あり[39]。試筆とて狐川とはいかに書くと問へば、喜連川と書くなり。昔この里に御所を作り始し時、行方を祝して、よろこびをつらぬる川と書き申すなりと語る。

十二　狐川より佐久山まで廿里、

38　特権商人庭林氏。（第五章参照）

39　甲斐産の和紙を肌吉（肌好）と呼ぶ。紙肌が美人の素肌のように美しいからといわれる。（第五章参照）

のおふきなればかく書くなり。般の字の心は、よく日記に判をすへられ申すゆへに般と書くなり。若字は女子の額に猫と書きたれば、猫の鳴き声なり。今時、鼠のはやれば、怖じ申す様に書くなり。三字の心随分の法なり。女房の額に波羅蜜多と書き申すは、誰も知り申す言い分なり、子たちますます繁昌の心なり。いずれも師匠の伝へもなし、われらの一作に、いつも書き申すとて高慢して帰りたまふ。

予昔熊野の山下に二、三月ありしに、人の祈祷する巫女あり。祈念の効き申す事は、ただ浄蔵貴僧清明がごとし。予巫女に問ひ侍る、いかなる貴文を唱へて祈祷はすると問へば、巫女言ふ、王の袖は二尺五寸、〳〵と一心不乱に唱へ奉れば、おそろしき物憑きも覚め申すなりと語る。予この文を思ふに、王の袖は二尺五寸にてはあるまじ、應無所住而生其心たるべしと、本文を教え直しぬ。それより三、四年を経て、また熊野に下り、巫女の行方を問へば、家破れたり。いずくへ行くと聞けば、この年月は祈祷効き侍らで、他国に移りたりと言ふ。これは予本文に教へ直したる故にや、祈祷の効かざりつると思い合せ、巫女の不便言うばかりなし。この事を悔みて、能化の物云う度にもっとももっともと申して、いかにも請け負ひ申すなり、

九　新田より八木へ十里、八木より犬伏に二十里、以上三十里、

八木の里を過ぎて、天明という唐鐘鍋鋳る在所なり。その日は犬伏の町に宿を借る。

東路の佐野の舟はしとりはなし[37]

37　万葉集に採られている相聞歌を指しているものか。

んためなり。安中・板鼻の町、高崎を通り、倉賀野に留まる、

七　倉賀野より柴の渡に十五里、柴の渡より木崎に十五里、木崎より引田に十五里、以上四十五里、

柴の渡り、高崎新田町に留まる、

八日はその里におる。その日新田の市の日にて、かざしくる人[36]多ければ、奥の席につれづれと一人籠る。今日しもあるじ祈祷の日にて、能化めきたる人来り、弟子三、四人、座頭なども来る。予もひとつ席にゐたり。祈祷過ぎて能化札を書きて、いただかするを見れば、天玉九々八十大菩薩と書く。珍かなる札の書き様になり。又漸く有って。あるじ夫婦、子をふたり連れて来て、札をいただかせ予に語る、この札をさへ給はれば、一切家のうちのもの、病むという事なし。分けて疫癘の神など怖じおののく御札なりとて、主もいただき、あたりのものにもいただかせて、この子たちにまじないしたまへと言へば、能化硯引きよせ、目をふさぎて、おのの子らの額に犬という字を書き、女子の額に猫といふ字を書く。又夫婦をも御筆つゐでにまじなひてたべと言へば、いかにも筆太に、あるじの男の額に大般若と書き、あるじの女の額に波羅蜜多と書きつつ、寿命長安など言ひて喜ぶ。予その故を問ひ奉れば、まずおの子らの額に、犬と書き申すは、暗みをありくに、狐狸などに襲われず、女子の額に猫と書きたるは、女子なれば、犬まではいらぬ事と思ひ、猫と書くなり。又あるじの夫の額に大般若と書き申すは、男

36　髪や冠に花がついた枝などを挿した人々

五　望月より軽井沢には五十里、軽井沢より坂本に十五里、以上六十五里、

望月の駒に乗り、八幡の町、塩名田を過ぎ、岩村田にはかからず、北の野中を直ぐに軽井沢まで奥道五十里の間、馬継ぎ十一ヵ所かと覚えたり。碓氷の峠に上れば、熊野の権現をうつし奉る社頭あり、神鈴の声幽にして、道も奥まる山かげに、きねが袖ふる里神楽、折りにふれて静かなり。坂本に着き、しばしまどろめば、我京洛の友を夢見て、拙唱に作る、[34]

向東去北行路難
遥隔古郷涙不乾
我夢朋友高枕上
破窓一宿短衣寒

これより東関の上野なり、

六　坂本より安中に三十里、安中より、倉賀野に廿五里、以上五十五里、

そのあたりの家に休らへば、化粧損なひたる女の、頬紅塗りたるあり[35]。行方を問へば、涙にむせび、都より人にかどわかされて来ぬ、人の形よく生まれたるほど物憂きはなしといふ。その女の顔は、横に三寸も長くて、出はごに歯がすの付き、ところどころ歯の正躰の見ゆるあたりは、朽葉色にて、歯茎に菜の花付き、飯つぶ挟まり、物を言へば、もよぎ色なる息を吹く。書き付けていらざれども、かかる人かどはかしぬるは、人の心のさまざまなるを知ら

34　京都にいる友を夢に見たので、拙い詩を作った。（第五章参照）

35　（第五章参照）

八帳破灯燧、玉簾落、詹内顕、[30]

まことに神さびて不覚涙欄干たり、

あなたふと涙ことはれ神慮心の外は言の葉もなし[31]

其の日しも、いにしへの朋友来たり、昔語りに数盃を傾く、

四 下ノ諏訪より和田に五里、和田より長久保に二里半、長久保より望月に二里半、以上十里、

和田峠は越ゆれども、道はまだ長久保なり[32]。漸く蘆田に着かば、もと見しに変はりて、荒れ果てたる様なり。

広野は人稀にしてなお禽獣行烈を乱れず、田村煙絶へては更に鶏犬の鳴き声を聞くことなし。こぞの里に留まるべからずとて、野径の露に袖をひたし、望月の町に着く。

在鮭羹、風味満歯頬[33]

これより関東の道なり、

30 詹は檐もしくは簷の誤記か。のき、ひさしのこと。

31 「涙欄干たり」は「長恨歌」の一節を思わせる。ああ尊いことである、ふと湧き出た涙の意味を示してくれるのは神慮のほかは何もない。

32 和田峠は越えてもまだ道行が長いことを、長久保の地名にかけている。

33 鮭の汁を口にしたところ、よい風味が歯にも頬にもひろがった。

八子原・吉田、鳥居峠を下れば奈良井の町、

行末の道を奈良井の宿ならば、日高くとても枕ゆふべく[26]

瀬場の小金山、本山の町、桔梗原を分けつつ塩尻峠に上れば、富士の山はそこなり、

すみの山の東なるらし富士の雪
北は黄に南は青く東白西紅に染め色の山[27]

と詠み侍れば、この富士の山を染め色の山にして、雪にいと白きは染め色の山の東なるべしと思ひ侍るばかりなり。暮れるまでながめおれば、富士の煙の横折れて雲となり、雨となり、ただ白雪の御跡を埋めば、峠を下り、諏訪の湯本の町に更け人寝着きぬ。

三日は湯本になお留まる。明けはなれて湖上を見れば、ただ鏡をかけたるやうなり。

凍らぬは、神や渡りし諏訪の海[28]

宮めぐりしつつ社壇を見るに、廻廊は傾き、高楼は破れ、千木の片殺ぎ朽ち残りて[29]、広前の橋板半ば改まり、梢にふりにし森の木の葉、霜を羽ぶきて鳴く烏、

26　我が身の行く末を思いつつ、この道を行くのが習いなのだ。しかし、この先に宿はあるだろうか。そう考えるとこの奈良井の宿場に泊まるのがよいだろう。

27　「すみの山」は、須弥山と黒い墨のような山肌にかけている。「染め色の山」は須弥山の別名「蘇迷盧（そめいろ）」に通じている。須弥山を思わせる富士の山の墨のような黒い山肌に白い雪がかかっているあたりは東にあたるらしい。今目にしている富士山は、北は黄色に、南は青色に、東は白色に、西は紅に染まっていて、美しい須弥山を思わせる。

28　この諏訪の湖水が凍らないのは、神が渡ったからであろうか。

29　神社本殿の棟上に斜めに突き出して交差させた装飾材。交差させていた千木も片方がそぎ取られていた。

越へ一里半、以上八里、[24]

須原・荻原を過ぐれば、道のかたわらに大きなる鳥居あり。いかなる宮柱ぞと問へば、これより奥道廿里ありて木曽の御嶽と申す山に権現立たせ給ふ、ここよりその瑞籬《みずがき》の内なりと云ふ。木曽の架け橋はもと見し時は丸木など打ちわたしわたしして置きぬれば、年々大水に流れ失せなどして、行き交いも五月などは止まることあり。太閤馬宿改め給ひ、広さ十間、長さ百八十間に川の面を筋交いに渡し、車馬往来の運送、旅人相逢うの行脚、或いは都に上り、或いは東に下る。貴賤喜ばずという事なし、

信濃路や木曽の架け橋名にし負う

とは、今の事にやと、寝覚めの床、巴ヶ淵などながめやる。この淵は義仲の思いもの巴といふ女房、この河伯の精にて、木曽義仲に思ひをかけ、妻になりしゆえに巴ヶ淵といへり。また或いは義仲粟津にて失せにし時、巴は恩田の八郎といふ武士を、義仲の目の当たりにて討ち、見参に入り、暇乞ふて木曽に下り、この淵に身を投げしゆえに、巴ヶ淵ともいへり。或いは義仲に別れ、粟津の国分寺にて、物具脱ぎ、忍びて東国に下りしを和田小太郎義盛尋ね出し、妻になしぬ。やがて浅井奈が母なりと云ふ、これも物に記せり。ただいにしへより巴ヶ淵とはいふなるべし、野談はまちまちなり。福島をも過ぎ、宮越に留まる、

二　宮越より奈良井へ五里、奈良井より本山に三里、本山より下ノ諏訪に四里、以上十一里、[25]

24　八里ではなく七里が正しい。

25　十二里の計算間違いであろう。

ここも名に負う大井の宿[20]、駒場の橋を渡り、中津川に着かば、椎の葉を折り敷きて、飯炊《いひかし》ぎとなす。

みつ野の里に妹をおきて[21]

と詠みしは妹なり。東路の名こそは変われ、芋の茎汁よし、

これより信濃なり、

卅日　中津川より馬籠へ二里、馬籠より妻籠に三里、妻籠より野尻に三里、以上八里、木曽の山道、河水も落合の宿、妻籠の里に休らへば、孤狼の変化かと疑うばかりの化粧たる女あり、山家のめずらかなりし見物なり[22]。里はずれの杣道を紅坂といへば、

化粧たる妻戸の妻の顔の上に塗り重ぬらし紅坂の山

駒返、羅天などいふ難山[23]を越し、野尻にて、

さむさには下腹おこす野尻哉

霜月朔日　野尻より須原へ一里半、須原より荻原に二里、荻原より福島に二里、福島より宮

20　現在の岐阜県恵那市にあった中仙道宿場。古代から宿駅がおかれていた。

21　千載集に採られている前右京権大夫頼政の作。「みつ野」は山城美豆野を指す。現在の京都府久世郡久御山町あたり。頼政が詠んだ妹とは山城のみつ野の里にかこっていた恋しい女性のことだ。東国へ下る道筋で「いも」とくれば恋しい女よりも芋のことである。自分たちが今食べている芋の茎汁も美味である。

22　（第五章参照）

23　駒返は越後にも同名の地があり、木曽義仲が京都へ進撃する際、あまりの難所に愛馬が進退きわまったとされる伝説が残る。羅天は中山道の難所とされていたが、現在でも車線規制などがある。清水があり、「木曽義仲と巴御前の清水」と書かれた標柱が立っている。

慈烏失其母
唖々吐哀音[14]

と言へり。この人高麗人なれば、禽の如く悲しまず、これさえ涙の中立ちとなりぬ、

今日まではおなじ岐路《ちまた》を駒に敷き立ち別れけるぞ名残惜しかる[15]

ほのぼのと赤坂とこそやらに、日暮れて来る。

廿七　赤坂より河手に五里、河手より売間へ四里、売間より太田渡に二里、以上十一里

河手、弥勒縄手、酒を売る間の町過ぎて[16]、太田の渡りなり、

廿八　太田より神の大寺まで五里、大寺より奥手へ三里、以上八里、

都にありし名もゆかし、伏見の里を通り、神の大寺[17]参りつつ、奥手の町[18]に宿り定む、

冬までも奥手はからぬ稲葉哉[19]

廿九　奥手より中津川へ六里、

14　白楽天の詩「慈烏夜啼」の冒頭二句。（第五章参照）

15　旅をしてきたという意味の「駒に敷き」と、舶来の「高麗錦」をかけている。今日までずっといっしょに旅してきた高麗人親子であるのに、ここで別れるとは何とも名残惜しいことである。

16　売間は現在の鵜沼を指す。売間の地名から「酒を売る」ことを連想させた。

17　大寺山願行寺のこと。俗に可児大寺（第五章参照）

18　大湫宿

19　土地の名である奥手と晩生（おくて）の稲をかけている。稲穂とせず、稲葉としているのは、美濃の名族稲葉氏を念頭に置いているのかも知れない。さすが奥手という土地なので稲も冬になろうというのに刈らぬままであることよ。

行難旅客思
浮雲埃蒙悲[6]

に涙もさらにとどまらず、日もようやく暮れ方に堅田に着く。漁家のせばしき芦垣のうちにあがり、宵と夜寝られず。主の物語するを聞かば、我ははや腎虚なり[7]、子に家をやりてかくせばしきと語る。故に何となれば、堅田習いに隠居したるものをば腎虚と云ふ。老いて腎虚する頃、子に家を譲ればにや、これまで近江なり。

廿五　堅田より前原の湊[8]まで海上十五里、

追い風にて檣《ほばしら》をたて帆ひきて、飛ぶごとくに弁財天島の瀬戸を過ぎ、薩摩という在所に舟を寄せ、餉《かれい》のために休らう[9]。里の名は薩摩なりといえば、舟はただ乗りにせよ[10]。佐和山[11]の彼方なる、前原の湊に着く、これより美濃なり。

廿六　前原より関ヶ原へ五里、関ヶ原より赤坂へ三里、以上八里、

菩提山のふもと関ヶ原まで着き、予が召し使う高麗人[12]、いたく患いて馬にても下るまじきなれば、菩提の城主に文添えて預け置く。楚慶・雀人とて子ふたりあり、これは奥に連れて下る。親子の別れ悲しむ、楽天[13]が

6　行きなやむ旅人の思いは浮雲や埃のように定めのない悲しい身の上である、という意。
7　精気が衰えた腎虚と隠居をかけている。（第五章参照）
8　現在の米原。朝妻湊を指す。
9　干飯などの携行食をとるために休息した。
10　薩摩という土地の名前から平清盛の末弟薩摩守忠度（ただのり）と船のただ乗りをかけている。
11　原文ではさほ山と表記している。
12　慶次に同行していた召使いの朝鮮人。父親が病に倒れ、楚慶・雀人という二人の子を連れて奥羽への旅を続けることになった。
13　白楽天（白居易）

『前田慶次道中日記』

謹書　　　　　　　　　　　　　　　　　　啓二郎

慶長六年孟冬[1]、城州伏見の里より奥州米沢の庄へ到る道の日記

廿四日　伏見より大津に三里、大津舟上堅田まで三里、以上六里、

木幡の里に馬はあれど、伏見の竹田より打出の浜[2]までは乗物にて行く。関山を越ゆるとて、

誰ひとり浮世の旅をのがるべき上れば下る逢坂の関[3]

大津より湖水に舟を流せば、さざなみや三井の古寺、昔ながらの志賀の花園、唐崎の松、穴生の里、大比叡、横川、比良の高嶺、西は勢多の長橋・石山寺。この石山寺は、式部[4]が源氏物語に筆を立てし所なり。其のいにしへまで思い出て、

風の上に在処《ありか》定めぬ塵の身は行方も知らずなりぬべらなり[5]

とよみし古事をひとりごち、

1　陰暦十月をさす。

2　滋賀県大津市の石場付近に打出の地名が残る。

3　東国へ下る際には必ず通る逢坂の関を通りながら、誰ひとりとしてつらい浮世の旅を逃れることはできない、という意。貴族がよんどころない事情で都を離れ、東国へ下る古典作品を念頭に置いている。

4　紫式部。

5　古今和歌集。詠み人しらず。（第五章参照）

ねむらもとむるとりとりの声　利貞
山水やなかれ流し末ならん　能元
みなれぬ布も落つる滝なみ　能元
花誘引あまつ風春風きほひきて　能元
暮る野は鶉の床やかへけらし　能元
うら枯わたる陰の草むら　利貞
露はたた萩に薄にこほれそひ　利貞
かきねのすみそからひ捨たる　利貞
くちにし袖の色をみせばや　能元
恋しなんことを哀と誰問ん　能元
おこたらずしも願ふ後の世　能元
朝さむき月にはいとどめもあわて　能元
冬まてはやはのこる桐の葉　利貞
さひしくも古井の水を結ひ上　利貞
秋のゆふへのかたはらの寺　利貞
色々の鳥はやとりに鳴よりて　利貞

をと身にしめる野風山風　能元
旅なると思ひやるにも涙落　能元
なからふとてもよはひいい程　能元
諸共にしづまは沈め生田河　能元
かくみたれある中はかなしも　利貞
花ちらはやとうし物を一夜ねて　利貞
山はかすみの雨になるくれ　利貞
音にそなく春を惜むか帰鷹　利貞
おり居しままにあさる友鶴　能元
往来する袖もたへけり月更て　能元
舟つなぎぬる秋の河岸　能元
山はおくらの霧深き陰　利貞
いつくとか声をするの帰らん　利貞
暮れぬるままに風ぞしづまる　利貞
敷雪の軒のむら竹埋れて　利貞
さらにとりはもそなき　能元

あしあと語れば心慰め　能元
なにはのことも夢も成行　能元
移しぬる都も今はかたはかり　能元
けふりはためるしほがまの跡　利貞
海原やそことも分す暮ぬらん　利貞
のへふせる松の下枝木々くれて　利貞
かよふともなき苔のかけはし　能元
往山を出しとしもやおもふらん　能元
此秋はたよを月にうかれき　利貞
暮るより撰び残さぬ虫の声　利貞
末野の露に袖そつるる　能元
春雨に咲やと花に行かへり　能元
鶯はまた里なれもせず　能元
炭やくけふり嶺にかたよる　利貞
そきおとしたる黒髪のうち　利貞
おひたつやうゐかうふりの程ならん　利貞

安田能元との連歌

しののめや花にかかれる山のつら　利貞
みだれあひたる風の青柳　能元
氷とく池のささ浪よどみへて　能元
いわほのかたへねるる鴛鴦　利貞
静かにもいてて日かりや移るらん　利貞
をきまよひぬる月の夕露　能元
時雨行重への草に色つけて　能元
陰すさましき松の一むら　利貞
入合の鐘を嵐やさそふらん　利貞
入堂たたへたる竹かきのおく　能元
敷積る庭の遺水あせはてて　能元
みちはそこ共しら雪の暮　能元

箸鷹の手はなす行衛尋佗　能元
むら鴉なくおち方の山　利貞
明るを風の度々立ちそひて　利貞
かつはれにける月のうき雲　利貞
かたへにふる里や分さらん　利貞
あたりにたかきさをしかの声　能元
守りつくす田面の原の秋暮て　能元
露霜はたたしけきまる　利貞
橋板やわたし捨つつ朽けらし　利貞
旧はてにたる古宮の内　利貞
一とをり杉の下風吹過きて　利貞
雫うちちり草みとりなり　能元
夕立の名残涼しき山の陰　能元
ひかり幽に螢とぶみ申　能元
短夜も月を待まや長からし　能元
伴ひつつも端居せし袖　利貞

暮るまで学ひをするも猶あかて　利貞
をしまによりて労休むる　利貞
例ならぬ身の終への哀しけれ　利貞
筆もこころの程は及はす　能元
頬つる便も今はおぼつかな　能元
おふしたつるもいはけなし　能元
種置し筐の菊はいつさかん　能元
朝な朝なに露そふかむる　利貞
薄霧のまよへるままに消申きて　利貞
山のはしろく月そうつろふ　利貞
くるるより清見か浪や帰るらん　利貞
猶あへましき三保のうら風　能元
釣舟はこなたかなたにさしすてて　能元
おりたく柴のかけそほのめく　能元
駒いはふ家路やちかく成ぬらし　能元
雨は晴つつつづくさとさと　利貞

あとがき

正直言うと、あまり「あとがき」を書く気分ではない。
性分なのか、原稿が手元にあるとどんどん手を入れたくなるのだ。これを書いている今でもそのように考えている。しかし、原稿を抱え込もうとする筆者は、「今、原稿を戻せば校正の時間が長めにとれますよ」と言う編集者の甘言につい乗せられてしまった。
校正に入っても状況は同じで、「せめてあと１日（それでいったい何をどうしようというのか自分でもわかっていないのだが)」という哀願もむなしく、事ここに至った。
まるで、おやつの袋を取り上げられてしまった子供のような気分である。(愚痴はこのぐらいにしよう)

序章でも少しふれたが、本書の執筆動機は、それなりに良質な史料から江戸時代の逸話集に代表される俗説までを総動員させると、前田慶次という人物はどのようなイメージを結ぶのか、という点にある。
残念ながら前田慶次はとても「良質の史料のみ」で描ける対象ではない。Truth in Historyというシリーズに加えられる、というのは後から知ったのだが、「Truthで、いいのか？」という思いもある。
しかし、その結果、武士でありながら文人である慶次、一般的に流布しているイメージよりも高齢の慶次、といった人物像が提示できたように思う。特に本文中に多くの和歌が挿入されることとなったが、慶次の作品の魅力はストレートな情景描写にあると思う。うたいこまれた情景がイメージ（静止画像でも動画でも構わない）として脳裏に再構築でき、そこに美や風情を感じ取ることができるようであれば、もはや本文に付した解釈などは不要である。
本書を読まれて、この逸話は初めて知ったとか、慶次の和歌の中に気に入ったものを見つけたとか、そうした「発見」をしていただけたら著者にとっても喜びこれに過ぎることはない。
また、こうした慶次像を受け付けない方も当然いるだろう。
こちらとしても、小説や劇画等の慶次のイメージを払拭しようなどという気はまったくない。むしろ、視点や切り口を変えることによって、異なった相貌を見せる人物こそ魅力的ではないか、と考える。
それぞれが抱いている慶次像を大切にしてほしい。

往生際が悪いようだが、慶次伝説をもうひとつだけすべりこませたい。
前田孝貞は、加賀前田家の重臣だが、慶次に関する興味深い言葉を残している。

慶次ハ頭ノ髪左右共ニ前ト後トヲ昇中程ヲ高ク剃左右山ノ形ニセラレケルカ男振ニ応シメ宣シカリシ

慶次は頭髪の左右について、前後を山の形に剃り上げていたが、男ぶりがいいので似合っていた、というものである。この記述から具体的にどのような髪型であったのか判じ難いが、文面から察するに耳の上あたりの髪が鋭角的に切れ込んでいる感じだろうか。

『加賀藩史料』編纂中に採取されたらしいが、刊行時には採用されなかった話である。前田孝貞に言わせると「慶次は男ぶりがよかった」らしいので、「もうジジイの慶次の話はたくさんだ」という方にはこのエピソードの紹介をもって勘弁していただければと思う。

全国市町村の合併が相次いでいるが、実は歴史研究にも重大な影響を及ぼしている。本書においても、現在の地名を示した部分は執筆当時のものとご理解いただきたい。一々実例は示さないが、史料解釈にまで影響しかねないケースをひとつだけ記しておく。

それは、岐阜県中津川市と長野県山口村の越境合併である。『前田慶次道中日記』に、中津川を発った慶次は「これより信濃なり」と記して、馬籠、妻籠と至るが、単純に信濃イコール今の長野県、という理解ではいけなくなる。

第五章の『道中日記』のコースをたどりながら、そんなことにも目を向けてくれたら、と思う。

本書執筆にあたって、図版借受・史料閲覧等、便宜をはかっていただいた機関をはじめとして、いろいろな方々のお手を煩わせた。ひとこと記して、感謝申し上げます。

木原奈緒美さんには、日頃、歴史談義からおバカな話までおつきあいいただいているが、今回も史料のご提供や解釈をめぐっていろいろお世話になりました。

美麗な表紙イラストおよび本文の再現イラストを手がけてくださった諏訪原寛幸氏にも御礼申し上げます。特に再現イラストは図版の検討に入った当初から念頭にあったもので、ややこしい注文にも係わらず応じていただいた。

最後になりましたが、ごった煮状態だった原稿に絶妙な味つけ・盛りつけをしてくださった新紀元社編集部の田村環さん、鈴木妙子さんに感謝申し上げます。

Truth In History 6

前田慶次 武家文人の謎と生涯

2005年10月 5 日　初版発行
2006年11月22日　2刷発行

著　者　　　　今福　匡（いまふく　ただし）

編　集　　　　株式会社新紀元社編集部
デザイン・DTP　株式会社明昌堂
イラスト　　　諏訪原寛幸

発行者　　　　大貫尚雄
発行所　　　　株式会社新紀元社
〒101-0054　東京都千代田区神田錦町3-19
楠本第3ビル4F
TEL：03-3291-0961
FAX：03-3291-0963
http://www.shinkigensha.co.jp/
郵便振替　00110-4-27618

印刷・製本　　東京書籍印刷株式会社

ISBN4-7753-0419-4
定価はカバーに表示してあります。
Printed in Japan